熊本のハンサム・ウーマン

handsome woman

堤　克彦
Tsutsumi Katsuhiko

熊本出版文化会館

まえがき

高校で日本史を教えて五〇年、いまも私立菊池女子高校で教えています。以前は「教科書を教える」のではなく、「教科書で教える」という試みが一般的で、各教師は「自主教材」作りに懸命になっていました。私もそんな教師の一人で、実に多くの書籍を読み漁り、生徒たちにどんな教材を提供したら、より正しく日本史に接近・理解してもらえるか、真剣に取り組みました。そして出来たばかりの教材を「日本史ノート」としてプリントして、翌日の授業に滑り込むようにして臨むのが日課でした。

江戸時代の女性観についても、当然教材研究をしましたが、すればするほど逆に疑問も生じました。貝原益軒の著『女大学』の普及は、女性に対して「三従の教え」（子は親に従い、嫁しては夫に従い、老いては子に従え）を「婦徳」としました。さらに「男尊女卑」は自明のこと、また「子なきは去る」も当然視する「常識」（?）が醸成されたのは確かでした。

その背景には、後期封建制の江戸時代が男子優先の男社会を大前提とし、加えて家父長制度を最優先した封建道徳が、我が物顔に闊歩していたのも事実で、男性は無条件に重宝がられ、そこから女性に対する優越感が出来上がりました。女性たちは女性（セックス）であるがゆえに卑下することと男性への従属が当然のように強要されました。

ところが、この封建道徳の社会通念こそが男性の精神的な弱体化となり、わざわざ「忍耐」という文字を揮毫し、座右の銘にしなければならなくなりました。女性はこの逆境の中で自然と忍耐を身につけることになりました。

その結果、芯の強さでは男性よりも女性の方が優り、その強さが女性の忍耐として血肉化され、幕末・維新期の試練を通して磨きがかかり、本物として開花し、女性の地位向上に活かされ、現実となっていきました。

本論で述べるように、竹崎順子は日記帳の表紙に「愛・つつしみ・忍耐」と記し、修養の目的としていました。最初はこの忍耐を国語辞典のように「こらえる・たえしのぶ」、即ち我慢に近い意と解し、順子が忍耐を書き込んだ理由は奈辺にあったのか、その理解に苦しみましたが、その忍耐が、女性の明日への地位向上に繋がる礎の意であれば、十分納得できる忍耐です。

その一方で男子優先の封建道徳はどこまで機能したのか、果して絶対的なものであったのかという疑問も生まれてきました。例えば「三下り半」の離縁状は、武家社会やそれに準じた豪農・豪商たちには通用する慣例で風習化されていましたが、江戸庶民の間では、文字の書けない旦那が女房に墨で縦棒「三本半」を引いた半紙を渡して「離縁だ」と声高に迫っても逆にやり込められてしまう、落語のネタになるような状況があったことも事実でした。そうすると、封建道徳そのものに建て前論が見え隠れし、いくつも漏水口があったことがわかりました。

女性（セックス）に対して男性が執拗に求める「女らしさ」（ジェンダー論）は、男尊女卑的な江戸時代であっても、果して女性たちは本気でそう受け取っていたかどうかという疑問は払拭できていません。日々の生活の中で、女性たちは「三従の教え」通り、親・夫・子への従順をモットーとした生き方を認め、かつ望んでいたのでしょうか。しっかり女性として自覚を持っていた人間であればあるほど、男性からの押しつけや強要を、そう簡単に受け入れるほど単純なことではなかったと思われます。

その証拠に、両親は少女時代から良妻賢母教育を、繰り返しながら継続しなければなりませんでした。例えば幕府や藩が何回も「倹約令」を出したのは、統制がそんなに厳しかったからではなく、一向に守られなかったからだったのです。

私は永年、日本の歴史を教え、より具体的に史実を明らかにしようと研究に心掛けてきましたが、封建道徳下にあっても、女性が置かれた立場は、決して一律で固定したものではなかったと断言できると思っています。

また、従来の単なる「ジェンダー」（男らしく女らしく）論ではなく、「ジェンダー・フリー」（性別にとらわれない）論でとらえ直した方が、より史実に近づけるのではないか、そこに女性史研究の真骨頂があると確信しています。

この実証には、その歴史的解明が必要不可欠であり、具体的な調査・作業をもとに本格的な研究に取りかかりました。そして、その研究結果は同時進行の形で、熊本近代史研究会の「近研会報」に、『惣庄屋とその娘たち―矢嶋四賢婦人』全二〇回（二〇一〇年一〇月～二〇一二年五月）にわたり掲載させてもらいました。

その翌年、熊本県上益城郡益城町教育委員会から、矢嶋四賢婦人資料館の案内ができる「ふるさと学芸員」養成講座を開設したいと講師の依頼があり、前の『惣庄屋とその娘たち―矢嶋四賢婦人』をテキスト用に編集し直し、数年間講座を担当しました。その経緯については本文の「プロローグ」を参照してください。

そして二〇一六年四月、私の主宰する熊本郷土史譚研究所発行の月刊『くまもと郷土史譚つうしん』に、これまでの研究成果を『熊本のハンサム・ウーマン』（全一〇回）として特集しました。

取り上げたのは、矢嶋四賢婦人の母・鶴子（三村和兵衛の娘・矢嶋忠左衛門直明の妻）及びその三女・竹崎順子（熊本女学校の校母）、四女・徳富久子（熊本女学校創立発起人、蘇峰・蘆花の母）、五女・横井つせ子（横井小楠の後妻）、六女・矢嶋楫子（女子学院初代院長、日本基督教婦人矯風会初代会頭）、さらに横井玉子（小楠甥・左平太の妻、女子美術学校創立者）、嘉悦孝子（嘉悦学園創立者）でした。

さらに本書『熊本のハンサム・ウーマン』の出版に際し、新たに徳富愛子（蘆花の妻）、久布白落実（徳富久子の三女・音羽子の娘、大叔母・楫子の補佐役、後に日本基督教婦人矯風会総幹事）、前田卓（ツナ、前田案山子の長女）と槌（ツチ、同次女、宮崎滔天の妻）を追加、総勢一一人の「ハンサム・ウーマン」が登場することになりました。

彼女たちは、江戸後半から幕末・明治維新を幼女・少女として体験し、明治・大正・昭和までの生涯をみごとに乗り切って見せてくれました。時代の政治や世情などに翻弄されながらも、毅然として生き抜いた女性としてのやさしさと逞しさ、それに忍耐力と行動力は十分特記に値するものです。

それぞれの「ハンサム・ウーマン」は、女性（セックス）に甘んじることなく、厳しいジェンダー論に振り回されながらも、次第に精神的な成長を遂げ、さらに継続し、「ジェンダー・フリー」としての生活を実践・謳歌して、ついには「ハンサム・ウーマン」らしく、一人ひとりが特徴ある豊かな個性のアイデンティティ（自我統一性、自己の社会的立場の確立）を確立して行く過程を、拙い筆ながらもできるだけ正確に追究したつもりです。

まず、みなさんが一番興味のある「ハンサム・ウーマン」から繙いてください。これまで知っていた魅力に、さらにもっと別のすごさ・すばらしさを発見できると思います。まずは手に取って御一読ください。

二〇一九年七月一日

堤　克彦

熊本のハンサム・ウーマン　目次

プロローグ ―「女性史研究」と「熊本の猛婦」

『広辞苑』によれば、「歴史」とは「人類社会の過去における変遷・興亡のありさま、またその記録」と説明されています。「人類」とは「男女両性を包含した人間」の意であり、「歴史」とは当然「男女両性の歴史」と解されてよいはずです。しかし、それはあくまで建て前上のことでした。

これまでの「歴史」の概念は、大部分が男性中心の「男性史」であり、女性を中心に取り上げた「女性史」ではありませんでした。人口の半分をしめながら、女性を中心にした歴史が非常に稀少であり、それをカバーするために「女性史」が誕生しました。

しかし「女性史」の研究には、後述するようないろいろな課題があり、研究そのものがスムーズに進まない困難さを感じています。そんな状況にありますが、とにもかくにも「女性史」に焦点を当ててみることにしました。

一、「ハンサム・ウーマン」

タイトルを「熊本のハンサム・ウーマン」としました。二〇一三年のＮＨＫの大河ドラマ「八重の桜」の主人公・山本八重は、当時、同志社英学校（現・同志社大学の前身）の創始者・新島襄の妻であり、彼女の時代を先取りした洋装やその行動などを総称して「ハンサム・ウーマン」（handsome woman）と言っていました。

この「ハンサム・ウーマン」の言葉を最初聞いた時、それまで「ハンサム」と言えば、つぎに来る性別は「ボーイ」、即ち「ハンサム・ボーイ」という使い方しか知らなかったものですから、正直いってある種の戸惑いを覚えました。

国語辞典で「ハンサム」を引くと、最初に出て来るのは、やはり「男前のよいさま。美男子」の意で、「男性の容貌」、即ち「顔立ちのよい、顔立ちの整った男子」の意味であり、「ハンサム・ボーイ」の思い込みは間違いではありませんでした。ところが、女性についても「ハンサム」という英語が使えることを知りました。女性の場合は「容姿が美しい、品のある」の意で使い、good (nice) -looking の意として、男女どちらにも使えるとのことでした。

そこで英語の女性教師に「ハンサム・ウーマン」の使い方について尋ねたところ、「行動力」・「勇ましさ」・「凛々しさ」・「決断力」・「すがすがしさ」・「英知」・「気品」などを身に付けた女性に対する「ものすごい褒め言葉」であると教えてもらいました。

その後で引いてみた英和辞典には、「おもに中年の女性が上品できりっとした顔立ち（体つき）」という意味があることを知りました。この「ハンサム・ウーマン」には、「きれいな」とか「美しい」という外見的な「美女」・「美人」の概念の方が主流のようですが、できれば内面的な「美しさ」の比重がどれくらいなのかも知りたいものです。

先の説明や辞典から、「ハンサム・ボーイ」よりもむしろ「ハンサム・ウーマン」の方が、「ハンサム」という英語の本当の意味は生かされているのではないかと思いました。そして「ハンサム・ウーマン」ということばの響きが、幕末から明治になったばかりの近代化の中で、これから活躍しようとしている女性の誇らしさを表現するのに、最も相応しいのではないかと感じ、これから紹介する「熊本の賢婦人」のタイトルを「熊本のハンサム・ウーマン」にしました。

二、「女性史」への関心と研究視点

ＮＨＫの朝ドラは基本的には女性を主人公にしたもののようです。最近では村岡花子・広岡浅子などが高い視聴率でした。また、ＮＨＫの大河ドラマでも、新島八重や女城主・井伊直虎などを取り上げるなど、歴史上の女性たちをドラマ化した作品はかなり高い人気です。

その理由は何でしょうか。政府が提唱する「一億総活躍社会」での女性の社会進出推進に便乗するかのようなマスコミの傾向もありましょうが、そればかりではありません。むしろこれまで人口構成の半数を占めている女性に、あまり焦点をあてず評価してこなかったことへの反省と反動かもしれません。それが視聴者にある種の新鮮さを与えていると思われます。

あるいは、昭和六〇（一九八五）年の「男女雇用機会均等法」や平成一一（一九九九）年の「男女共同参画社会基本法」などの施行以降、徐々に浸透し始め、均等法から三四年、基本法から二〇年後の現在、やっと本当の意味で男女間の「社会的同権意識」に向上・定着の兆しが現われてきた証とも考えられます。しかし、昭和二一（一九四六）年の「日本国憲法」公布から七〇年余、あまりにも「遅きに失した」感が否めません。

さて、明治以降の近代化の最中にあっても、江戸時代の「男尊女卑」・「三従の教え」・「良妻賢母」の社会通念はそう簡単に払拭されませんでした。現在でもそれらが完全に払拭されているかと言えば、残念ながら男女とも依然として男性優位の社会志向の残滓が内包されていることは否定できません。女性への「男尊女卑」・「三従の教え」の考えは希薄になりながらも、特に「良妻賢母」の要求は根強いものがあるようです。

特に明治期に生きた女性たちにとって、この「男尊女卑」・「三従の教え」・「良妻賢母」の社会通念は、家父長的な家制度の温存と重圧もあって、想像に絶する足枷となっていました。当時の女性たちにとって「試練」と取るか「宿命」と諦めるかのいずれかであって、それからの脱出・脱却の試みは至難の業でした。

私の目指す「女性史」の研究の主目的は、このような中で、女性たちが日常的な苦悩と煩悶を繰り返しながら、一人ひとりが如何に女性としての社会的進出の方法を見出そうと試み、社会的自立を確保し、確実にしていったのか、その「足取り」（歴史）を明らかにすることにあると思っています。

最近では、以上の解明方法として、「セックス論」（男か女か）、「ジェンダー論」（男らしく女らしく）の視点を踏まえた「ジェンダー・フリー論」（性別にとらわれない）や「アイデンティティ論」（自己の社会的立場の確立）などを視点に加え、「女性史」研究の新たな立論のベースとして重要視されて来ています。

この「ジェンダー・フリー論」と「アイデンティティ論」は、いまや「女性史」研究では必要・不可欠であり、女性の「セックス・ジェンダー構造」、特に家父長制への対応やそれからの脱出過程を考える上で重要であり、江戸後半期から明治・大正期の「女性史」研究の基盤をなしています。

私の熊本大学非常勤講師時代の論文「肥後女性の思想的近代化―第二ステージの幕開け―」は、その点に依拠しながら、「矢嶋四賢婦人」を「ジェンダー・フリー論」と「アイデンティティ論」（「社会的自己確立」）を念頭に書いています。本書はその研究成果をもとに展開していくものです。

三、資料の少ない「女性史」研究の課題

ところが「女性史」の研究を続けながら、いつも自問するのは、これまで自己流でやって来た「女性史」研究に対して「このままの方法論でよいか」ということです。最近またその自問が多くなり、一研究者としての自己点検の必要を感じています。

熊本近代史研究会の例会では、会員から「女性史」研究への多様なアドバイスをもらいたいとの思いで

発表することもありますが、実際関わったことのある研究者からは異口同音に「非常に資料が少ない」、それが「女性史」研究のネックとなっているとの答えが返ってきます。

例会などのアドバイスで、一番知りたいのは「女性史」のネックになっている少ない資料を、少しでも増やすための調査方法なのですが、やはりこの問題は参加者全員がその調査方法を探しあぐねているのか、これと言ったヒントが少なく、私と同様に苦慮していることがわかりました。改めて「女性史」の研究には新資料の発掘の難しさが付きまとうことを再確認する結果となっています。

読者の方により理解してもらうために、ここで取り上げる「矢嶋四賢婦人」の一人で、徳富蘇峰・蘆花の母親・徳富久子の場合を、具体的に紹介してみたいと思います。

徳富久子の参考文献は、徳富蘇峰（猪一郎）の『わが母』（民友社　一九三一年、大空社刊「伝記叢書197」所収　一九九五年）、徳冨蘆花（健次郎）著『竹崎順子』（一九二三年）、久布白落実著『矢嶋楫子伝』（一九三五年）、同著『湯浅初子』（初版一九三七年、大空社刊「伝記叢書169　伝記・湯浅初子」一九九五年）、晩晴草堂同人編著『徳富静子』（大日本雄弁会講談社　一九五四年）や徳富猪一郎著『蘇峰自伝』（中央公論社　一九三五年）などです。

このように参考になる書籍数が極端に限定されていることが、「女性史」の研究を一層難しくしています。この徳富久子に関係する書籍は勿論、久子周辺の人物の自伝的な書籍の中から拾い出さなければなりません。しかも、その記述内容は、いずれも伝記風のエピソードなどであり、新たな原資料との出会いは一〜二点しかなく、ほとんど皆無と言ってもよい状態です。

このように僅少な資料しかない中で、研究対象の女性の人物像をどう描き出すか、ただそれを念頭に置いて、やはり自己流でやっていくしか方法がないのかなと、その限界をイヤというほど思い知らされています。

四、「熊本のハンサム・ウーマン」研究の発端

以上のような個人としての「女性史」研究の困難さの中で悶々としていた時、ある光明を見出す機会に恵まれました。それは、熊本県上益城郡益城町の教育委員会を中心とする町おこしの企画「益城町ふるさと学芸員講座」の講師として協力できたことでした。これを契機に私の「熊本の女性史」の研究は具体的な取り組みが始まりました。

その経緯を紹介することは、これから県下各地で、あるいは他県での「ハンサム・ウーマン」の掘り起しや取り組みに、少なからずプラスになるのではないかと思って、益城町公民館講座「ふるさと学芸員講座」第一期生卒業記念誌『はらから』（二〇一三年）に寄稿した拙文を掲載することにしました。

益城町教育委員会では、二〇一〇年度から地元出身の「矢嶋四賢婦人」（三女・竹崎順子、四女・徳富久子、五女・横井つせ子、六女・矢嶋楫子）について、益城町だけではなく県内外、引いては全国からの「四賢婦人記念館」来館者に説明できる地元案内者を養成するために、「ふるさと学芸員講座」を企画・実施することになった。

実は二〇〇二〜二〇〇四年に、益城町公民館講座の「古文書講座」を担当した時、テキストとして「四賢婦人記念館」の所蔵文書を使用して、その解読と時代背景を解説したことがあった。そのこともあってか、この新企画「ふるさと学芸員講座」の講師を依頼された。古文書等の発掘に苦慮していたこともあって、もし地元の協力を得られれば、研究が一層速やかに進み、さらに深める好機になるとの思いもあって、この講師を引き受けることにした。

依頼があった頃には、すでに「惣庄屋とその娘たち—矢嶋四賢婦人」の研究を始めていた。その準備のために、益城町・県立図書館・熊本大学附属図書館等に通い、所蔵の古文書をはじめ、また関係地での調査を実施し、研究を継続していた。それは熊本近代史研究会の「会報」に、二〇回シリーズで発表している（「くまもと近代史譚」№23〜№42、二〇一〇年一〇月〜二〇一二年五月にも所収）。

益城町の「ふるさと学芸員講座」用のテキストは、前掲の「惣庄屋とその娘たち—矢嶋四賢婦人」をもとに作成して使用した。「ふるさと学芸員」は月二回の三年間の養成講座を受講して、はじめてその資格が認可されることになっていた。その間、講師と講座生たちは、本気で質疑応答を繰り返してきた。その中で、新たに発見・掘り起こした史実もかなり出てきた。

講座生たちの平均年齢はかなり高かったが、何よりうれしかったのは、毎講座がただ「参加して聞く」という受身的ではなく、「自ら進んで疑問を持ち、課題化し、調査・行動する」姿勢が旺盛であり、非常に質の高い講座にしてもらったことである。

講師が素通りしてしまうような事柄について、講座生たちの視点は、地元在住であるがゆえに、数多くの質問が発せられ、かつ実に新鮮であった。それに答えるために、可能な限り再調査や資料の再点検をすることになった。この過程で新しい課題の解明に繋がったものも少なくなかった。

　また、本講座の受講生たちに共通して感じられたのは、何としてでも地元で活動できる「益城町ふるさと学芸員」になろうとする意欲と気概であった。さらにすごいのは着実にそれを実行していったことである。これまで担当した講座では体験したことがなかったので、正に「講師冥利に尽きる」の一言であった。研究者として講座生の方々に改めて感謝したい。

　また、「ふるさと学芸員講座」の修了生たちの行動は、みんなが協力し合う素晴らしいものであった。具体的には矢嶋家の墓地などの関係遺跡の調査を初め、「四賢婦人記念館」の説明・展示の充実、案内当番制の実施、構成朗読劇の発表、「劇団鶴の子」の立ち上げ、徳富蘆花の『竹崎順子』の虚構（フィクション）発見、矢嶋楫子の名言集、矢嶋家および縁戚関係の家系図・相関図の作成など、その活動は多種多様であった。

　一方、益城町教育委員会では、「四賢婦人記念館」の施設改修、展示ケースの購入、展示方法の改善などが行なわれ、二〇一三年には『矢嶋家文書』（益城町「四賢婦人記念館」所蔵文書資料調査）も上梓された。

　さらに二〇一三年五月一一日の「矢嶋楫子ゆかりの地を訪ね歩くウォーキング」には、県内外から五〇〇人ほどが参加、地元食材でのおもてなしは好評であった。翌一二日には全国規模の「矢嶋楫子生誕一八〇周年記念式典」が、益城町文化会館いっぱいの参加者のもとで実施された。また、「矢嶋四賢婦人」の記念切手の発行など、その他ユニークな取り組みもあった。

これらのイベントの成功は、益城町の行政や地元の人たちの協力はもちろんであるが、特に「ふるさと学芸員講座」の修了生や講座生たちの主体的な協力により初めて可能であった。

特記すべきことは、このイベント企画の段階から、矢嶋楫子が初代院長になった「女子学院」や初代会頭となった「日本基督教婦人矯風会」との直接的な交流が始まったことである。一挙に全国版になってしまった。

二〇一三年に益城町教委と水俣市教委は調査研究の連携協定を結び、相互の協力関係に発展している。また、益城町は県内外に「矢嶋四賢婦人の生誕地・男女共同参画のさきがけの町」として全国に発信するまでになっている。これからは全国ばかりでなく世界を視野に、益城町の新しい「矢嶋四賢婦人」の企画に期待している。

また、「ふるさと学芸員講座」の修了生を中心に「はらからの会」が結成された。しっかりと「矢嶋四賢婦人」のひととなりや業績を、県内外に、あるいは世界に向けても発信していけるような活動母体のこれからのさらなる発展を期待し、祈念している。


「益城町ふるさと学芸員講座」の講師を担当したことは、まさに好機到来でした。それまで困難を極めていた原資料の発掘や調査・収集など、「女性史」の研究のネックは徐々に解消され、また研究への視野と資料内容が一挙に深化・進展することになりました。その後も益城町教育委員会や「はらからの会」との交流は続いています。

新たに発見された古文書類や教育委員会に持ち込まれた古文書関係は、すべて町の委託を受けて、その都度解読・釈文と時代考証を行ない、速やかに新資料として公表できる体制が整っています。

公表後の新資料は、私の「女性史」の研究や他の研究者への重要な資料として提供・活用されています。このような教育委員会と研究者たちとの連携が、僅少な「女性史」の資料を補完する上で、如何に重要であるかを証明しています。

矢嶋四賢婦人記念館（被災後）

【追記】被災した記念館について

益城町は、二〇一六年四月一四日の「前震」と一六日の「本震」の二度の「震度7」、即ち熊本大地震の直撃により、町全体が甚大な災害を受けました。徳富蘇峰生家でもあった「四賢婦人記念館」の建物は大規模半壊、内部は全壊、倒壊の恐れもあり、立入禁止の状態です。現在、益城町全体の復興計画が立案され、具体的な実施までになっています。速やかに震災以前の平穏な、その上確かな耐震の町として復興することを心から願っています。

同時に、上記のような経緯を持つ「四賢婦人記念館」、それを核とした「矢嶋四賢婦人の生誕地・男女共同参画のさきがけの町」の取り組みが少しでも早く再開されることを期待していました。

その益城町で熊本大地震の復興事業の一環として、杉堂の旧矢嶋家に近い潮井公園内に「益城町四賢婦人記念館」が竣工、二〇一九年三月二七日には落成式と開館セレモニーが行なわれました。再びこの「矢嶋四賢婦人」の生誕地から、全国にまた世界へ発信することが可能になり、今後の本格的な取り組みに期待し、また大いに楽しみにしています。

五、大宅壮一の「熊本女性についての十章」

『婦人公論』（昭和三四（一九五九）年二月号第五〇三号）の「日本新おんな系図」シリーズで、大宅壮一は「熊本の猛婦たち」と題して、ジャーナリストらしい軽妙なタッチの文章で、熊本県の女性たちを紹介していました。

その大宅壮一は「熊本女性についての十章」として、つぎの項目をあげています。

（一）意志が強く、ガンバリがきいて、どんな難境に処してもへコタレず、これをきりひらいていく異常な能力を身につけている。
（二）教育に熱心である。まず自らを教育し、さらに子供たちの教育にうちこむばかりでなく、ときには夫をも教育し、さいごには社会ぜんたいを教育しようとする意気ごみをもつものが多い。

（三）本来理性的で、情緒的な甘さやロマンチックな夢を抱いているものは、比較的すくない。
（四）経済観念がいちじるしく発達していて、何でもすぐ事業化し、それで成功する能力もそなえている。
（五）政治性が強く、政治的手腕もあり、すぐ団体をつくって、これを統率していく素質をもったものが多い。
（六）唯我独尊的で、排他性が強く、協調性を欠いている。
（七）秘密主義で、偽善におちいりやすい。
（八）健康に恵まれ、精力絶倫で長命のものが多い。
（九）どんなに年をとってからでも、新しい人生にむかって再出発することができる。
（十）結論として、むかしの孝女、列女、賢夫人型、別な言葉でいうと猛婦型である。

『婦人公論』表紙
（熊本県立図館蔵）

大宅壮一はこれらの「熊本女性の特徴」を、①「明治以後、婦人の自立、独立、地位向上のために勇敢にたたかった婦人闘士の多くは熊本出身である」、②「婦人の中の婦人、いや女の中の男ともいうべき勇猛果敢な闘士」（両性的・中性的）、③「いずれの一人をとってみても、久しく男性中心の日本社会に根を下ろしている悪徳と悪習に挑戦するために、婦人大衆の決起をうながし、その陣頭指揮をおこなってきたところの女性将軍たち、いわば〝猛婦〟ともいうべき存在である」と締め括っています。

このように、大宅壮一は熊本の女性に対して、「セックス」的な視点が皆無で、「ジェンダー」論を拠りどころに「ジェンダー・フリー」的な指摘を行ない、その後の「アイデンティティ」の確立まで網羅するなど、さすがに大宅壮一らしい「熊本の猛婦」論となっています。

以上の視点から、大宅壮一は「熊本の猛婦」(「肥後の猛婦」)の中に、「矢嶋四賢婦人」のうち「竹崎順子・矢島《(ママ)》楫子の二人、縁戚の久布白オチミ《(ママ)》、嘉悦孝子、河口愛子、高群逸枝」などの名前をあげています。

大宅壮一は、これらの女性たちを「熊本の猛婦」としていますが、果して「猛婦」という表現でよいのでしょうか。明治期の肥後女性たちの自立の経緯を見ていくと、確かに大宅の「猛婦」に該当する女性がいたかもしれません。

しかし、この「猛婦」は国語辞典にはなく、どうも大宅壮一流のジャーナリスティックな造語ではないかと思います。一般にジャーナリストたちの人物評は、大宅だけでなく、その生涯を晩年から逆に見て評価してしまう傾向があり、ことさらその人物にインパクトを与えるための極端な表現のように思えてなりません。しかし、思想史を研究する歴史家は私を含めて、その生涯を時系列的に評価する方法をとっています。

大宅自身も「熊本女性についての十章」の最後の項で、「結論として、むかしの孝女、列女、賢夫人型、別な言葉でいうと猛婦型」とややトーン・ダウンしているように思えますが、やはり今日風に「熊本のハンサム・ウーマン」というスマートな表現の方がよいのではないでしょうか。

六、私の「女性史」研究の視点

私の「女性史」研究は、思想史的な視点と方法を基盤にしています。その点から言いますと、思想形成の過程そのものに男女の違いが大いに見られます。男性の場合は既存の「学問」（朱子学）を修得することが思想形成の大前提にあります。

二部構成のステージであれば、その「学問」（朱子学）の成果を自らの思想・行動に反映させることで、男性は女性より先に「第一ステージ」（生涯の前半生）に登場し、少しでも早く「アイデンティティ」（社会的自己確立）を達成しようとする性急さがあります。

それに対して、女性の場合は日常生活や家庭環境の中で、自らの思想を徐々に醸成・形成するしか選択肢が与えられていません。そのことが逆に男性たちの「第一ステージ」で演じる様子を十分鑑賞する時間を持てることになります。

その上で、男性たちには決して演じられない女性独自の社会的自立の試みで、「第二ステージ」（生涯の後半生）で見事に演じて成功をみています。それは男性と違って社会的評価の有無を性急に求める必要を感じていないし、むしろ無頓着かつ一切その意識がなく、自らの一途な信念を以って「第二ステージ」で演じた結果が、やがて高い社会的評価を得ることになります。

私の「女性史」研究は、その女性たちの「第二ステージ」（生涯の後半生）に重点を置いていますが、男性たちの「第一ステージ」を見る女性の視線や姿勢にも十分注意しています。そのために「女性史」には、

①出自・②生育歴・③家庭事情・環境・④結婚・⑤母として女性として・⑥良妻賢母の指標・⑦女婿（夫）の思想・⑧家制度への挑戦・⑨社会的自立と社会的評価・⑩老後の一〇項目を設けています。当然ながら前掲の女性の「ジェンダー・フリー論」と「アイデンティティ論」は必要・不可欠な条件と位置づけています。

おわりに

かなり複雑でわかりにくい説明になってしまいました。申し訳ありません。これまで研究してきた女性たちの中から、惣庄屋の矢嶋忠左衛門直明の妻である①三村鶴子、二男七女の子供たちから「矢嶋家四賢婦人」と称された②竹崎順子・③徳富久子・④横井つせ子・⑤矢嶋楫子、横井小楠の甥・左平太の妻である⑥横井玉子、久子の子で徳富蘆花の妻である⑦徳富愛子、楫子の後継者である⑧久布白落実、そのほか⑨嘉悦孝子・⑩前田卓・槌の都合一一人を取り上げてみたいと思います。

これらの「熊本のハンサム・ウーマン」は、それぞれの生育歴を持ち、それぞれの日常生活の中にありながら、一体どのようにして思想的近代化をなし得たのか、そしてそれぞれが最も相応しい社会的自立を達成・実現したのか、その「女性史」を具体的に見ていくことにします。

三《み》村《むら》鶴《つる》子《こ》

矢嶋四賢婦人の母

はじめに

女性の記録は、身内や親戚など直近の「思い出話」、本人の「自伝」か「回顧談」、あるいはその人物の研究者による「伝記」や「評伝」・「文学作品」などが主です。本人自筆は書翰や日記が残っていればよい方で、ほとんど資料になるものが残っていません。

この母・三村鶴子も例外ではありません。基本的には徳富健次郎（徳冨蘆花）著『竹崎順子』や久布白落実の『矢嶋楫子伝』などを参考にしました。ただ読みやすいように、引用文の旧漢字・仮名はいまの漢字・仮名遣いに、また誤字は訂正しました。出典は（　）に明示。

一、矢嶋家と三村家について

1、「矢嶋家」

「矢嶋家」は現在の益城町杉堂の豪農で、肥後藩から「士分格」（一領一疋）を与えられた家柄でしたが、下の「矢嶋家系図」でわかるように、現在のところ「矢嶋家」の出自は数代しか遡れません。

ここで取り上げる「矢嶋四賢婦人」の母・鶴子の夫は、この系図の四代目・矢嶋忠左衛門直明（一七九四〜一八五五）で、湯の浦・中山両手永の惣庄屋（地方役人）を歴任した人物でした。その忠左衛門直明と鶴子の間には二男七女が生まれました。次頁の表「矢嶋兄弟姉妹」はその子供たちについてまとめたものです。

矢嶋家系図（番号は矢嶋家の家督相続順）

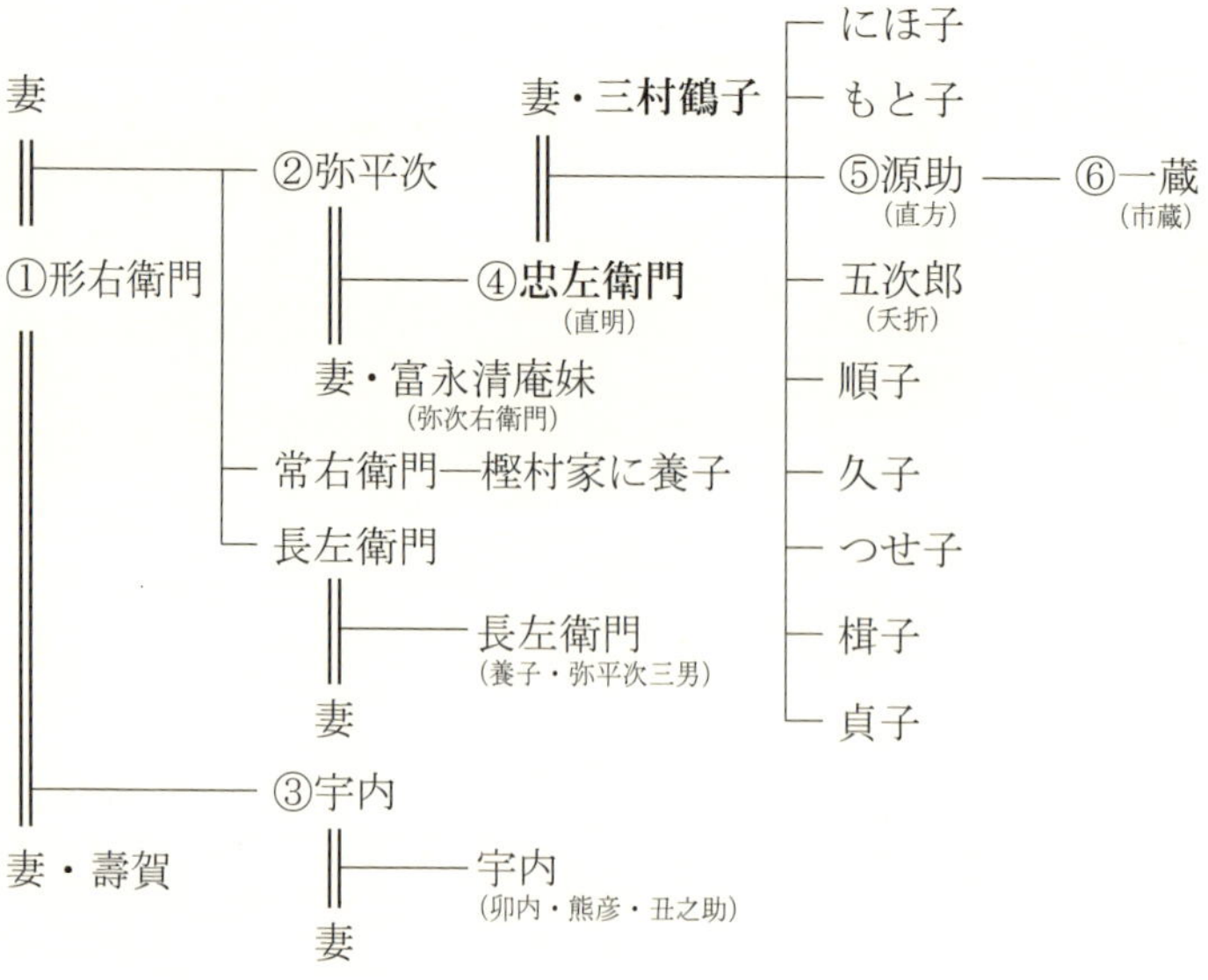

（五〜八：「矢嶋四賢婦人」）

	名	生年	性格	婚嫁	没年	享年
一	にほ子	文政　三（一八二〇）	やさしい	三村傳妻	明治二七（一八九四）	七五歳
二	もと子	同右（双生）	烈しい気象	藤嶋又八後妻	明治一五（一八八二）	六三歳
三	矢嶋直方	文政　五（一八二二）	気宇快豁・豪放果断	妻は堀絲子	明治一八（一八八五）	六四歳
四	五次郎	文政　七（一八二四）	―	―	夭折	五歳
五	順子	文政　八（一八二五）	気立ても素直	竹崎律次郎後妻	明治三八（一九〇五）	八一歳
六	久子	文政一二（一八二九）	大まかでお転婆	徳富一敬妻	大正　八（一九一九）	九一歳
七	つせ子	天保　二（一八三一）	怜悧で気が利く	横井小楠後妻	明治二七（一八九四）	六四歳
八	楫子	天保　五（一八三四） 父、男児期待で失望	母との確執、一人 ぼっち、自我・自愛	林七郎後妻 のち矢嶋氏に復	大正一四（一九二五）	九三歳
九	貞子	天保　九（一八三八）	甘えて育つ	河瀬典次妻	大正一一（一九二二）	八五歳

2、三村家

母・鶴子の生家「三村家系図」についても見ておきましょう。三村和兵衛墓（写真）の碑銘によれば、三村家の始祖は筑後赤石の隠士（『竹崎順子』では「筑前の浪士」と記す）であった秋月融円で、慶長年間（一五九六～一六一五）、即ち江戸開幕前後に櫛島（現・益城町）に移住、「秋月」姓を名乗り、代々「農を業となす」家でした。

鶴子の父・和兵衛（信敬、一七五六～一八四二）は「秋月」姓の八代目で、庄屋として櫛島・上六嘉・下六嘉の「三村大治」の功績により「三村」を賜姓、その初代となりました。その後、抜擢されて、廻江《まいのえ》手永の惣庄屋、南郷の山方支配役を歴任しています。

三村和兵衛の墓
（熊本市中央区本山町香福寺）

三村家系図

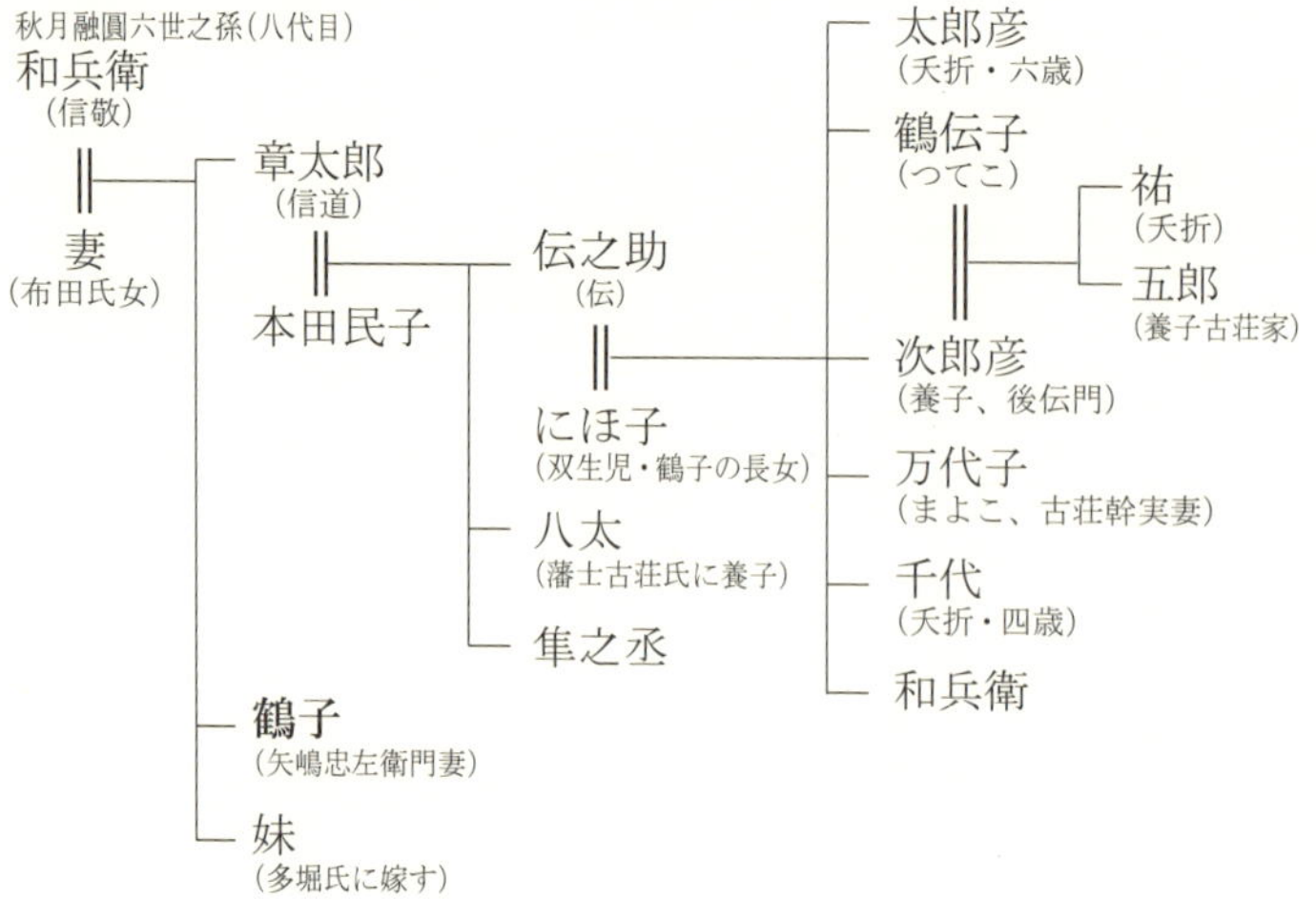

二、母・鶴子の生い立ち

鶴子の父・和兵衛は剛直で、早くから「興家・立身」を志し、「貧窶《ひんろう》」（貧しくやつれるさま）の中にあっても泰然とした性格で、また嫡子・章太郎に庄屋の心構えとして『庄屋覚語』を著すほどの人物でした。母は近在の布田氏の娘（名前不詳）でした。

1、鶴子の誕生

父・和兵衛と母（布田氏女）の間には、父二五歳の安永九年に兄・章太郎（信道、一七八〇～一八五九）、四三歳の寛政一〇（一七九八）年に鶴子、それに妹の一男二女が生まれました。兄の誕生から一九年振りに生れた鶴子は、両親から文字通り「掌中の玉」のように愛育されました。

2、子供・少女時代の鶴子

・小さいときから弱かったので、家人と一緒に、田畑に出て働く事はしないで、いつも家の留守居役でした。麦飯がきらいでしたから、他家に行くときはいつも仏様にそなえる御飯のように茶碗にもったのを結んで、一つだけ持って弁当にしていました。

兄（章太郎）は至極真面目な学者で、なかなかやかましい人でした。その嫂《あによめ》（本田民子）になる人が、近村の金持から来て居ったのですが、大層家持（家計のやりくり）の上手な、そして小姑（鶴子と妹）を大切にしたものだそうです。小姑は麦がきらいというので、まじらないようにして食べさせたといいます。妹は他（多堀氏）に嫁いで行きましたが、私の母（鶴子）は死ぬまで此の妹の世話をよく致して居ました。母は人々が農に出ている留守には、いつも本を読み、また書きものをして暮して居ました。裁縫も好きでよくやったといいますけれど、一番読み書きがすきだったようです（以上『竹崎順子』）。

・また鶴子は、父母に孝で褒美をうけた心掛けのよい娘、才色兼備、手績（手仕事か）は美事。父母に掌中の玉と愛でられました（『矢嶋楫子伝』）。

このようなエピソードから、父・和兵衛も母も、鶴子を大事に愛育したことはうかがえますが、ただ両親の鶴子や妹への家庭教育や訓育のあり方がどのようなものであったかは、残念ながら具体的なことはわかりません。

3、結婚・矢嶋鶴子

『竹崎順子』では「眼鏡橋の工事と矢嶋・三村の縁談は滞りなく進行しました。而して眼鏡橋が首尾よく落成し、文政二年、三村の秘蔵娘鶴子は婚礼の調度美々しくめでたく矢嶋忠左衛門直明の妻となりました」と、忠左衛門直明と三村鶴子の結婚は、矢嶋弥平次の「荒瀬石橋」の架設と三村和兵衛の架橋見学での出会いが契機となったと読めるようです。

しかし『戸籍・先祖帳』には「荒瀬川石橋掛ケ方」は文化元（一八〇四）年で、当時忠左衛門一一歳、鶴子七歳でした。実際の結婚はそれから一五年後の文政二（一八一九）年、忠左衛門直明二六歳、鶴子二二歳の時でした。その時の鶴子の様子を「二十二歳で矢嶋家に嫁入してきたのだそうです。仕度も整うて、なかなか立派なものであったと申します。元禄袖の美しいものなどがありました」と書いています。このタイム・ラグには蘆花の作品上の虚構・創作、即ち両人の結婚年は変えられないので、「荒瀬石橋」の竣工年を変えています。ついでながら、文政二年という年には、忠左衛門直明の父・弥平次（一七六〇～一八三五）は「沼山津手永居住地士」で六〇歳、鶴子の父・和兵衛は六二歳で、いずれもすでに第一線を退いていました。

4、結婚後の鶴子

・母は嫁入して来た後、矢嶋家の為には実によく尽したものでした。何しても父が働けば働くほど家事万端用は重なって来る。それに人出入の多い家のことですから、母の心遣いはなみなみのものではありませんでした。子供は多い、教育は皆母の手でするというのですから、今考えてみても母の苦労は大変であったと思います（『竹崎順子』）。

・鶴子刀自は三村氏の出にして、矢島忠左衛門直明の室なり。夙に賢夫人の聞え高く、良人の各地に歴任されるに従い、内助の功を全うせられたるのみならず、日常の家政繁忙を極めつゝある中、能く八人の子女を教養して倦《う》まず、悉く偉人豪傑節婦として推称すべき人たらしめたるが如き、寔《まこと》に婦人の亀鑑とするに余れり（『津森村郷土誌』など）。

三、母として、妻として

1、母親としての鶴子

・私の母は、一寸男まさりでした。ずい分学者でした。丈の高い、丁度私（三女・順子）位ありましたでしょう。色の白い、そして頬骨の高い、おし出しの立派な骨格でした。声はなみで、人と応対してすこしもおくれをとらない処など見事なものでした（『竹崎順子』）。

・鶴子は「病気勝」（神経衰弱）であったが、味噌・醤油・沢庵漬・裁縫・細工物・染物・織物・糸紡ぎ、何一つ出来ぬものはなかった。鶴子の労働観は、「世の中は　たゞ豆《まめ》（忠実、まじめ）なれや　まめなれや　からき（辛き）仕業《しわざ》（仕事）に　身をくだく（ひどく骨を折る）とも」の和歌に集約されていました（『矢嶋楫子伝』）。

2、夫と息子の確執と鶴子の仲介

横井小楠第二門弟の矢嶋源助（直方）は、惣庄屋の父の代役として、学んだばかりの「小楠実学」の忠実な実行を試みました。小楠にとっては、手永での地方《じかた》行政は、門弟たちの惣庄屋代行を通しての「小楠実学」の実験場ともなりました。

中山手永惣庄屋時代の忠左衛門直明の業積は「主体的民政」の実行でしたが、長子「直方の力多きによらずんばあらず」（『肥後先哲偉蹟』後篇）とも言われています。しかし忠左衛門直明と直方の間では、その

「主体的民政」のやり方をめぐり、少なからず意見が違っていて、つぎのような父子の確執も生じていました。

・妻で母の賢明な鶴子でしたが、「父子の間に処して苦心尠《すくな》いでなからざりき」の状況でした。即ち「血気に任せて未だ熟せざる理想を直ちに実行に移そうと焦る息《むす》源《こ》助のやり方と、民心の動きを考えて、速に動き兼ねる百姓の心理を無理せぬよう、進ませようとする老巧なる考えとは、かなりの相違で、源助の眼に時に妥協とも因循とも写ったろう。この間に処して母鶴子が情理を尽して其若き心を挫《くじ》くことなく、然も其父に在る道理を汲ませせんとする苦心は、容易ならぬものがあった」ようです（『矢嶋楫子伝』）。

・そんな鶴子は、流行病対策に奔走する「直方、平素腸弱きを以て、斯《かか》る際には、母鶴子其の子の弁当に水飴を詰めやりたり」（『肥後先哲偉蹟』後篇）していました。

このように、対立する父子の間に入って、良人の立場を傷つけることなく、また息子を委縮させまいとする母としての鶴子の心遣いは人一倍でした。

四、母・鶴子の「女児教育」と「良妻賢母」観

1、鶴子の「女児教育」

「矢嶋四賢婦人」に多大な影響を与えた母・鶴子の「女児教育」について、『竹崎順子』の文章で内容を

まとめて紹介することにします。

①「実物教授」

子供に一様の自筆の書物（巻物、百人一首・古今（古今和歌集）の序・三十六歌仙など）を与え、手習いの手本にし、「子供にさせたいと思うものは、自分が先ず為《し》て見せた」そうです。

②「衛生学と育児法」

「今でも不思議に思う程、生理（生物体の生活現象と生活原理）的で、また合理（道理にかなっていること）的な育て方」、「天理（天然自然の道理。人為でない天の正しい道理（人の行なうべき正しい道・道義））に叶ったことをやっていた」と言います。

・飲食注意―制限ないが小食奨励、間食させず。夏の井戸水飲料禁止、湯冷ましを用意。

・口癖―「人間は食べそこなひ（食害）はあるが、食べない傷《そこな》ひはない」（兄妹に胃腸患いなし

このように口に入れる物には最大限の注意をはらっていました。

③「用意周到」

晴着・夜具・蒲団用の紡ぎ糸やお下がりや古着の活用をしています。

④「多趣味・工夫」

手作りの鹿の子絞りの髪飾り、詠歌・音曲、手蹟（習字）の手本、「四君子」（梅・菊・蘭・竹の総称）の絵画は描いて与えました。

⑤「教育熱心」

直方・順子・久子は寺子屋の経験がありましたが、つせ子・楫子・貞子は経験なく、家庭教育のみでした。「昼は女の用（家事全般）をさせられ、夜になって十文目（三七・五グラム）の綿をひいてから、読み書きを習う」、他に昼は論語・孟子の素読や習字を指導、兄には未明に行燈の光で「四書」（論語・孟子・大学・中庸の総称）を習わせています。

⑥「躾熱心」

薄い一冊の子女教育書『躾方』のみで、「一切の知識と経験とを活用し、子女銘々の性癖を読み、独特の教養（教育）をした」といい、「幼少から仕事を授け、屑糸で七尋織《ななひろおり》（大きな布か）・綿や繭から機織までさせ」、「遊芸の仕込み」は音曲の稽古でした（以上『竹崎順子』）。

⑦「生物を粗略にするな」

かつ（楫子）が一二歳の時、甥の赤ん坊の子守を命じられ、寝かしつけて、源平盛衰記を読みふけっていたところを母に見つかりました。子供たちを一度も声高に叱ったことのない鶴子は、「生物《いきもの》（生命のあるもの）を粗略にする」と、この時ばかりは非道《ひど》くおこって、箸箱で叩いて大いに叱られました。怒った母の顔の怖さに古歌「さきだたぬ　悔の八千度《やちたび》（度数の極めて多いこと）悲しきは　流るゝ水の　帰り来ぬなり」を書いて、お守りに入れ、四〇歳になるまで肌身離さなかったそうです（『肥後女性鑑』）。

【余話】矢嶋楫子のお守りの古歌について

この原歌は『古今和歌集』「哀傷」に所収された「藤原忠房が昔あひ知りて侍りける人の身罷りける時

に、弔問《とぶらひ》につかはすとて」の前書きの後に、「先立たぬ　悔いの八千度　悲しきは　流るる水の　返り来ぬなり」で、〔先立って死ぬことのできなかった無念が、繰り返し繰り返し悲しく思い起されますのは、流れる水がかえってこないように、二度と、あの方が生き返らないからです〕（新潮日本古典集成　一九七八年）という意味です。

しかし、楫子はこの古歌を「後悔先立たずとわかっていても、何度も繰り返してしまう。その悲しみは、まさに流れ去った水が再び戻ってこないようなものだ」との意に解して、自戒のための座右の古歌にしていました。母・鶴子自身もそう解していたのかもしれません。

2、母・鶴子の「良妻賢母」的教育観

以上のことを踏まえ、母・鶴子の「良妻賢母」教育観についてまとめておきたいと思います。

①「良妻賢母」的教育

母・鶴子の女児教育は、当時男性側からの要望であり、同時に女性側も容認した「家父長的家社会」を維持する封建道徳の中で、「女らしさ」（ジェンダー）を重要視した「良妻賢母」的な教育でした。

②「思考・判断する女性」の育成

ただ母・鶴子の場合、「女子の本分」としての「良妻賢母」観に立脚しながら、「種々の点に於て、男子と同じ地位に立つ事」を求めていた訳ではありませんでしたが、しかし「良妻賢母」の養成には程度の高い教育はいらないとも決して思っていませんでした。むしろ彼女の「良妻賢母」教育の根底には、

常に「自分で思考・判断できる女性」の育成という信条と信念が垣間見られました。

③明治期の村井知至と中山整爾の「女子教育」との類似

その点、母・鶴子の娘らへの「女子教育」観はつぎの「女子教育論」に類似しています。

・村井知至

「一体女子の教育と申すものは、女子をして一個の人たらしめると云ふのが其主眼でなければならぬ。他語を以て云へば、女子教育の本元は人として教育する事にあるので、其結果、女らしい才能を世界の文明の上に発揮せしめる――これが第一の要件である」と主張、村井の女子教育の目標は「人間の養成」との主唱は、母・鶴子の場合も同根の「良妻賢母」教育観と言えます。

・中山整爾

「家庭の教育は父より母の関係が最も大なるに於ては、婦女の教育こそ非常の急要なれと断言せさるを得ず。古来英雄と呼ばれ、豪傑と称せらるゝものの母を見るに、悉く皆な智能才識ある賢婦ならさるなり。実に婦人の智愚は其児女の賢不肖に莫大なる影響を与ふるものなること驚かすんばあらさるなり」云々は、そのまま鶴子自身が母親として実施した「賢母良妻」的教育力と自負に通じるものと思われます。

④母・鶴子の「良妻賢母」観の特徴

母・鶴子の「女子教育」は確かに「良妻賢母」を基盤にしていましたが、鶴子自身は寧ろ「賢母良妻」に徹していたようです。しかもそれは純粋な「家族主義的良妻賢母」観であって、明治期、特に「教育勅語」後に男性学者たちによって喧伝された「国家主義的良妻賢母論」とは、似ても似つかない保守的ながら健全な「良妻賢母」観であったことが窺えます。

五、鶴子の闘病

母・鶴子の闘病生活に関しては、『矢嶋楫子伝』に、当時一九歳であったかつこ（勝子、のち「楫子」）が、母・鶴子の発病から臨終までを克明に語っています（一〇二〜一〇六頁）。

①発病

母が死んだのは、父より一年半前でした。母の病気は随分前からだったでしょうが、私共の眼にも身体がお悪いと見え始めたのは、亡くなる前の年の十一月の事でした。裏の畑に大根がよく出来たのを、客のないうちにと、男衆を連れて大根引きに行って帰って、沢庵漬にするもの、切干にするものとそれぞれいいつけて手数をすませた後「御飯にしましょう」と言うた時の母の口もとが変でした。これが始まりでした。此日は余程寒かったので背戸《せど》（家の裏口）に出て長い間働いた中《うち》に、芯から冷えきったようでした。手拭を襟に巻いて帰った時の言葉は充分ではなかったようでした。然《しか》し暖まればすぐに、それは治まりました。

②診断

父も兄も非常に案じて、第一の名医だという寺倉秋堤（蘭方医）を招きました。其診断によれば、「百舌《もず》も四十八鷹《しじゅうはったか》（あらゆる種類の鷹の意）の中《うち》というのですから、此病気も中気（中風、半身不随・腕・脚の麻痺）の中《うち》だと申してもよいでしょう」と申されました。私は今考えて見ると、母の病気こそ神経衰弱

（心身の過労による種々の合併的精神障害の症状）だったろうと思います。あの苦労の働きをして神経衰弱にならないことはないと思います。勿論中風もあったに違いありませんけど。

③加療

母の病中は、気の毒な位、大儀想（大儀そう、物憂い）に見えました。夫の為め息子のため又家のために心身を使い切った母に対して、人々は実によく看護しました。当時の事とて、病人には食養生《しょくようじょう》（食べ物に注意し、栄養になる物を食べて養生すること）が第一というので、種々調理して母にすゝめました。母は鶏を食べません。鶏は大神宮（天照大神を祭る伊勢大神宮）様の眷族《けんぞく》（身内）だからと言うのです。そして薬になるものは、他にいくらもある、態々《わざわざ》大神宮様のお使《つかい》を食べなくとも、と言うので、私共は鳩を今でいうスープにして母にすゝめました。重患というのではないようですが、如何にしても治らぬものとすれば、どんな形で重くなるのかと皆は苦しみました。

④加療中の生活

病中も母は、毎朝必ず起きて衣を改めました。そして高膳に向って食事をしましたが、どうしても御飯は食べません。お茶をかけて、お茶だけ飲んで居ました。病中も絶えず家の万端について世話を致しました。私共が外出する場合は、行届いた世話を受けて（頼んで）出ますが、帰るまで変りはないかと憂慮したものです。

⑤親類の看護

兄（源助）は意見といえば、盛んに自説を主張して、動かなかった男でしたが、母には実によく仕えました。母は凡《すべ》ての人から尊敬された人でした。病中何十里先からも、見舞の人が来ました。親類は集まって看護しました。三村の兄（章太郎、隠居名を秋月如童）が看護頭《かんごがしら》となって、五十日も母の側につき切って看護しました。

⑥鶴子の危篤

母の危篤状態は、一週余もつゞきました。丁度私（楫子）が此間の病気のようでした。つまり気急の（ママ、危急か）苦しみと言うのでしょう。永患ひ（長患い）で弱り切って居る処へ起ったのです。主治医としては当時有名な内藤泰吉氏（内藤游博士の父上、小楠門弟）を、父の領内（中山手永）の種痘（植え疱瘡、牛痘種痘法）に出張して居る先へ、使を立てゝ迎えました。これが苦しみの始まりで、時々気急が起りました。手の尽せる限りを尽くしました。最期は実に安らかなものでした。三村の姉（鶴子の妹）が「今朝は大変お静かで御座います」と言いました時、「こういうように手を尽されては、病も宿る処がありませんでしょう。よく寝ました。有りがたい事」と返事したのが最期でした（『矢嶋楫子伝』）。

六、横井小楠の「矢嶋忠左衛門之配三村氏碑陰之記」

「矢嶋四賢婦人記念館」所蔵の横井小楠の「矢皛忠左衛門之配三村氏碑陰之記」は楫子の筆跡で、『竹崎順子』所収のものと若干違っています。（　）は引用者註。

本稿ハ嘉永七（一八五四）年ニなりたるもの、写

矢嶋忠左衛門之配三村氏碑陰之記

此棺は益城郡中山の御惣庄屋矢嶋忠左衛門の配《はい》（つれあい）三村氏を納めしものなり。三村氏名ハ鶴、和兵衛某の女《むすめ》、寛政十（一七九八）年三月朔日に生れ、文政二（一八一九）年矢嶋氏に帰し、嘉永六（一八五三）年五月廿一日春秋五十六歳ニテ終りぬ。

此人貞正の生れにして、義理ニ明に、禍福・利害に移されず、又能く憐深く、人をあはれむを以て心とせり。家にありて、能く祖父母に仕へ、兄妹と同じく賞せられて、銀若干を給ハりぬ。

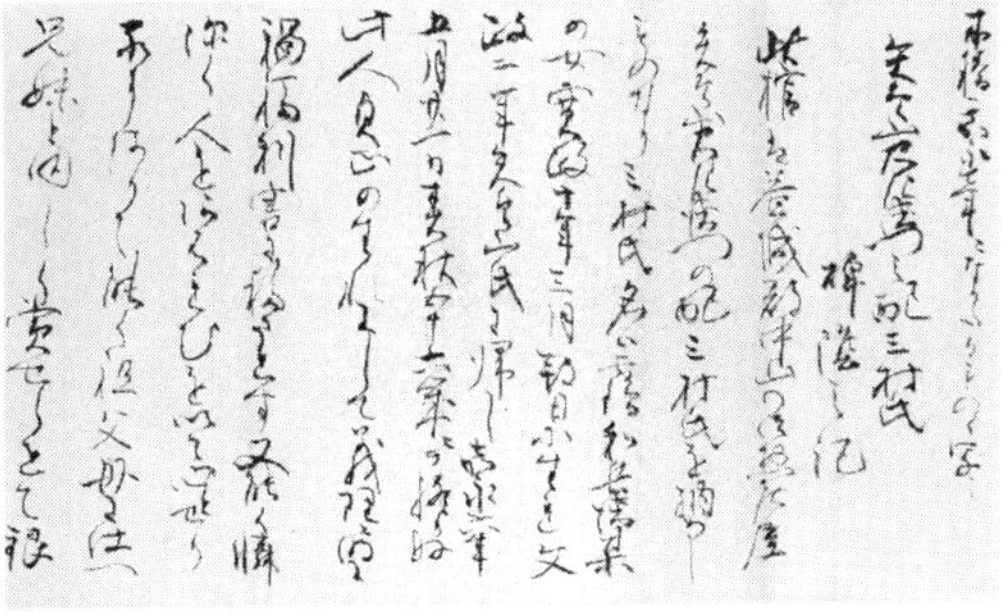
横井小楠の「碑陰之記」（矢嶋楫子筆）

既に嫁して家貧しく、農事を勤め、蚕を養ひ、人の堪へぬ業を盡し、舅姑に仕へぬ。やゝゆたかなるに至りて、衣服・飲食みずからの事ハ極めて倹素なれども、理に因ては財を出すハ、聊も嗇《やぶさか》なる事なし。二男七女を生み、子を教るに、必真心を磨き、行実を盡を以てこゝろとせり。

病て牀《しょう》に在こと、殆百五十日に及び、疲労日々に進めども、精神平生にかわらず、折にふれ、事に就き、子を教へいましむること至れりと云ふべければ、其子の母をしたひ、忘れぬ餘りに、世替り時移り、山崩れ地折《くじ》け、しるしの石（墓石）も無くなりて、此棺を発《あば》かむ。人のあはれみて、うづみ給はんことを希て、余に乞てそのあらすじを記せしむ。

余といふものは、熊本の横井時存にして、其子の矢嶋源介（ママ）が師とし、友とする人ぞかし。

おわりにかえて

前の横井小楠の「矢嶋忠左衛門之配三村氏碑陰之記」については改めて解説しませんので、じっくり読んでください。なお『矢嶋楫子伝』の記述を追加します。

①城が峰墓地

城が峰墓地の「碑陰之記」

母の柩は恭《うやうや》しく杉堂の城が峰に埋葬されました。大きな楠が神々しいように覆うていました。近年になって、其楠が切り倒されて了いました。樟脳を取る為めと言います。村の共有物ですから仕方ないとはいうものゝ、墓地は誠に殺風景なものになって仕舞いました。

②碑陰之記

母の石碑を建てます時、石には兄（源助）が横井小楠先生に一文を願ったのを彫りつけて入れました。其文のうつしを中山の会所役人書記仁十郎の書いたものを私は持って居ります。大かた是が只一つ残って居るのでしょう。

母・鶴子の墓は城が峰墓地にありますが、現在、熊本大地震で倒壊したままです。なお、写真は明治末かに再び「碑陰之記」が建立された時の様子と思われます。現在この碑石の所在は不明のままです。

竹《たけ》崎《ざき》順《じゅん》子《こ》

矢嶋四賢婦人
熊本女学校一筋

はじめに

詳細な竹崎順子像については、甥の徳冨健次郎（蘆花）が大正一二（一九二三）年に著した『竹崎順子』（「蘆花全集」第一五巻　蘆花全集刊行会　一九二九年）を一読されれば、順子の前半生・後半生がよくわかります。現在のところ、これ以上の伝記にお目にかかっていません。

竹崎順子（開新高等学校所蔵）

蘆花は数多い矢嶋家の女性たちの中から、何故『竹崎順子』を選び書こうと思ったのでしょうか。一説によれば、順子が悩んでいた蘆花の心の支えになったからと言われています。

明治三九（一九〇六）年三月七日、熊本女学校講堂で開かれた「校母安眠一周年追悼会」に寄せた徳冨蘆花の追悼文（後掲）の中に、「不肖（蘆花）の如き即ち先生に拾はれたる屑の一、故に先生を懐《おも》ふことおのづから切」の文言があります。

また、蘆花には順子について書こうという気持は生前からありました。順子没後の明治三八（一九〇五）年三月九日の熊本女学校の校葬で、徳冨蘆花が朗読した「竹崎順子略歴」（熊本フェイス学院高等学校抱節会編）には、「しばらく之を他日詳伝を公にするの日に譲り」の文言があり、これが大著の『竹崎順子』です。その『竹崎順子』と共に、久布白落実著『矢嶋楫子伝』などの他の資料も紹介しながらみていきたいと思います。

一、矢嶋家三女・順子（一八二五〜一九〇五　享年八一歳）―竹崎律次郎（茶堂）の妻

1、誕生

順子は文政八（一八二五）年、父・矢嶋忠左衛門直明（当時三二歳）と母・鶴子（三村氏、二八歳）の第五子（第一子・にほ子、第二子・もと子は双子、第三子・源助、第四子・五次郎は夭逝）として生まれた三女でした。

「矢嶋四賢婦人」のうち、杉堂村で生まれたのはこの三女の順子だけであり、翌九（一八二六）年に忠左衛門直明は「唐物抜荷改方横目」に任じられ、木山町宮園の「役宅」に転居、そこで四女・久子、五女・つせ子、六女・かつ（楫子）および七女・貞子が生まれました。しかし、『町在』では父の忠左衛門直明は「杉堂居住」（本籍）とされ、宮園の方は「役宅」扱いになっています。

2、順子の人となり

『竹崎順子』によれば、娘時代の順子は体格も健やかに、気立ても素直で細かい性格であり、余り丈夫でない母の片腕になって、よく妹達の世話をしたといいます。また、順子の発意で、「姫鏡」（和漢古今のすぐれた婦人の事蹟を書いた仮名まじり絵入り本）を会読した後、「わたし共姉妹三人（順子・久子・つせ子）は、決してだらしない者にはならない。身を清く行ない正しく女の道を踏む」の誓いをし、書き付けに署名したといわれています。

二、竹崎律次郎との結婚とその後の生活

まず、女婿の竹崎律次郎（茶堂、一八一二～一八七七、享年六六歳）について少し説明しておきます。次頁の「木下・竹崎系図」のように、竹崎律次郎（茶堂）は木下慶吉（国成）の実子・初太郎（国均）の弟ですが、荒尾手永惣庄屋の竹崎次郎八が文政一二（一八二九）年一二月に急死したため、兄・初太郎の推挙もあって、竹崎家の養子になり、「竹崎」の姓を名乗りました。

順子（一六歳）は、天保一一（一八四〇）年四月、竹崎律次郎（二九歳）と結婚（正確には再婚）しました。結婚後の夫・律次郎と順子について、時系列的に見ていくことにします。

1、結婚後の律次郎と順子

【伊倉時代】

竹崎律次郎は順子と結婚後、酒造業「諏訪酒屋」を開業・繁盛しましたが、米相場に手を出して失敗・破産、その律次郎は行方不明になりました。

それを順子の兄・源助（直方）が偶然見つけ出しましたが、順子はもどらず、中山手永惣庄屋の父・忠左衛門の会所（役宅）で別居しました。

伊倉での生活は夫・律次郎の性格に大いに関係し、順子の苦労は言語に絶したものでした。そんな中でも、順子は律次郎のことを「私はいつも主人が、たゞ世間一般の営利商人で終る事を恐れて居ったが、突然あゝいう不幸な境遇に陥って、その為めに心を磨き、又世の中の為めに尽す支度が出来るかと思うと、唯嬉しくて、身體の苦労などは覚えもせず、毎日楽しんで働きました」（『矢嶋楫子伝』）と述懐しています。

木下・竹崎系図

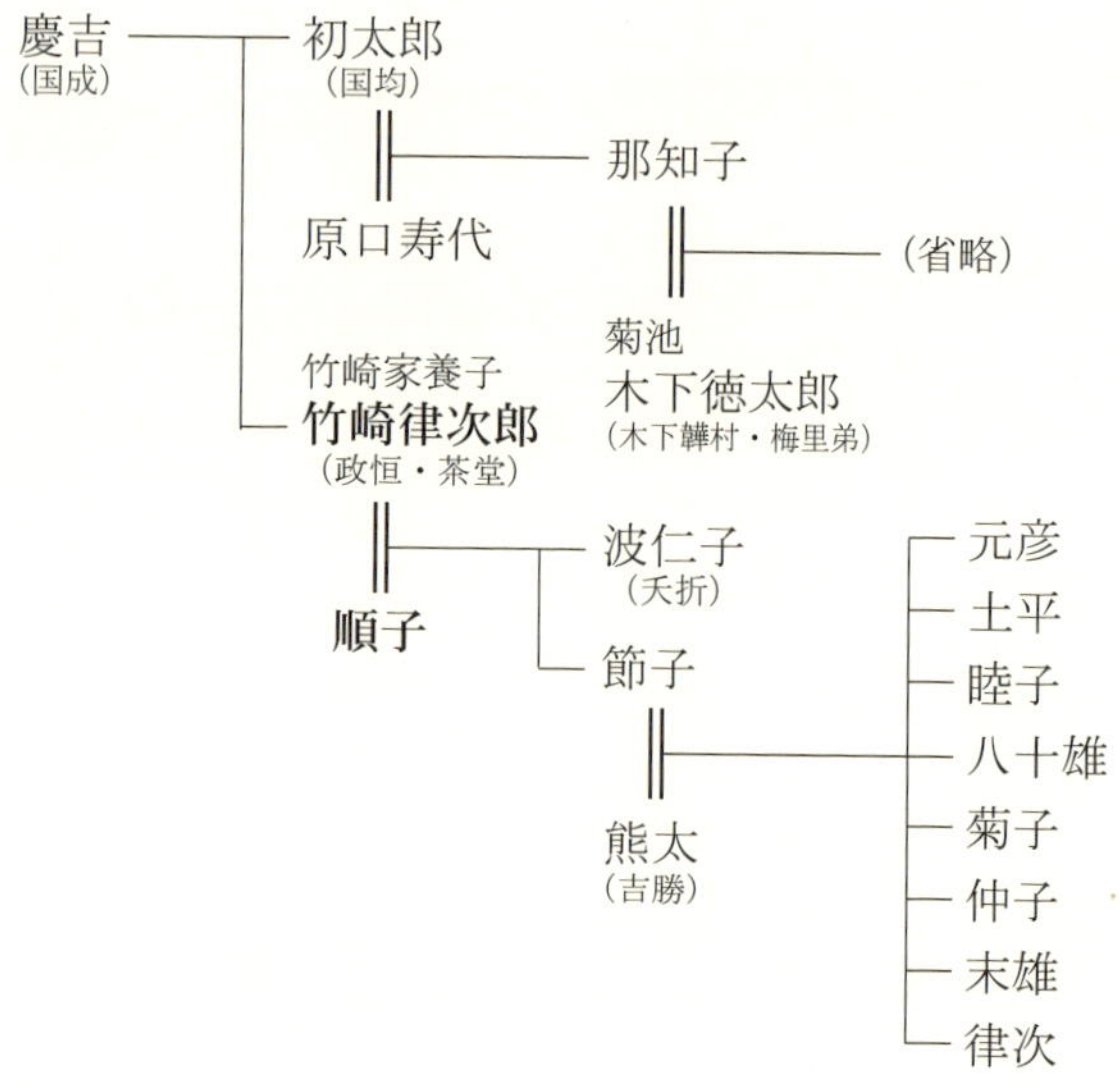

【布田時代】

律次郎は大阪での再挙を計画しましたが、高森手永の惣庄屋・矢野甚兵衛（律次郎の養子先・竹崎次郎八の従弟）に説得され、高森手永で村塾を開設することになりました。その後、素封家の依頼で布田手永に転居して開塾しました。

塾の傍ら「御赦免開」の開墾地に、朝鮮人参・壱岐櫨を栽培し、掘立小屋を建て、弘化元（一八四四）年には順子との生活を再開し、極貧生活の中で、翌年に節子が誕生しました。

弘化二（一八四五）年、矢嶋源助（二三歳）は「学者何する者ぞ、畢竟孔子の枯糞を甜《なめ》るのみ」と豪語していた律次郎（三三歳）を「小楠堂」への入塾に勧誘、律次郎は新次郎（竹崎次郎八の実子）と共に小楠門弟となりました。律次郎は「小楠実学」により学問的・思想的に一段と開眼することになりました。

律次郎・順子一家は、布田での一七年間の苦労によって、かなりの家産をなしました。安政六（一八五九）年に、律次郎・順子夫婦は寿賀子（竹崎次郎八の妻）と新次郎（二〇歳）に一切を譲渡して、横島に移住しました。また、順子は「盆や正月には、何か自分で拵えた物など人に贈る、夫程《それほど》情愛の厚い親切な温い人」（『矢嶋楫子伝』）でもありました。

【横島時代】

万延元（一八六〇）年二月（文久元（一八六一）年説あり）、竹崎夫婦は木下初太郎（国均）から玉名郡横島新地の監督を依頼され、横島に移住しました。その新地は木下初太郎・竹崎律次郎・矢嶋源助が所有し、菊池木下家が出資した横島干拓「九番新地」の四〇町歩でした。この時期には二〇余人の出百姓を抱え、竹崎夫婦にとって全盛時代（「横島王国」）でした。

そこで実施したのが「四か条の憲法」でした。その項目は、①倹約にして業を励む事、②酒を節する事、③賭博を打つものは放逐する事、④婦人は農務の余暇は紡織して、家族の着類は決して買わぬ事でした。

律次郎・順子夫婦は率先垂範・実践躬行し、順子は労働分配、子供や病人の世話、肥料・種子・農具、家々の鍋の世話など、「百姓等は安心して、唯一心に働くさへすればよい」生活環境を作りました。そのこともあって「村全体の富裕」（徳富音羽子談）になり、村人から「そら竹崎さんな、横嶋の神さんでござりますけん」（徳富蘆花）と言われていました。

明治二（一八六九）年一月五日、師匠の小楠が暗殺され、律次郎は矢嶋源助と同道して、京都に到り、小楠の遺髪と大刀を持って帰省、熊本で神式による葬儀が何日も行なわれました。そんな時でさえ、徳富久子の二女・光子は「竹崎のお順おばさんが、一寸と台処へ入って来て、直ぐ何かと取りしきって指図しなはる手際にはほんとに驚いた」といっています。

【熊本時代】

この時期の律次郎（茶堂）は徳富一敬（四女・久子の夫）と共に肥後藩庁に出仕しました。明治二（一八六九）年の秋、二人は横島の竹崎家の奥座敷で「藩政改革意見の要綱」をまとめています。それに依拠して、明治三（一八七〇）年七月には知藩事・細川護久の「村々小前共え」が布告されました。

徳冨蘆花は『竹崎順子』の中で、竹崎律次郎と徳富一敬は「肥後の維新」と称した一連の藩政改革の青写真作りに主になって関与したことを書いていますが、二人はやがて意見の違いが生じ、次第に疎遠になっていきました。

つぎの「竹崎夫妻年譜」は、明治初期の律次郎（茶堂）たちの動向を記したものです。

竹崎夫妻年譜

明治三年	一八七〇	律次郎藩庁出仕、七月録事差添、八月民政局少属、横島より熊本高田原町に移転。新次郎布田組里正。閏一〇月大属、一一月洋学校治療所出仕、一二月治療所漢学教導
四年	一八七一	秋、本山村に転居、「日新堂」創設。茶堂と号す
六年	一八七三	二月家禄奉還。新次郎政長は白川縣二七大区一二三小区戸長
七年	一八七四	三月夫妻で上京、政長は白川縣第四大区九小区戸長
八年	一八七五	家禄奉還の代償に、高野辺田の土地の払下げを受ける。夫婦でキリスト教を憎む
九年	一八七六	一月日新堂閉鎖、高野辺田に隠棲。吉勝夫婦は本山に残る
一〇年	一八七七	二月西南戦争の薩軍を伊倉に避け、四月帰る。五月律次郎死去（六六歳）

律次郎（茶堂）は、明治四（一八七一）年秋に「日新堂」を開設、律次郎（茶堂）自らが小楠直伝の「実学」の継承者と自負した教授法で、子弟の教育を行なっています。その間、順子は夫・律次郎の傍らにあって、生徒たちの世話をしました。

竹崎律次郎（茶堂）

同九（一八七六）年一月に日新堂を閉鎖し、律次郎・順子は高野辺田に隠棲、翌一〇年二月に西南戦争が始まると、薩軍を避けて伊倉に避難、田原坂での戦闘の終った四月には帰ってきましたが、翌五月には死去しました。享年六六歳。

順子は、夫・律次郎との生活を「そりばってん、わたしが内助の功があったなんてち、忘れても書いて下はっちゃなりまっせんばい。わたくしや十六の年に嫁入りして、子供でしたもん、何ば知りまっしゅうかい。何もかもああせい、かうせい、と主人に教へられち、ついて往ったばっかりでござりますたい。そりばってん、私は仕合せ者ですたい。主人は私の給仕でなければ喰べた事はありまっせんだった」（『茶堂竹崎先生伝』）と述懐するなど、あくまでも控え目な順子でした。

2、竹崎律次郎の（茶堂）人となり

徳富蘇峰は『茶堂竹崎先生伝』の序で、竹崎律次郎（茶堂）について「先生の義兄矢島直方、即ち先生の愛妻の兄貴と先生とが何かの問題に就き激論を交へ、順子女史をして、頗る当惑せしめたこともあったやうに聴く」と記し、ついで「先生は固より世間の事にも通じ、親切にして、人の世話を焼き、利用厚生の道には損徳（ママ、損得）をも顧みず骨折られ、社会公衆の為には何事も自ら経験者となり、試験者となり、先導の労を惜しまなかった人であるが、自ら信ずること甚だ厚く、己を持すること甚だ堅く、要するに他人と共同事業をなす人で無く、一人自ら独自一己の天地を開拓する人であった」と評しています。また、小楠はそんな律次郎を「竹崎は器用過ぎて、考えが深く及ばぬ」（『徳冨蘆花』〈人と作品〉）と評していました。

「茶堂」号の由縁

竹崎律次郎は、本山村の邸内に茶と桑を植え、特に製茶は自宅に釜を拵える程の熱の入れようでした。そのことから明治四（一八七一）年に「茶堂」の号を使用したようです。しかし、「先祖附」によると、竹崎家の先祖・竹崎道巴は加藤清正に「茶湯」で見出されていました。おそらくこのことも「茶堂」の遠因の一つであったのかもしれません。

三、竹崎順子の後半生

次頁の「竹崎順子の後半生」の年譜で、順子の生き方をじっくりたどってみてください。一言でいえば、竹崎律次郎（茶堂）没後の順子の後半生は女子教育の一色であり、女学校経営そのものに、その後半生のすべてをかけた女性といってもよいでしょう。

竹崎順子の後半生　年譜

年	西暦	出来事
明治一三	一八八〇	キリスト教を勧めた妹・久子を叱る
一六	一八八三	孫・元彦（一九歳）の東京遊学
一八	一八八五	元彦のアメリカ留学、孫・土平の東京遊学
一九	一八八六	徳富久子らが女子教育の必要性を痛感し、学校設立案「口代」（趣意書）起草する。（但し順子の名は見えない）
二〇	一八八七	私立熊本女学校の名称にて発足。五月熊本女学会、六月熊本英語学会の発会、八月元彦米国ニューヨークで病死。一〇月キリスト教入信。順子（六三歳）は娘・節子と共に海老名弾正・みや子立会いで、熊本草葉町教会で宣教師O・H・ギュリキより受洗
二一	一八八八	六月熊本英語学会を熊本英学校と改称（初代校長・海老名弾正）、一二月熊本女学会を熊本英学校付属女学校と改称
二二	一八八九	五月熊本英学校付属女学校新築校舎落成、一一月私立熊本女学校認可（校長・海老名弾正、舎監・竹崎順子）
二三	一八九〇	一月私立熊本女学校独立開校式・落成式、一〇月海老名転任のため退任
二四	一八九一	蔵原惟郭を校長招聘、英国より帰熊

二五	一八九二	一月蔵原惟郭、熊本英学校の校長就任。六月福田令寿、熊本英学校卒業
二六	一八九三	二月福田令寿、蔵原の勧奨でスコットランド留学
二八	一八九五	三月蔵原校長と順子舎監の連携円満を欠く。順子身を引く。生徒の追従多し。七月蔵原校長の退任、九月上京、九月福田抱一校長就任。順子復帰
二九	一八九六	七月学校運営の資金調達に芦北方面を回る
三〇	一八九七	三月福田校長の退任、順子（七三歳）で校長就任
三一	一八九八	一月熊本女学校再認可、七月経営難で東奔西走。一二月節子死去（五四歳）
三三	一九〇〇	八月孫・八十雄のアメリカ留学、孫・睦子の死去（二八歳）
三四	一九〇一	一二月福田令寿は留学（九年間）を終え帰国
三六	一九〇三	一〇月順子七九歳の誕辰祝
三七	一九〇四	二月竹崎順子謝恩記念館建立着手、三月竣工。三月二七日竹崎順子八〇歳の祝賀会及び謝恩記念館落成式。七月順子臨席最後の終業式（今日限りに記念館をあとに校母は永久に学校に帰らぬ）、一一月順子女学校生徒一同を高野辺田の病床に集め告別す
三八	一九〇五	三月七日死去、八日遺体熊本女学校に帰る。九日校葬、独鈷山に埋葬

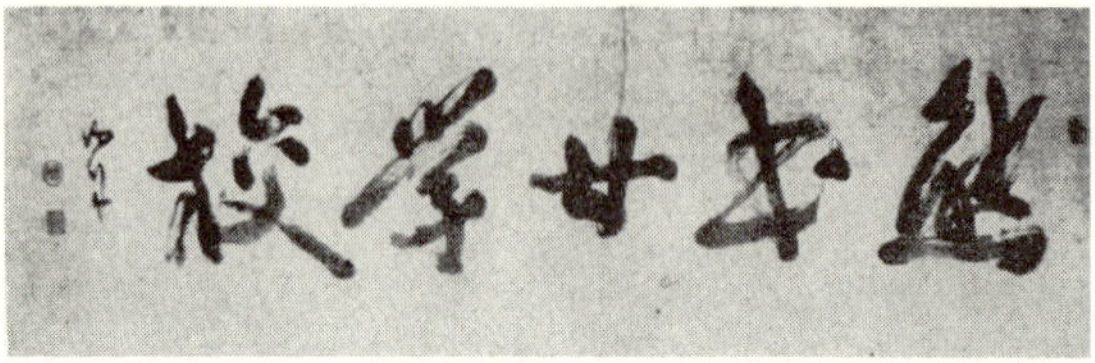

勝海舟揮毫の扁額

竹崎順子の「熊本女学校」経営の発端・継承

「熊本女学校」の開設は、順子が明治二二（一八八九）年に徳富久子らによって開設された熊本女学会の世話役を引きうけたことに端を発しています。この経緯については後の「徳富久子」のところで詳しく紹介します。ここでは順子の受洗の背景を簡単に見ておきたいと思います。

明治一三（一八八〇）年、久子に基督教を勧められた時、姉の竹崎順子（当時六三歳）は厳しく叱っていましたが、同二〇（一八八七）年一〇月に娘・節子と共に海老名弾正・みや子の立合いのもと、熊本草葉町教会で宣教師O・H・ギュリキにより受洗しています（『竹崎順子』）。おそらく順子と節子の受洗は、八月に孫の元彦が留学中の米国ニューヨークで病死したことが最大の理由であり契機であったと思われます。

徳富蘇峰の言を借りれば、「母（徳富久子）の姉なる竹崎順子の如きは、當初は最も有力なる非基督教者でありましたが、然も最後には母の信仰の尤も親しき姉妹」になっています。順子はこの受洗により、すでに基督者であった久子の熊本女学校を、その創設時から正式に引き継ぐ資格を有しました。

しかし、この熊本女学校の創設の願望は、順子自身の和歌「見るたびに　たのしきものは　ますら男のまなびのまどの　ともし火のかげ」に凝縮されていました。順子は「男校の燈火諸処にもるれども、女学の光明いまだ輝かず」と、男子教育に対して、女子教育の遅れを何とかしたいという強い思いが沸き上がっていました。

そんな順子は「自ら寄附を集めて独立の校舎をつくり、私立熊本女学校をつくり」、自ら「舎監」を引き受け、さらに「第三代校長となって女子教育に献身」（熊本日日新聞社編『百年史の証言―福田令寿氏と語る―』日本ＹＭＣＡ同盟出版部　一九八九年）しました。

しかし、その経緯は必ずしも平坦・容易ではありませんでした。まず明治二〇（一八八七）年五月に「熊本女学会」が発会し、翌二一（一八八八）年六月に「熊本英語学会」は「熊本英学校」と改称（初代校長・海老名弾正）され、同一二月には「熊本女学会」は「熊本英学校付属女学校」と改称、翌二二（一八八九）年五月には新築校舎が落成し、一一月には「私立熊本女学校」として正式に認可（校長・海老名弾正、舎監・竹崎順子）を受け、同二三（一八九〇）年一月には私立熊本女学校としての独立開校式と落成式が挙行されました。

四、校母・竹崎順子の教育理念と信念

私立熊本女学校は開校されたものの経営は決して順調ではありませんでした。その中で、順子は学校経営と女子教育に全身全霊を投入したと言っても過言ではありません。

校母・竹崎順子の教育理念、いや信念はどんなものだったのでしょうか。順子の全体像を簡潔に、しかも余すところなくまとめたのが、これから紹介する徳富健次郎（蘆花）の「竹崎順子略歴」と「校母安眠

一周年追悼会」に寄せた追悼文です。

竹崎順子は、明治三八（一九〇五）年三月七日に死去、その翌日、順子の遺体は熊本女学校に帰り、翌九日には校葬が行なわれました。その式上で、徳冨蘆花はつぎの「竹崎順子略歴」を朗読しました。今もこれほどのものは見当たりませんので、原文を掲載します。やや難解ですが、じっくり読まれ、併せて蘆花の名文も堪能してください。（　）は引用者注。

1、「竹崎順子略歴」（徳冨蘆花文）—便宜上【前半生】・【後半生】にわける

【前半生】

竹崎順子、本姓矢島氏、文政八（一八二五）年十月二十五日、熊本県上益城郡杉堂村に生る。父忠左衛門氏、母つる（鶴）子、一子七女あり、刀自《とじ》（順子）は第三女。父は郡吏（惣庄屋兼代官）として、清廉の誉あり。つる子聡明・貞淑、尤も心を子女の教養（教育）に潜《ひそ》（潜心）めき。

刀自十六の年、玉名郡伊倉の人竹崎茶堂（律次郎）氏に嫁す。茶堂氏胆大・気豪、鋭気に任せて、一朝（一旦）事業に蹉跌《さてつ》（失敗）するや竹崎家は忽《たちまち》にして風呂敷包一個の身代となりぬ。

刀自十八の年なり。刀自良人《おっと》を慰め、諸共に豆腐をつくりなどして、専ら家運の挽回を計りしが、捗々《はかばか》しからざるより、阿蘇山西布田《ふた》郷に移住し、さら粟を食ひて、蚕を飼ひ、機を織り、拮据《きっきょ》（骨を折る）経営、家風漸く競ふ（隆盛に向うの意か）。此際女《むすめ》節子を生む。

是より先き茶堂氏横井小楠翁の門に出入し、又布田郷に村塾を興して郷党子弟を教ふ。刀自之を助けて

母の如く子弟をいつくしめり。之を刀自が教育事業にたづさは（携わ）りたる端緒とす。

居ること十年、家を挙げて竹崎家の正嗣《せいし》（後継）たる義子（義理の子）政長（竹崎次郎八嫡子新次郎）に譲り、玉名郡横島新地に移り農桑（農耕と養蚕）開拓の事に従ふ。刀自體格強健にして気力横溢（旺盛）、日々奴婢（使用人）と伍（一緒）して田圃に出で、自ら鋤鍬とりて具さに稼穡《かしょく》（農業）の労を嘗《な》（十分に経験する）む。一たび（度）は塘切《ともぎれ》（潮留堤防の決壊）の為に積年の労空しきに帰したるも、苦心八年にして家運大に興りぬ。

此際吉勝（養嗣子）氏を迎へ、節子に妻《めあ》はす。而して此忙《せ》はしき中にも、刀自は親戚の女《むすめ》数名を預りて教養するの餘裕あり。自身鋤鍬とって、預れる子は琴を習へり。

王政維新となり、小楠門下の士（学徳を修めた立派な男子）入って藩政改革の事に当るや、高足弟子（最も優れた弟子）の一人たる茶堂氏、亦挙げられて専ら学務及び勧業を担当す。刀自が内助の範囲次第に広くなり来れり。

此時熊本郊外本山村に移る。明治六（一八七三）年官を辞して、茶堂氏家塾日新堂を興し、盛に聖人の道を講ず。門に及ぶ者県の内外数百人、流風今に到って絶えざるものあり。茶堂氏経（経書、四書五経）を講ずる傍らには、必ず刀自の侍するありき。

彼父（茶堂）に啓《ひら》かれ、此母（順子）に温められし青年にして、名を成せる者少なからず。刀自の訃に接して泫然《げんぜん》（涙をはらはらと落ちるさま）昔を偲ぶ者多かるべし。日新堂には更に一種幼稚舎の設あり、六・七歳より十二・三歳迄の児童七・八十人、其寝食一に刀自の手を煩はせり。また手芸学校の設あり、已に母たる節子も生徒の一人なりし。これ本県女学校の濫觴《らんしょう》（始まり）なるべし。

明治九（一八七六）年、茶堂氏病の為日新堂を閉ぢて、郊外高野辺田《こうやべた》に退隠し、翌年遂に歿す。刀自の良人に対する、全心の愛と信《まこと》とを献げて、如何なる危地、如何なる嘲《あざけり》の中にも、良人の往く所は勇んで之れに伴へり。斯くて良人は常に半點《はんてん》（わずか）の疑惧《ぎぐ》（疑いと気がかり）なき晴れやかなる面《おもて》に勇気づけられて、思うさまに活動せるなり。

刀自曾《かつ》て某夫人に語って曰く、事業家に妻たらむ程の者は、十分良人に信頼し、まさかの時には襦袢一枚となるの覚悟あるべし。自分は主人が如何に突飛の様な事をする時も、些《すこ》しもあぶなく思ひしことなし。総じて夫妻の間は十分打明け、寸分の隙ある可からず。半點隠す所あれば家庭の破滅なりと。

【後半生】

茶堂氏没後、刀自はしばらく家居して愛孫の撫育《ぶいく》（慈しみ育てる）に余念なかりしが、一朝翻然（急に心を改める）として謂《いい》へらく、今は隠居の時にあらずと。而して多年の薀蓄《うんちく》（深く積み貯えた知識）を発揮して教育の為に尽す可く起《た》ちぬ。刀自曾て熊本英学校の燈光を見て詠じて曰く、

見るたびに　たのしきものは　ますら男の　まなびのまどの　ともし火のかげ

男校の燈火諸処にもるれども、女学の光明いまだ輝かず。刀自同憂（憂いをともにする）の諸氏と計り、一小学舎を熊本市内草葉町基督教会堂の一隅に設けぬ。明治二十（一八八七）年、刀自六十三歳の春なりき。これ即ち私立熊本女学校の発端。

爾来十八年、熊本女学校の歴史は、刀自の履歴、刀自の経歴は、学校の経過、七十・八十の老刀自が十

八年間、始終学生と起臥・寝食を共にせし事、其老體を以て南船北車（「南船北馬」からの造語か、東奔西走）、叩頭《こうとう》（額ずくこと）懇願、寄附金を集め廻りし事、学校の命脈縷《る》（糸筋）の如く、何人も顧《かえりみ》る者なく、最早廃校の外なしと云う時、刀自が猶絶望せず。

種々の手段を尽せる事、其他十八年間の経過を細かに説かんは、一朝夕の事にあらず、しばらく之を他日詳伝（『竹崎順子』）を公にするの日に譲り、唯《ただまさ》応に云ふべし、十八年間刀自は自家心血の滴りもて、此雛鳥（在校生）をはぐくみぬと。

数年前、錯綜（複雑に入り込む）せし事情は、刀自をして一時学校を去るの已むを得ざるに到らしめし時、刀自また争はず。出るにのぞみて、庭園の菖蒲（あやめ）に歌を結びて曰く、

植置きし　庭の菖蒲も　姫ゆりも　のちのあるじと　共にさかえよ

されども雛は親鳥を追うてあつまり、刀自は再び旧巣に復《かえ》りて、其覆育《ふいく》（子弟をまもり育てる恩徳）をつづけぬ。雛は長じて反哺《はんぽ》（成長の後、親に養育の恩を返すこと）を思へり。

刀自八十の賀にちなみて、卒業生等が奔走、周旋金を集めて新に設けし竹崎校長記念館は、永く師弟の情愛を語るの堕涙碑《だるいひ》（落涙碑）たるべし。誠は朽ちず、刀自の心血は決して空しく灑《そそ》がれざりき。銀杏城（熊本城）の東、春水ゆるく繞《めぐ》り、青蕪《せいぶ》（青く茂っているさま）十里に連なるのほとり、不思議なる女子の学舎あり。

校長は慈母にして、職員は兄たり、姉たり、学生と名のるも尽く其愛子・愛孫・愛妹たり。学校にして家庭、家庭にして学校。学問は教場に限らず、不断の感化は白髪莞爾《かんじ》（にっこりほほ笑むさま）たる老媼《ろうおう》

（年老いた女）の慈眼（人を慈悲の心で見る仏・菩薩の眼）・愛腸（人の心腸〔心・気質〕を愛するの意か）より、時々刻々各自の耳目口鼻に流れ入り、学生何時しか、其老媼に肖《に》もて来る不思議の学校ありとは、甲伝へ乙和して、今は世間知る者漸《よう》く多からむとするに到れり。

而して翼成りて、巣立ちし多くの若鳥は、随処に親学びの音《ね》をば鳴きて、豺狼《さいろう》（貪欲残酷な獣）哮《ほえ》る荒野に一道（一筋）の清韻（清らかな響き・音色）を流しつつあり。渺《びょう》（極めて小さいこと）たる西陲《せいすい》（西のはずれ）の一校舎、やがては健全なる新日本を築き起す基礎石の其一とならむとす。刀自の志また聊《いささか》酬《むく》いたりと云ふべし。

蓋《けだし》刀自の所謂教育は、「人」をつくるの謂《いい》にして、教授方法の如きは、唯己の誠を以て他の誠を動かし、自家の心火（火が燃えるような烈しい情念）もて他の火を燃やし起すにあり。刀自の心は大、何ものをも包容す。人の長を見て短を見ず、人の美を喜ぶこと甚だしく、決して人を見棄てず、一髪（ほんの少し）の微をも捉《とら》へて常に人を活かさんとす。曾て二人の女生を携へて山上に遊び、花を採りて、把《は》（一握り）にあまる。女生其あまれるを棄てんとす、刀自吟じて曰く、

手折つる　花はもろ手に　あまれども　いづれを野べに　すて丶かへらむ

鄙吝《ひりん》（いやしくけちなこと）の二字は刀自の未だ曾て知らざる所なり。渾《すべ》て十分を愛す、鋤・鍬とりては力の限り耕し、笑へば口を開いて笑ひ、難に処しては生命を投げ出し、人の急に赴いては双肩を突込み、人を愛しては愛し徹せずんば已《や》まず。

外は温潤（温順、穏かで素直なこと）玉の如く謙和（謙って穏やか）にして、内に百錬の鋼骨（鋼のような

骨強さ）あり。其七十近くして和歌を学び、八十にして手習を新にする等、進歩・修養の精神の熾《さかん》なりしが如き、国が憂ふるの切（差し迫る時）なりしが如き、平生無一事（一事なく）、大事生ずる毎に鉄城（鉄のような堅固な城）の遽《にわ》かに聳え起れる如く頼母しかりし如き、親炙《しんしゃ》（親しくその人に接して感化を受けること）せる者の皆よく知る所。

天資あり、儒教の素養あり、而して明治二十（一八八七）年基督教を信奉するに到りて、其見地更に一段の餘裕を加へ、其徳更に光輝を加へたるが如し。晩年学校経営の苦心は更にも云はず、家庭の不幸は頻々《ひんぴん》として悲痛言ふに忍びざるものありき。

明治二十年には嫡孫元彦氏米国に逝き。やがて次孫土平《どへい》氏を膝下に喪《わざわ》ひぬ。やがて菊子・睦子の女孫相ついで逝き、一家の柱石たる主婦節子また先立ち逝きぬ。刀自の窃《ひそ》かに拭ひし涙は思ふに維《こ》れ血なりしなるべし。

されど刀自は頭を低《た》れて打撃を受け、再び天を仰いで進めり。一難来れば一難を乗り越し、一苦来れば一苦を踏み越え、歌うて曰く、

日はくれて　道遠しとは　誰かいふ　いさみてすゝめ　天のまさみち

斯くして来る程の苦痛・試練は刀自に千練万鍛を加へて、潤なるものはいよいよ玉の如く、硬なる者はますます鋼の如く、人をして安んじて其懐に眠り、安んじて其胸壁に倚《よ》らしむるに到れり。

我等往々日暮道遠（ひくれてみちとおし）の歎きある者、己の卑吝《ひりん》（鄙吝、卑しくけちなこと）を羞《は》ぢ、世の濁れるを憤るのあまり、人間の価値、人類の前途を疑ふもの、刀自の姿を前程（行く先）に見て、失へ

る自信と希望との、油然《ゆうぜん》（さかんにわき起こること）としてまた湧きかへり来るを覚ゆるもの実に幾回ぞ。然れども頌《しょう》（ほめたたえること）は要なし、刀自の徳は春風の吹くが如く、春水の浸《ひた》すが如く、春日の照らすが如く、接する程の者は感じ、感ずる程の者は終生忘るゝ能はざらむ。

昨年の春よりして、刀自頻りに重患（大病）に罹かり、健康また旧《もと》にあらず。八月令妹にして其事業さへ同じき矢島楫子刀自東京より来り、打連れて赤瀬（宇土半島の赤瀬）温泉に遊び、忽ち喀血を起し、衰弱して帰宅し、爾来また病床を起《た》つ能はず。

晩秋、告別の為め、其愛する学生一同を病室に延《ひ》き、刀自やをら半身を床上に擡《もた》げ、徐《おもむ》ろに見廻はし、莞爾《かんじ》（にっこりほほ笑むさま）として曰く「あゝどれもどれも好い顔をして居る、好くなささうな顔は一つもない」と。

今年一月・二月となりて病勢悪し、然も病臥七ケ月、終に一語不平の声なく、しばしば看護の人々をねぎらひ「嬉しい嬉しい」と繰り返し、間々滑稽を弄して、一家の愁容（心配）をも解かんとせり。久しく匕《さじ》を投ずる主治医は、刀自が肉体の生理を蹂躙して、猶持する精力の強きに驚きぬ。三月に入りて、病いよいよ篤し。心臓の痛《いたみ》甚だしきもの、如く、時々吾を忘る。しかも夢中醒時（日夜を問わず）、其片言隻句（ほんのちょっとした短い言葉）苟も人を思ひ、人を愛し、人を励まし、人を育つる所以にあらざるなし。

六日午後苦悩殊に甚だし、「早く行こう、早く行こう」と独語す。已にしてまた曰く「併《しか》しキリストの十字架を思へば」と。自ら其好める讃美歌「波風のあらきうき世を立去り」を歌ひ出でぬ。七日は連日の苦悩あとを絶ち、身體各部の疼痛（うずきと痛み）も全くをさまりて、然かも正覚《しょうがく》（正しい悟り）を持しつゝ、次第に眠りに近づくもの丶如し。

刀自剰《あま》す所四孫、八十雄氏米国に遊学し、季雄《すえお》氏東京にあり、仲子年少、主婦の位置に立ちて家政看護、労具さに臻《いた》（どんどん進む）る。午後三時半、刀自顔色漸く変り、まさに眠らんとす。仲子の手を執りて曰く「おなどん、有難う、卿（ああた）には礼を言うてよかばい」と。眠らんとす。律次（末孫）氏耳に附して大声《たいせい》「祖母（ばば）さん」と呼ぶもの三たび、刀自かすかに眼を開き「はい」と答ふ。声消えて、笑めるが如く眠りぬ。生を地に享《う》くる八十一年なりき。

嗚呼《ああ》刀自眠りぬ。されど我等をして漫《みだ》りに哀泣せず、願はくば満腔（満身）の感謝と凱歌とを以て、刀自の凱旋を送らしめよ。静思黙想深く其生涯の教訓を翫味《がんみ》（よく味わう）せしめよ。刀自は死せず、決して死する能はず。我等もまた奮《ふるい》て刀自の跡を趁《お》はむ。天国は近かし。

（明治三十八年三月九日稿、『熊本フェイス学院高等学校抱節会誌』所収）

竹崎順子の学校葬

2、徳冨健次郎（徳冨蘆花）の追悼文

また一年後の明治三九（一九〇六）年三月七日、熊本女学校講堂で開かれた「校母安眠一周年追悼会」に、つぎの徳冨健次郎（蘆花）の追悼文を寄せています。

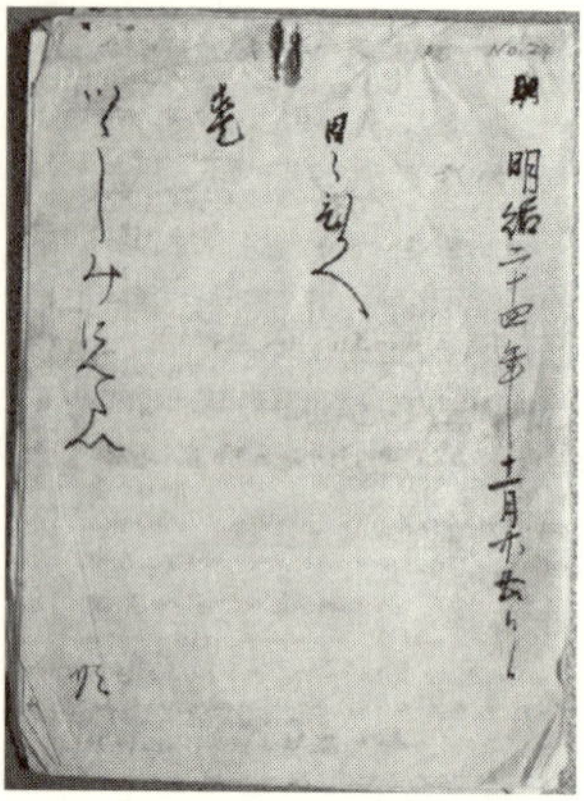
順子日記の書
（熊本県立図書館蔵）

竹崎先生の逸事《いつじ》（世に知られていない事実や事柄）の中に就《おい》て、殊に感ずるは、紙屑を拾ひ玉ひし事なり。屑拾ひ！、先生の事業の重なる面目、こゝに存すと云ふも差支《さしつかえ》なしと思ふ。不肖（徳冨蘆花）の如き即ち先生に拾はれたる屑の一、故に先生を懐《おも》ふことおのづから切。流光（月日の経つこと）匆々《そうそう》（あわただしいさま）、独鈷山（現・熊本市西区城山上代町高野辺田）上に先生を葬りまつりしより已に一周年、花環は疾《と》く朽ちつらむ、木の御《み》墓《はか》は石となりつらむ、然も先生の面影は日々に新に、其愛を身に覚ゆることますます切なり。げ（実）に先生の限なく生き玉へるなり。「限なきいのちをうけし君なれば、消えても残る命なりけれ」とは先生自ら謂《い》ひ玉へるなり。

先生を懐ふ毎に、湧き出づるものは悲哀の涙にあらず、感謝の念と勇気となり。八十一年の生涯をもて、先生は人の世に克《か》ち得べからざるの困難なく、愛し得べからざるの人なく、修養に修養を重ねて、人は生きながら「神に在」り得べきを示し玉へり。

先生の日記の表紙に斯くしるし玉へるを見出しぬ。曰く、愛・つゝしみ・忍耐（写真、変体仮名で「にんたい」）。先生修養の目《もく》（目標）、実に此にあり。然れども更に奥深き先生の秘訣あり。厳（ママ、巌）の如き其信仰也。即ち基督（キリスト）に顕はれたる神の愛、神の力を信じ、其力を力とし、其愛に励まされ玉へるなり。水車を動かす流水の源は、山奥の落葉の底にあり。先生の生命、先生の力は、密室の祈祷に根ざす。先生の生涯を模範とせむには、我等もすゝみて其源に汲まざるべからず。

熊本女学校よ、卿（おんみ、熊本女学校を指す）が母（順子）の卿について、如何ばかりうみの劬労《くろう》（くるしみ、身体の極端な疲労）をなししかを思はば、清く育ちて、十七年間卿（おんみ）が為に灑《そそ》がれし心血を空しうすることなかれ。先生の霊（みたま）は永久に在《いま》す。

愛する姉妹よ、兄弟よ、願はくは愛せむ、罪は自ら負はむ、忍耐せむ、つゝしまむ、神を信じ基督の愛を味はゝむ、而《しか》して我等も先生の如き人とならむ。之に過ぎたる先生の追善はあらじ、今日此日《こんにちこのひ》、我等はふるき己《おのれ》をうち棄てゝ、向上の途に上《のぼ》る。在天の霊みそなはせ（御覧なれ）。

（榛名山上にて、徳富健次郎謹んでしるす、『熊本フェイス学院高等学校抱節会誌』所収）

3、福田令寿の「竹崎順子」観

晩年の竹崎順子と交流のあった若き福田令寿は、前掲『百年史の証言』（六〇～六二頁）で順子の印象をつぎのように話しています。

・「一見、まことに質素な服装で、まるで農家のおばあさんみたような風でしたね。しかしそれでいて、凛《りん》として犯しがたい」

・「そういう過去何十年の長い歴史を踏み越えて来られた順子先生を、ばくぜんとではあるが、偉い人だと尊敬しておったんです。しかし順子先生は、かねて議論やむつかしい話など、なかなかされない人でしたね。教会なんかでも、話をされることはほとんどありませんでした。寄宿舎の女生徒には、毎晩のように、訓話みたようなことを話されていたと思いますけれども」
・「順子先生は、古いことばを使って言うと、〞君子は聖徳あって容貌愚なるがごとし〟――ほんとうにいなかのおばあさんみたように、飾り気も何もない風で、しかも、しっかりした人だなあ、という感じを受けましたね」

4、順子の遺言

順子の納棺の様子について、蘆花は『竹崎順子』の第二十七章「梅花雪の如く散る處に」に、その様子をつぎのように記しています。何とも素朴で質素な遺言でしょうか。まさに一枚の絵画です。一部分の紹介ですので、この後は『竹崎順子』をお読みください。

涙にくれた親身の女達が、順子に最後の沐浴をさせました。而して遺言に従ふて、晴れの白無垢を着せました。十八の年伊倉の身代限《しんだいかぎり》（破産）で投げ出し、五十近くなって、熊本の古着屋で取り戻したあの補綴（ふせ）のあたった白無垢であります。白無垢の下には、これもかねての遺言に従ふて、健次郎夫妻が東京から贈った独逸ネル（ドイツ製フランネル）の単衣を着せました。読みふるした旧新聖書（旧約・新約聖書）は、枕辺に入れられました。此聖書を家族の者は久しく見ないので不思議がって居ましたが、此朝「わたしが死んだら、これを持って来て棺に入れてくれ、と祖母《ばば》さんが仰有《おっしゃ》ったのですから」と云ふて、聖書を預けられた隼雄が持ってきたのでありました。

古い女下駄の一足も清められて棺に入れられました。それは姪のみや子（横井小楠の娘）の贈物で、「あの下駄はぼんなう（煩悩）がある。東京からわざわざ来た下駄」と順子は云ひ、正気の譫言（うわごと）にも「下駄下駄」と言ふたその下駄であります。頭から胸のあたりは、淡紅色のばらの花が飾られました。

独鈷山竹崎家の墓地・順子の墓（左）

おわりに

以上、順子の前半生での夫・律次郎との極貧の生活体験を基盤に、後半生でのキリスト教への強い信仰が加わり、さらに不屈で強靭な、茶堂も顔負けの熊本女学校の経営をやり遂げる底力が醸成されました。

その竹崎順子を徳富蘇峰はどのように見ていたのか、浅原丈平著『Blessed Junnko Takezaki』（全三九頁　一九五四年六月）の序に寄せた蘇峰の文を紹介しておきます。

竹崎順子ハ吾母ノ姉、予ノ伯母ナリ。予幼ニシテ其ノ家庭ニ遊ヒ、能ク其ノ人トナリヲ知ル。彼女ハ生レナカラノ基督者ナリ、良妻テアリ、賢母テアリ。我カ日本國ノ背骨タル中流階級ニ生レタル典型的女性ニシテ、我等親戚ノ信望、愛ノ標的ナリキ。彼女ノ傳記ハ吾弟蘆花ノ著作（『竹崎順子』）ニシテ、コノ小冊ハ英文ニ堪能ナル浅原君カ其ノ精粋ヲ摘ミ遺憾ナキニ幾《ちか》シ。昭和二十九（一九五四）年三月終　蘇叟九十二

「英文ニ堪能」な浅原は、蘇峰の「彼女ハ生レナカラノ基督者ナリ、良妻テアリ、賢母テアリ」を〝She was like a Christian from birth and was an ideal wife and a good mother.〟と英訳、順子を「理想的な妻であり、申し分のない善き母」と、外国人に紹介しています。

徳《とく》富《とみ》久《ひさ》子《こ》

矢嶋四賢婦人
蘇峰・蘆花の母

徳富久子（熊本市所蔵）

はじめに

水俣にはこれまで何回足を運んだことでしょうか。その発端は「蘇峰記念館」（旧称「淇水文庫」）所蔵の淇水（徳富一敬）老人手沢「横井小楠先生語録・見聞録及手簡」（記念館に展示）と膨大な色紙の解読を依頼されたことからでした。

ここでは「矢嶋四賢婦人・徳富久子」をあつかいますが、竹崎順子以上に関係資料がありません。徳富猪一郎（蘇峰）著『蘇峰自伝』（中央公論社　一九三五年、平凡社版『日本人の伝記』第五巻　一九八二年）・徳富蘇峰（猪一郎）著『わが母』（民友社　一九三一年、大空社刊「伝記叢書」197所収　一九九五年）、徳冨蘆花（健次郎）著『竹崎順子』（一九二三年）、久布白落実著『矢島楫子伝』（一九三五年）、同著『湯浅初子』（初版一九三

七年、大空社刊「伝記叢書」169　伝記・湯浅初子　一九九五年）、晩晴草堂同人編著『徳富静子』（大日本雄弁会講談社　一九五四年）などです。

水俣市での徳富久子に関する原資料（古文書）の本格的な調査はしていませんが、蘇峰自身が徳富家で見たという「矢嶋家関係文書」がそのまま保管・保存されていると思います。

一、徳富家の出自

1、徳富家先代の系図

徳富家系図

①徳富又右衛門―②又右衛門（忠助）（惣庄屋四四年）―③忠助（一保）―④戈右衛門（一貞）―⑤忠四郎（一延）―⑥太多七（久貞）

⑦戈次郎（太多七の長男）（本家「北酒屋」、親跡一領一匹、文武芸稽古・「愛山堂」開設）―⑧太蔵―⑨渓翁―⑩長範

⑦茂十郎（太多七の次男）（別家「新酒屋」、親跡惣庄屋）―⑧太善次（美信）（惣庄屋）―⑨太多七（一敬・淇水）―⑩正敬（蘇峰）

2、徳富家の系譜

徳富一敬（一八二二〜一九一四）と久子（一八二九〜一九一九）は、嘉永二（一八四九）年二月一五日に結婚しました。一敬は二八歳、久子は一八歳（二一歳か）でした。二人には【系譜】のような四女三男の実子がいますが、他に徳富一義夫妻の子で養女の静子がいました。

徳富一義は一敬の弟で、一緒に「小楠堂」に入塾し、嘉永四（一八五一）年二月からの横井小楠の「上国遊歴」に同行した人物で、小楠の愛弟子の一人でした。しかし、翌五（一八五二）年晩春、嘉永四（一八五一）年に生まれたばかりの静子を残して、夫婦とも熱病に罹り急死してしまいましたので、急遽一敬夫婦がその静子を養女として育てることになりました。

久子には嘉永五（一八五二）年に長女・常子が生まれたばかりでした。前年生まれの静子を養女にしたことで、一つ違いの年子を生んだのと同じでし

系譜

徳富一敬（淇水）
‖
矢嶋久子

- 静　子（1851〜1905）
  養女　弟・徳富一義の娘、松枝俊蔵妻
- 常　子（1852〜？）
  長女　菅沼安隆と離婚後、山川清房妻
- 充　子（1854〜？）
  次女　光子とも書く　河田精一妻
- 音羽子（1857〜1945）——久布白落実
  三女　大久保真次郎妻
- 初　子（1860〜1935）
  四女　湯浅治郎妻
- 猪一郎（1863〜1957）
  長男　蘇峰、妻・倉園静子
- 友　喜（1865、夭折）
  二男
- 健次郎（1868〜1927）
  三男　蘆花、妻・原田愛子〔本名藍〕

（『徳冨蘆花集』別巻「系譜」より作成）

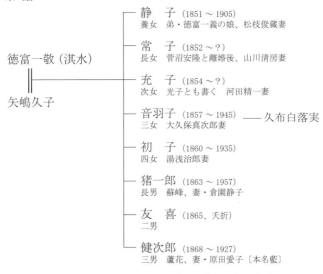

た。その後、久子には次女・充子、三女・音羽子、四女・初子と、続けて四人の女《むすめ》が誕生しました。

蘇峰の『わが母』によれば、さすがに父・一敬も漢詩に託して「復たも女児か」と嘆息し、一敬の両親も「不平若しくは失望の情」が隠せませんでした。一敬は女児の誕生を終らせたかったため、生まれた四女に「終りと名づくべきを逆に初めと名づけ」、初子としました。

女児四人の誕生は、さすがに気丈な久子を気弱にしてしまいました。久子は第五子の出産を実家ですることを決意します。その間のことを、蘇峰は「私は文久三（一八六三）年正月二五日、母の里方、熊本縣上益城郡、只今は津森村と申しますが、当時杉堂村、伯父矢嶋直方の家にて生れました。母は何故に大なる腹を抱へて、三十里の山河を隔てたる里方に還りたる乎。それは私には分りませぬ。されど多分何等かの事情あったことゝ思はれます」（『わが母』）と記しています。

『蘇峰自伝』には、その頃、徳富家では「同姓より養子を迎え、養女静子を娶わせたが、うまくいかなかった」とも記しています。おそらく母・久子は第五子がまた女児であった場合を覚悟し、再び水俣の徳富家に帰らぬ覚悟であったことは十分想像されます。

二、蘇峰の誕生

1、徳富久子書翰（矢嶋源助宛）

左の書翰（写真）は益城町文化財調査報告第二三集『矢嶋家文書―益城町四賢婦人記念館所蔵古文書資

料調査―』所収の「徳富久子書翰」（矢嶋源助宛）の最後の一部です。その日付の「閏八月」から「文久二（一八六二）年閏八月十四日」と確定できます。長男・猪一郎の誕生日は翌文久三（一八六三）年一月二五日ですので、この書翰は六ヵ月前に認められたことになります。その全文を読み下し文にして、（　）に注記をつけてみました。

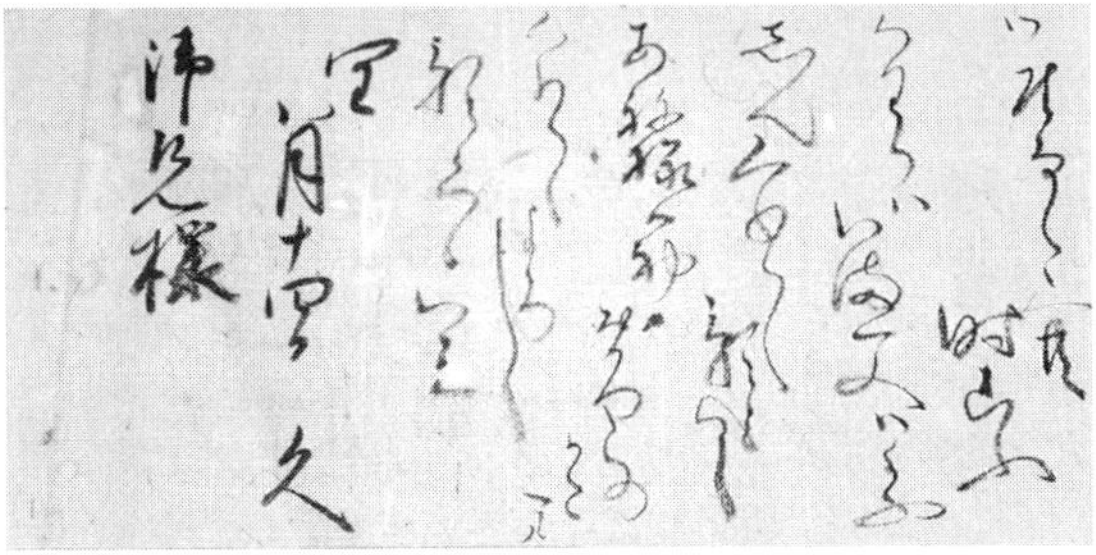
徳富久子の手紙（最後の部分）

久々打ち絶えしまま、文にて御伺いも申し上げず、御無文字にのみなし移り参らせ候え共、御姉兄よく御暮らし遊ばし候はんと存じ上げ参らせ候。先の服（服喪）は存じがけなき、御力落しま事（誠）に是非なき事如何ばかり、我が事も力落とし参らせ候。

御姉様（源助妻・堀絲子）、其の後如何在らせられ候哉。もはや御出産もこれ有りたる哉（長女・安子か）。朝夕何を心懸りに暮らし参らせ候。なた（人名か）も五月初ツ頃より、子供恵まれんとか。

内病人続きにて御座候え共、大事の不幸には至り申さず候。まず幸せにて御安心願い上げ候。しかし両親（太善次・直子）に太多助（一敬）殿、当年は大分達者にて、上なき喜びしれるも、大病人中、少しもよろしく、近来ハ折々悪しく御座候え共、大事には至り申さず、是又御安心願い上げ候。

此の秋中には、どうぞ上りまし度き山々存じ上げ候え共、いまだ言い出しも出来申さず候。何程にこれ有り候はんと日々暮らし候。是の心積りしは、厭ふ致し参らせ候事に御座候。

此の夏は如何なる御便りが承り候わんと案じ参らせ候え共、かかる御不埒をば、ゆめゆめ気乗りも致し申さず候。一入《ひとしお》驚き力落とし参らせ候。申し上げ度き事山々ながら、早粗々申し上ぐる事ども参らせ候。かしく

尚々申し上げ候迄は御座なく候え共、時々言う代わりは、いま一入御用心。くれぐれ願い上げ参らせ候。姉様御初めおかつ（勝、矢嶋楫子）どの方へも、くれぐれよろしく願い上げ候。以上

閏　八月十四日　　久

御兄様

2、猪一郎（蘇峰）を出産した久子

久子はすでに四人の女児を産んでいて、徳富家では久子は「女腹」として離縁の話が浮上していました。この書翰の中にも、それを臭わせるのが「此の秋中には、どうぞ上りまし度き山々存じ上げ候え共、いまだ言い出しも出来申さず候」という文言が見えます。

久子は五人目を身籠っていました。水俣市の蘇峰記念館館長などの話を総合すると、眼を悪くしていた久子は、島原の眼科医のもとに眼病治療に行くと言って、水俣の徳富家を長女・常子を連れて出たそうです。ところが運悪く三角港で風待ちを余儀なくされ、次第に宿賃も不足がちになり、その金の工面のため、

文久三（一八六三）年一月一五日、久子は杉堂の実家に行き、そのまま留まったという話です。臨月の久子には、もし女児が生れたら、徳富家には帰らぬと覚悟を決めていましたが、その一〇日後の一月二五日に長男・猪一郎（蘇峰）を出産しました。

蘇峰は『わが母』に「四人まで女子のみを生んで、父を始め、徳富家一統を失望せしめたる母は、意外にも十五年振り、第五番目には男子を生みました。それが私であります。斯く申すと何やら主我的のやうでありますが、私の出生と與《とも》に、平和と光明とが徳富家を見舞ひました。一家一門の歓喜の並々でないことは、とても想像出来ませぬ。やがて母は私を懐に抱き、三太郎坂の嶮を馬にて越え、宛《あたか》も凱旋将軍の如く、意気揚々として、矢島家より徳富家に復《かえ》りました」と書いています。

徳富家にとっては、最初の男児誕生とあって、一日も早く実家からの帰省をせがまれましたが、久子は日明け後も実家に都合九三日間も止まりました。そして、久子は誇らしく、悠々と水俣に帰っていきました。おそらくその姿は「凱旋将軍」そのものだったと思われます。

また「平たく申せば、私の出生以来、母の吾家に於ける位置は堅固となり、安全となり、且つ最も有力となりました。而して久しく漫々たる窮陰（陰気の窮極）に閉されたる吾家にも、春が来たかの如き光景を呈しました」と記しています。

徳富家に嫁した久子の苦しみと歓びを通して、妻の最重要な役割が家長の後継者の男児を産むことが「イの一番」であったことがわかります。逆に「子（男児）なきは去る」状況もまったく現実的な問題でした。封建道徳は男社会の継続にあり、家柄や身分、社会的地位とは関係なく、末端まで男優先の家制度が浸透していた事実を垣間見れる蘇峰の誕生でした。

三、矢嶋（徳富）久子

1、矢嶋久子の少女時代

いろいろな書籍の中に、少女・久子についての記述がありますので紹介しておきましょう。

①徳富蘇峰著『わが母』

・母・久子の人となり：「頗る虚弱」で「唯だ気で生きてゐた」、「如何にも同胞中の難物」で「勝気で相手構はずやりつけ」、「姉も妹もかなり当惑した」

・「別に下卑だとか、横着とか、利己主義とか、身勝手とか、怠惰とか申すのではありませぬ。唯だ思ふことを言ひ、言ふことを行ひ、行ふことを通すと云ふ気象が一貫したるやうであります。その意の如くならざれば、随分報復やら、徒らをしかねまじきものでありました」が、「しかし何れの同胞からも迷惑がられつゝも、尊敬せられてゐたやうであります」

・兄・源助の自慢：「兄矢島直方なども大自慢の妹として、眷愛（けんあい、目を懸けて可愛がること）したやう」、「亦た遠慮なく兄には意見を陳述した」

・久子の容貌：「醜婦とは申しませぬが美人の相」で、竹崎順子と共に「丙組」（甲乙丙の第三位、普通以下の意）

・虚弱体質…「肉体の発育も十分ではなかった」ので、「幼少より骨と皮ばかりにて、虚弱であった」、「併し非常なる勝気と、非常なる辛抱力とは、母の前には如何なる難事もなかった」

・久子への家庭教育…「母はその里に在るの際に、養蚕・紡織・裁縫・料理・女紅（ママ、女工、女子の手仕事）一切は勿論、一通りの遊芸を修めました。三味線は寧ろ得意であったらしく、固より通常の男子に後れを取らぬだけの読書もし、学問もしたやうであります」

②徳冨蘆花著『竹崎順子』

・久子の性格…「痩せぎす、大きな眼」、「同胞喧嘩の張本（原因）」、「大まかな性格」、手鬢（婚礼の島田結い）は本職並み。「縹緻《ひょうち》（薄い藍できめ細かい肌色の意か）は兄弟一番にまづく、意地も一番突張って居たが、真正直に然かも賢明で、公明正大な暖かい心を持って居た」

・「お前の一生の願は何だ」…「私は第一等の人間になり度い」、過失には「惜気もなくあやまって、厭な顔一つせず、奇麗に用事を片附けて仕舞った」

③久布白落実著『矢嶋楫子伝』

・母・鶴子の願い…「私はお前が勝気で気随《きずい》（自分の思いのままにふるまうこと。気まま）なのが案じられてたまらぬから、お前の為めに謙遜であるやうに、観音様に願をかけた」

④徳冨蘆花著『死の陰に』

・「母（久子）の母（鶴子）は其の女《むすめ》（久子）の覇気過ぎるを気にして観音様に願をかけ、死ぬる時、母を呼んで卿（おまえ）に願を譲ると遺言したそうだ。母（久子）は母（鶴子）から謙抑（謙って自分を抑えること）の願を譲られた」

2、徳富婚家前の久子

①婚約のエピソード（『わが母』所収「矢嶋楫子の話」より、注記は引用者）

話の初りは、私共の父（矢嶋直明）と徳富淇水（一敬）さんの父上（徳富太善次・美信）とは、同じ御物庄屋で、湯の浦、佐敷で隣合でした。佐敷（天保一一〔一八四〇〕年二月～同一五〔一八四四〕年五月在任）の徳富家と湯の浦（天保九〔一八三八〕年二月～同一二〔一八四一〕年一〇月在任）の矢島家とは、隣同志の親みも深く、年一度くらゐは必ず家族を両親づれで招き合ったものです。従って子供の気心もよく知れるといふわけでした。

四年目（天保一二〔一八四一〕年）に父が任地（中山手永）を転ずるに際し、徳富の太善次（美信）さんが、父に娘さんを一人嫁に欲しいと申されました。その時娘の多い中でも一番痩せぎすの不標致者（ぶきりょうもの）の久子姉を指して、「あの一番ねれてやかましい痩せぎすなお久さんを家の嫁にくださいませんか。急とは申しませんが、よい時分にお話を願ひたい」とのことでした。

まだ久子姉は子供（八歳）でした。その後この話が起った時は、もう兄（矢嶋源助）の時代でした。両親は丈夫でしたが、兄は久子姉に種々意見を聞き、また述べたさうです。その中に「熊（一敬、旧名・萬熊）は小出来の男だけれど、この兄より学問もあり、い丶処も多い。併し天下第一と云ふ偉い人ではあるまい。先づこの兄と同じくらゐのものだと見たら、間違ひはあるまい」と言はれたので、久子姉（一八歳）も信じて行ったものと見えます。

②母・鶴子の久子への「教訓書」

・母・鶴子は「藪慎庵（第二代「時習館」教授・藪孤山の父）先生嫁女於梶原氏教訓書」を写し贈る。久子が「二十歳より九十一歳まで珍重護持し給ひたるもの」

・女は「定まる夫の家に行き、夫の助けとなり、子孫繁昌して、夫の家の絶ゑぬやうにするゆゑに、夫の家即ち我家なり。（中略）それゆゑに行きたる方の舅姑を我父母の如く仕へ、諸事舅姑の心に違はぬやうにつとむる」ことが大切である。万事このような論調と語句で全編貫かれている。また夫との不和は妻にも責任があると、自制と自省を喚起する（詳細は『わが母』を参照）。

3、徳富家婚家後の久子

深見氏は水俣一番の豪家、代々水俣手永の惣庄屋でした。徳富家の家柄は「郷士」（一領一疋）で「郡筒小頭」（鉄砲隊下士）、地主で自作農、他に麹・煙草・櫨の製造や養蚕・織物なども行なっていました。蘇峰の生家は本家に次いで水俣三番目の家格でした。

それでも佐敷・津奈木の「惣庄屋兼代官」（地方役吏）でしたので、夫・一敬は水俣の有志家として奔走、ほとんど家業に関わることはできませんでした。そんな徳富家に嫁した久子は、「八面（各方面）応接、一人にて内外の事」や「舅姑の奉養・親類の交際・父（一敬）の身辺・一家の経営・子女の教育」などに「悉く自ら之に当」らねばなりませんでした。

①母・久子と姑・直子の確執

『わが母』には、祖母（姑・直子一八〇八～一八六七）は「父の母たる徳永氏は更に非凡の女性」で、容易に他を称賛しなかった祖父（太善次）も、祖母には「全く敬服の外、一言も」なかったといいます。

また『矢嶋楫子伝』では、姑・直子について「徳永家の容姿・才幹（物事をきちんとやりとげる能力）」な女性でしたが、「意地強い熊本女の標本」であったとも記しています。

現在の徳富家（入口）

蘇峰はまた「久子（母）の姑徳富直子（祖母）は、嫡子萬熊（父一敬）を生んで後、脚疾で跛（あしなへ）になりながら、すべて九人の子女を生み、跛足（びっこ）引きずって、夫と伊勢参宮をした程の勝気の女だったので、家督の媳《よめ》にも烈しく当りました」と記しています。

蘇峰は、続けて「気に入らぬ時は、用捨なく打たゝいたものです。女一通りの働くことを教へられてゐても、水桶を担ったり、荒い労働と自然を矯《た》むる克己の骨折りで、新婦の久子が大きな眼は悪くなり、痩せぎすながら強靭な体もこはしてしまひ」ました。蘇峰はこの祖母の仕打ちを、母・久子は「鉗鎚《かんつい》（首枷やハンマー）を受けねばならぬ運命に遭会（遭遇）」したと、冷静さを欠いた表現をしています。

徳富家の新嫁・久子は、姑・直子の厳しい「仕込み」に耐えました。『矢嶋楫子伝』では、勝気な久子は

「出来ぬなどとは死んでも言はぬ（中略）、痩せては居たが可なり持ち耐へのある身体ながら、四五年の内に散々にこはして仕舞ひ、到頭眼は病む、病気はする」ことになったと記し、『湯浅初子』でも同様に記した上、「十八歳の花嫁は勇敢に此の新境遇に適応すべく努力した。所謂盆も正月もない。夏期・冬期の休業なしの新嫁の課程は来る日も来る日も続けられた。五年の後には流石に明朗な久子の眼も過労の為めに徹底的な治療を要する処まで傷《きずつ》けられた」と記しています。

『矢嶋楫子伝』には、そんな「仕込み」の最中にあっても、久子が母親として頑なに実行したことがありました。それは「いつも産の前後に、風呂を立て丶入ると言った一種独特な養生法をやって居たが、此時（猪一郎・蘇峰出産）も兄（矢嶋源助）の家で風呂を湧かさせ湯に入って（後に）出産し、又湯に入って身を潔め」ました。

②徳富家で開花した久子の特性（『蘇峰自伝』）

そんな久子でしたが、徳富家にとっては最初の男児・蘇峰を生んで、誇らしく水俣に帰って行く姿は、蘇峰の言葉通りまさしく「凱旋将軍」でした。久子と確執のあった姑・直子も、文久三（一八六三）年生まれの蘇峰が成長する頃には「中風にて活仏《いきぼとけ》同様」になっていました。徳富家の所謂「杓子（杓文字）権」は姑・直子から久子に移りました。そして姑・直子も慶応三（一八六七）年に亡くなり、享年六〇歳でした。

漸く久子の持ち前の特性が活かされ始めました。これ以後が久子にとっても、また徳富家にとっても全盛時代でした。その頃の母・久子の社交性について、蘇峰は「予の家は、特に予の母の時代となってからは、縁家・親類の倶楽部同様であり、（食事の時には別に用もない客がわざとやってくるという始末で）斯くすることが予の母にとっては恐らく一つの習慣と云わんよりは快挙であったかも知れない」と記しています。

また、母・久子を「積極主義者」と評し、「親族会議の議長でもあり、親族仲間の高級参謀でもあり、私共の従兄弟・従姉妹などの世話をも、殆ど一手でとは申しませぬが、事実それに幾《ちか》かった」、また徳富家に於いて養蚕・製糸・織物業を起こし、その販売でも種々面倒を見て、やがて熊本県下の絹織物業の進展に大きく寄与したと言います。

その母・久子は「身体が虚弱」で「半ば病院生活」をしていましたが、「斯る不完全の身体の持主として、母は如何に働きました乎。父の最善の半身として、父の内助者と申さんよりは、時としては、恐らく外助者となった」とも記しています。

4、蘇峰の「母・久子観」

蘇峰は『蘇峰自伝』（平凡社版『日本人の伝記』第五巻）で、母・久子には「思い出が沢山ある」と記し、父・一敬の二倍のページ数を費やしています。その中から蘇峰の判断による〔優れている点〕と〔劣っている点〕を拾い上げておきます。

①優れている点

(1)人並み以上の心得（雄渾な書・精神自由な作歌・女工万端・三味線）など、(2)無欲、奉仕の欲、金銭に潔白、⑶勇気、失望・落胆・悲観無し、忍耐、臨機応変の才略、⑷憐みの心（惨忍・酷薄なし）⑸社交的・社会的、組織の才（縁の下の力持ち・黒子的存在）など

②劣っている点

⑴病身（特に眼病）、容貌・風采（女らしくない）、⑵父・一敬の性格と真逆、父母共に癇癪持ち、⑶石の如き沈黙（梃子でも動かない）、⑷無遠慮、家事は二の次、⑸父の支えと重荷的存在など

また、その他の母・久子の特性をあげ、さらに蘆花の『竹崎順子』から「小楠とつせ子の結婚」の世話焼きのエピソードを追加しておきます。

③母・久子の勇気

「若し勇気と云ふ物の大なる持主を求めましたらば、それは私の母でありませう。（中略）私の知る限りにては、母は如何にも勇気があり、然もそれが沈勇（沈着で勇気のあること）でありました。而して彼女の勇気は、危険の程度に比例して、弥よその大を加へたやうであります。この勇気は物質的にも、精神的にも、霊肉両様の勇気にて、母が一旦決心すれば、何物も敵し難く、何人も動かすことが出来ないやうでありました。併しこれと同時に、母程やさしき心腸（こころ、気質）の持主は未だ見た例がありませぬ。彼は実に情と愛との結晶であったやうであります」

④母・久子の特性

「物を生産すること、、物を施すこと、が大好き」「思ひ切りのよきこと、愚痴を溢《こぼ》さない」「人を集むること、人に馳走をすること、人に物を贈ること、人のために働くこと」などは「母の主なる生命」といい

ます（以上『蘇峰自伝』）。

⑤小楠とつせ子の結婚

「何かにつけて相談し合ふ三人組の二人の姉、順子も久子も熱心です。夫の心機を一転させた恩師、新生活の恩人として、順子は小楠を神の如く崇めて居ます。久子の夫徳富太多助（萬熊改め一敬）は、律義な性質から、苟《かりそめ》にも師の配の義兄と云ふやうな位置に立つ事を逡巡（ためらい、尻込み）しましたが、妻の久子は頓着なく妹を勧めました」（蘆花『竹崎順子』）。即ち久子は妹・つせ子に小楠との結婚の世話をやくばかりか、積極的に勧めました。

5、母・久子の家庭教育（『蘇峰自伝』）

①姉への教育

「姉共には女大学などを教へ、また三味線の復習なども、自らやりました。而して時としては、三味線の撥（バチ）を把《と》って折檻した」り、「長姉（常子）には養蚕、次姉（充子）には織物、三姉（音羽子）には製糸、四姉（初子）には英学と申す如く、それぞれ見計ひの上、躾方を殊にした」と言います。

②蘇峰へのスパルタ教育

蘇峰には『大学』『論語』などを教え、長男への躾は「取分け猛烈」、「双手と両足とを縛り、団子の如く室内を転がり廻る」、「若し母が継母であったならば、恐らくは継児虐待の評判を、近隣から招く程手厳し」かった。

四、久子の後半生

1、熊本洋学校と「花岡山の誓い」

明治四（一八七一）年九月一日、「熊本洋学校」が開校し、徳富猪一郎（蘇峰）は一年後の翌五（一八七二）年八月に一〇歳で入学しましたが、年少のため退学を余儀なくされました。

L．L．ジェーンズの『熊本回想』（熊本日日新聞情報文化センター　一九七八年）などによれば、同五（一八七二）年一一月には徳富初子が熊本洋学校に入学、おそらく同時期に原タマ（横井玉子、小楠の甥・左平太妻）も入学、明治八（一八七五）年四月頃には横井みやこ（小楠の娘）も入学するなど、この三人は初の男女共学を受け、さらにジェーンズ夫人から洋裁・西洋料理法を学びました。

花岡山の「奉教趣意書」碑

明治八年九月に一三歳になった猪一郎（蘇峰）は熊本洋学校に再入学、健次郎（蘆花）も八歳で入学しています。そして、翌九（一八七六）年一月三一日の「花岡山の誓い」（熊本バンド）では、一四歳になったばかりの猪一郎（蘇峰、一月二五日生まれ）は「奉教趣意書」に署名、九歳の健次郎（蘆花）も参加していました。

この年少の我が子の行動に、久子はどのような反応を示したのでしょうか。『竹崎順子』では「姉の久子は久子で、嗣子猪一郎が一三、四歳の少年のくせに成人まじり、漢訳聖書を耽読したり、信者の一人と云ふので、律義な父と共に云ふ事を聴かぬ子を持てあましました」と記しています。

『湯浅初子』では、横井つせ子が「自身短刀を持って時雄に迫った。（中略）全くつせ子未亡人は、自刃の覚悟であった」と記し、徳富家や久子の苦悩をつぎのように書いています。

・母・久子の苦悩

「徳富なども同様だ。嫡男とは云へ母の久子は、決して猪一郎に甘い母ではなかった。一家の秘蔵息子として大切にされる丈け、育て損ってはならぬと云ふ当時の責任感で、父の留守勝ちの家庭での訓育は可なり手厳しいものだったらしい。（中略）この大事な我子が、事も有らうに耶蘇教への変心と聞いては、久子刀自も決して人後に落ちない。何の家でも当時凡有る《あらゆ》迫害は容赦なく加へられた」

・母・久子の理解

「然し此処に不思議な事が起って来た。それは、断して責めつ、嫌《すか》（ママ、賺。機嫌を取る）しつ信仰を捨てさせようとするのだが、どう厳しくして見ても、彼等のする事、為す事には一点の批が加へられない。何れもが揃って勤勉であり、誠実であり、親にも、家にも、忠実である。唯耶蘇教を信ずると云ふ事を除いては、縣下の誰れに比してもこの上に出るものはないと親等が認めざるを得ない。息子等が謙遜に詫びながらも、此れ計りは捨てられません。これは真理ですからと赤誠を顔に現はして語る時、親等は、果して自分等に責める権利が有るのかと、疑はずに居れなくなった」

これは蘇峰自身が『蘇峰自伝』で語る回顧の内容とはかなり違っていますが、久子は母として信用していた息子たちの行動を、全面的に疑うことも否定することもできないばかりか、それだけの「一点の批」も見当たらないと、むしろ「自分等に責める権利が有るのか」と自問・自省したことは確かでしょう。

熊本洋学校廃止直後、徳富蘇峰は明治八（一八七五）年一一月に新島襄・山本覚馬が設立した「同志社英学校」へ同九年一〇月に転校、一二月には新島襄の洗礼を受け、その後は教会活動に励みました。ついで蘆花も同一一（一八七八）年三月には、兄・蘇峰同伴で同志社英学校に入学し、姉の初子は明治一〇（一八七七）年開校の「同志社女学校」に入学、男子校の同志社英学校でも学んでいます。

久子は前述した一連の行動と自省の中で、今度は自らが基督（キリスト）教への関心から入信・受洗を決意、その非常なる志向が、蘇峰に続いて初子や蘆花の受洗という重要な要因となるなど、母子間にはむしろ相乗的な感化作用があったのではないかと推測しています。

2、久子の基督教受洗

久子の後半生のスタートにおける最も重要な契機は基督（キリスト）教の受洗でした。その久子が明治一三（一八八〇）年、姉の竹崎順子に基督教を勧め、逆に叱られたことを、蘇峰は「竹崎順子の如きは、当初は最も有力なる非基督教者」であったと言っています。

この時点の久子自身はすでに基督教の入信を決意していたと思われます。そんな久子が翌一四（一八八一）年には蘆花（健次郎）を連れて教会に行き、同一七（一八八四）年三月には、久子自身が熊本の基督教教会で洗礼を受けています。

翌一八（一八八五）年三月には蘆花と姉・光子は熊本三年坂メソジスト教会で受洗、おそらく久子の影響と勧めがあったと思われます。そのことから、久子が受洗した教会は熊本三年坂メソジスト教会と思われます。

蘇峰は『わが母』で、そんな久子について「病弱なる母は、この新たなる家庭の下に、新たなる慰安を得ました。それは基督教の信仰に入りたることゝ、婦人運動及び女学校の設立等、あらゆる精神界に於ける女性の向上に、その有り余る力を発揮するの機会を得たからであります。母は如何なる場合にも片隅にはゐませんでした」と記していますが、その受洗の直接の動機について触れていません。おそらく前述した経緯の下で醸成されたと思われます。

3、徳富久子と「熊本女学校」設立趣意書

すでに見たように、久子の基督教の受洗はその後半生のすべての原動力になっていました。蘇峰は『わが母』で、久子自身が傾けた「基督教の開拓、女性教養の進歩、女子教育の施設等」への情熱について、つぎのように書いています。

①母・久子の先鞭

「母が基督教を信じて以来は、非常なる鋭気を以て、その周辺を教化いたしました。母の姉なる竹崎順子

の如きは、当初は最も有力なる非基督教者でありましたが、然も最後には母の信仰の尤も親しき姉妹となりました。母は物質的には、熊本に於ける絹織物その他の女工に貢献いたしましたが、精神的には、基督教の開拓、女性教養の進歩、女子教育の施設等に就て、何れも冥々（自然に心に感じるさま）の力を竭《つく》しました。乃ち現時熊本に於ける大江高等女学校の如きも、必ずしも母一人の力とは申しませぬが、その創設の動機及び創設の手順等に就ては、母の熱心なる努力及び考慮を無視するわけにはまゐりますまい。」

蘇峰が「母の熱心なる努力及び考慮」といったのは、「熊本女学校」（旧大江高等女学校、熊本フェイス学院高等学校の前身、現在「開新高等学校」に合併）の創設の動機及び準備に着手したことです。久子らは女子教育の必要性を痛感し、明治一九（一八八六）年一〇月に、上の写真のような学校設立案「口代」（趣意書）を起草・提出しています。しかしそこには姉・竹崎順子の名は見当りません。

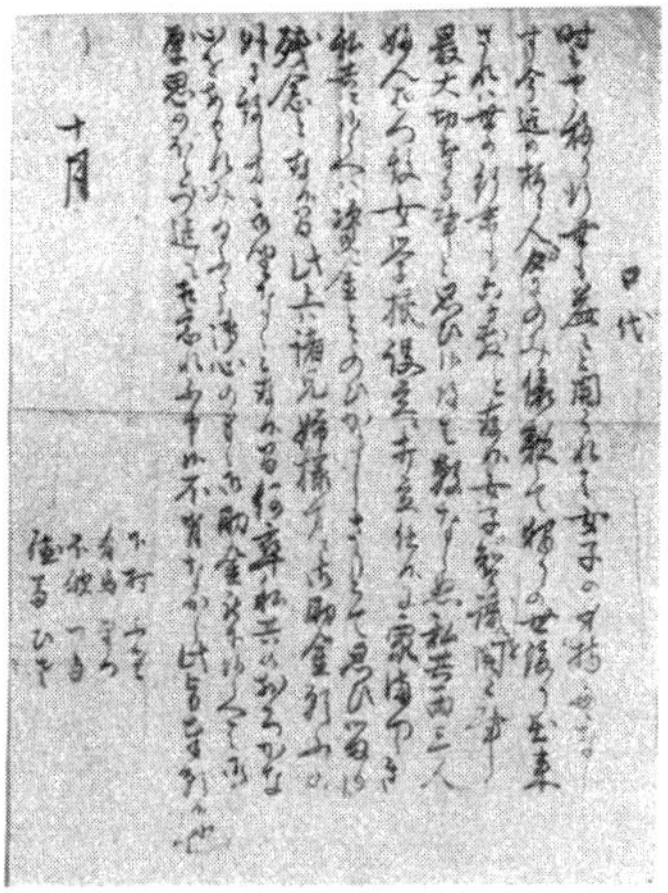
口 代

②学校設立案「口代」（趣意書）

口代

時もや丶移り行、世も益々と開くれは、女子の身持た丶（只）ならす、今迄の様ニ人々にのみ依頼して、独りの世渡り出来されハ、世の行末も六ケ敷（難しく）と存候。女子の智識を開く事、最大切なる事と思ひ候得は、数ならぬ私共両三人ふんぱつ（奮発）致、女学校設立ニ打立仕候に、家まつ（貧）しき私共ニ候へハ、資金と丶の（調）ひかたし。さりとて思い留るも、残念ニ存候間、此上ハ諸兄姉様方ニ御助金願ふの外に致し方も御座なくと存候間、何卒私共のおろ（愚）かな心をあわれみ給ふて、御心のま丶御助金被下候へは、御厚思（ママ、厚恩）のほと、いつ迄も相忘れ不申候。不肖なから此旨奉願候也。

（明治十九年）十月

下村ふさ・有馬まつ・不破つる・徳富ひさ

この「口代」の目的は、明治になってこれまでのように人々（男性を指すか）に依存するだけでなく、「独りの世渡り」（独り立ち、渡世）ができなければ、これから生きていくことが難しいと思い、「女子の知識を開く事」が「最大切なる事」と考えるに至たり、「女学校設立」に打立つこと、即ち自立した女性の誕生には女学校の設立が不可欠という主旨です。

この女学校の創設の提唱者で主導者は、言うまでもなく徳富久子で、それに賛同・連署したのは、下村ふさ（熊本バンドの一員で、同志社社長となった下村孝太郎の母）、有馬まつ（熊本における最初の政党である相愛社の一員である有馬源内の母）、不破つる（熊本バンドの不破唯次郎の母）でした（『近代熊本の女たち』）。

4、竹崎順子への「熊本女学校」経営継承

しかし、徳富一家は蘇峰の上京に同行するために、明治一九（一八八六）年一二月に離熊することになりました。久子らが女学校設立案「口代」（趣意書）を提出して、わずか二ヵ月後のことでした。蘇峰は当時の母・久子の心中をつぎのように語っています。

> 当時母は熊本に、女子教育のため、それぞれ学校設立に運動中でありまして、頗る心残り多くありましたが、元来進取の気象の尤も勝ちたる女性でありましたから、吾子の新たなる運命を祝福しつゝ、勇み進んで東京に赴きました。
>
> 正直に申しますれば、母には、熊本を去り難き執着がありました。〔第一〕は、熊本に女学校を起すべく、母は折角骨折り最中でありました。〔第二〕、母の親しき姉妹、若しくはその親戚及び母の友達の殆ど十中の八九は熊本に在りました。〔第三〕、母の晩年の楽みであり、且つ仕事である教会との別れも、決して容易《たやす》きものではありませんでした。

久子の女学校設立の願望は姉の順子にバトンタッチされました。その経緯や熊本女学校については、前の「矢嶋四賢婦人・竹崎順子」に詳述していますので再読してください。

五、晩年の久子

1、東京での久子

『わが母』には、久子が姉・順子に経営を継承した熊本女学校に関する思いは記されていませんが、生来の「積極主義者」で楽天的な性格でしたので、おそらく安心して新天地の東京で、時も移さずに、自らの新しい活動の場を見出しました。

東京での久子の生活は「家事から殆ど全く解放」され、「その痩せたる身体の有り余る精力を、外に向って使用するには何等の不自由」はなく、まさに活力のすべてをそのまま悠々自適な日々に使って、久子の特性は余すところなく十分に発揮されました。

蘇峰は「母は己が信ずるところを、人に及ぼし、その周辺を感化することに、非常なる天賦の力を持ってゐました。されば、母は到るところに、その中心人物となりて、その団体ができました。母は決して親分風を吹かす如き女ではありませぬ。併しながら、その献身的博愛心には苟も母に接触したるものは感化せられずして已む能はなかったのであります」と記しています。

①「老人会」

徳富一家は明治一九（一八八六）年一二月に、横井一家は明治二〇（一八八七）年の夏に上京しました。老人会は「最初横井の叔母（小楠先生夫人つせ子刀自）など、花見会を催し、それが継続的になったもの」

でした。その会合では「先づ一通り基督教のお集まりの形式にて始まり、それから感話などがあり、やがて銘々の隠し芸（歌・三味線・舞踊・落語・手品・和歌・書画）などが出」されました。そのことについて、『徳富静子』ではつぎのように書かれています。

・「（蘇峰夫妻と同居した後）久子刀自はお客振舞を始めた。第一には、老人会といふを起し、青山邸の自らの隠居所を会場として、何回となく会合を開いた。後藤新平の母、麻布天文台長寺尾寿の母、財界人波多野承五郎の母、宗教家松村介石の母、同じく財界人山本唯三郎の母、海軍大将藤井較《かく》一の母など、多勢を集めて、御馳走をし、舞ふやら、踊るやら、色々の隠し芸などをして、一日中楽しく愉快に遊び暮らした」

②「東京基督教婦人矯風会」

上京した久子は、蘇峰の妻・静子と共に、明治一九（一八八六）年一二月に妹・矢嶋楫子が創立した東京基督教婦人矯風会の会員になり、「姉妹相依り相扶けて、謂ゆる婦人矯風会の仕事に精進」し、「愛する妹矢島楫子が、その表面に立って、母は裏面で働きました」。「母の晩年の楽みの一は、その妹なる矢島楫子女史の事業を扶くることでありました」。

また、久子の最大の喜びは、晩年の夫・一敬を基督教に入信させたことでした。明治四〇（一九〇七）年四月、八六歳の一敬は海老名弾正により受洗しています。それから七年後の大正三（一九一四）年五月二六日に死去、享年九三歳でした。

2、死去（『わが母』より）

母・久子の最期

蘇峰は大正八（一九一九）年二月一六日の夜、「激烈なる盲腸炎」に罹っていました。蘇峰の妻・静子が一七日、夫の急症と聞いて、二男の看病をしていた逗子から帰ってきていました。翌一八日の午後、妻は私に向って「驚いてはいけません」と申して、次の通り申しました。「十八日例の如く、午餐を済まし、新聞を読ませて聞き、姑く休息する刹那、唯だ一声発したが、側近の者共驚きつ、これを扶け起したるに、既にその魂は昇天してゐた。私は泣くに泣かれず、只だ茫然といたしました」と。母・久子の臨終を書き留めています。徳富久子の生涯はこのようにして終わりました。享年九一歳でした。

おわりに

弟・蘆花は伯母・竹崎順子について『竹崎順子』を著していました。兄・蘇峰は母・久子について『わが母』を著し、その影響の大きさを驚くほど数多く語っています。しかし、蘇峰が竹崎順子の評に使用した「良妻賢母」の言葉は一言も見出せませんでした。

横《よこ》井《い》つせ子《こ》

矢嶋四賢婦人
横井小楠の妻

はじめに

矢嶋四賢婦人の一人・横井つせ子について見ていきますが、他の矢嶋四賢婦人以上に、横井つせ子に関する書籍や資料はありません。それに比して、夫の横井小楠（時存・平四郎）には著作・書翰などが多くあり、多くの研究者が各自の観点で研究しています。

横井つせ子（横井和子氏蔵）

筆者も研究者の一人として、これまで横井小楠に関する『横井小楠』（西日本人物誌⑪　西日本新聞社　一九九九年）・『公の思想家・横井小楠』（熊本出版文化会館　二〇〇九年）・『横井小楠の実学思想―基盤・形成・転回の軌跡―』（ぺりかん社　二〇一一年）などを出版し、その他にも小楠関係で執筆した論文は優に五〇を超えています。いまも新しい論文のテーマが次々に浮上してくるので書き続けています。それほど魅力的な横井小楠の後妻になったのが矢嶋つせ子でした。

一、横井家の出自

横井小楠に繋がる横井家の出自は「尾張横井家」で、その初代・北条時行は、鎌倉幕府の一四代執権・得宗（鎌倉後期の幕府の実質上の最高権力者）北条高時（一三〇三～一三三三）の次男で「中先代の乱」を起した人物でした。

時行以降、時満―時任―時利までは「北条姓」を名乗っていましたが、五代・時永（赤目城主）の時に「横井姓」に改め、以後、赤目城主として横井時勝―時延（横井雅楽助）と続き、その横井時延の長男・時泰（赤目横井家・総本家）、二男・時雄（戦死）、三男・時朝（藤瀬横井家）、四男・時久（祖父江横井家）が分家し、総本家は五男・時春が継ぎました。その時春の子・時次

肥後横井家

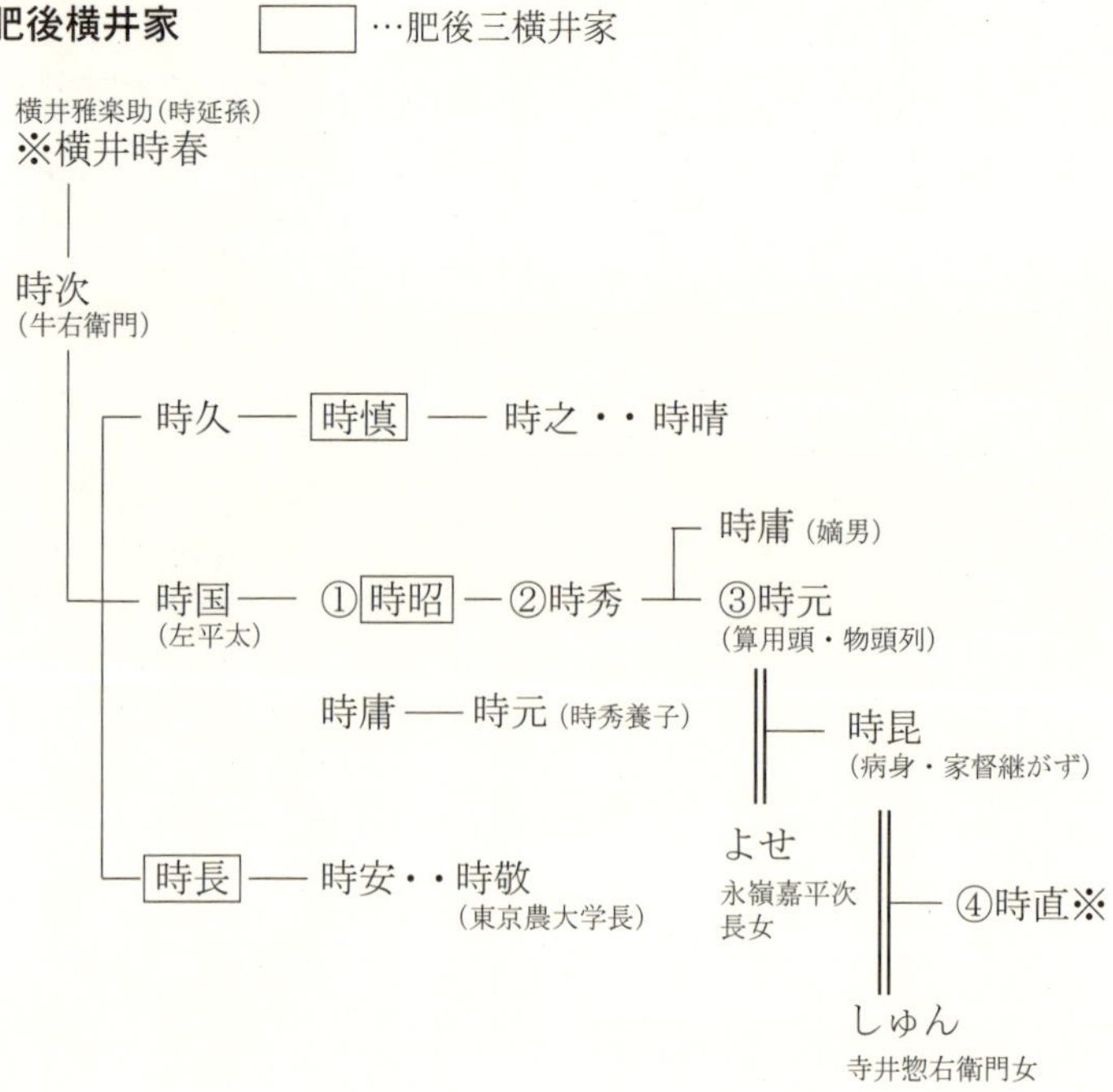

横井小楠家

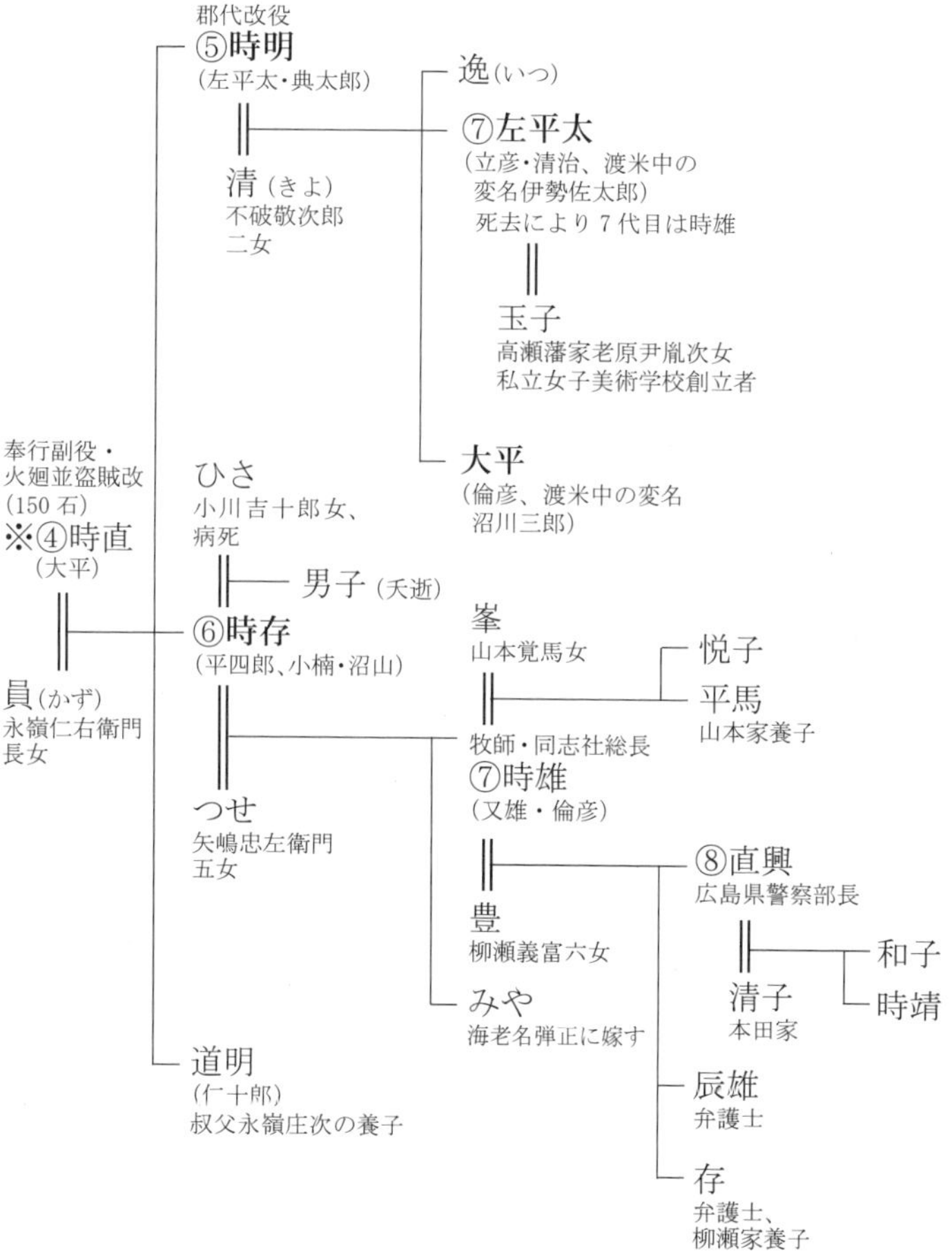

山崎正董編『横井小楠』伝記編、『永青文庫』所収の横井家「先祖附」、拙著『横井小楠』(西日本人物誌⑪) などより作成

が「肥後三横井家」の高祖父・横井牛右衛門で、赤目城主・横井時延の孫に当りました。

肥後横井家は「肥後三横井家」と言われ、前々頁のような系図になっています。「肥後三横井家」とは、横井時次（牛右衛門）の長男・時久の子・時慎、次男・時国の子・時昭、時国の弟・時長の三分家から始まっています。「肥後三横井家」のうち、横井小楠に繋がる肥後横井家は、①時昭—②時秀—③時元—④時直（時昆の子・大平）—⑤時明（左平太）—⑥時存（平四郎・小楠、順養子）—⑦左平太（死去により七代目は小楠の長男・時雄）となっています。詳しくは前頁の系図をみてください。

なお、⑦左平太の渡米中の変名は伊勢佐太郎でした。その左平太の死後、七代目の家督を相続した⑦時雄は変名の「伊勢」姓も相続し、一時は伊勢時雄と名乗っていました。

二、横井小楠の略年譜

横井つせ子の夫となる横井小楠については、前掲の拙著や論文がありますので、それを参照していただくことにして、ここでは「横井小楠略年譜」を掲載することにしました。年毎にたどってもらえば、小楠の事歴を概観することができます。

小楠と矢嶋つせ子が結婚した安政三（一八五六）年を基準に見てみると、その前後で小楠の活動の内容とその範囲は大きく変わっています。結婚前は主に熊本藩内でした。その間に藩家老・長岡監物、元田永孚、荻昌国、下津休也らと「実学連」を立ち上げ、二度にわたって時習館改革を試みましたが、「学校派」

の抵抗と反対により、いずれも頓挫を余儀なくされています。その後は弘化四（一八四七）年から私塾「小楠堂」を開塾、子弟教育を実施する中で、「小楠実学」はますます醸成され、より完成度を高めていきます。

嘉永二（一八四九）年には越前藩士・三寺三作が小楠堂に入塾、同四年の「上国遊歴」では越前藩まで足を延ばし、翌五年には越前藩のために「学校問答書」を献上するなど、越前藩との関係はますます進展します。また、嘉永六（一八五三）年のペリー来航を機に、川路聖謨に「夷虜応接大意」を提言するなど、幕府への献言も行なっています。

また、安政元（一八五四）年には小楠の兄・左平太が死去、小楠は順養子となり、残された子供たちの面倒を見ることになり、このような時期に、小楠は矢嶋つせ子と結婚しました。

結婚直後から、小楠の越前藩からの招聘問題が具体化し、やがて肥後藩主・細川斉護もその招聘を許可、活動の場が越前藩に移りました。文久元（一八六一）年に、松平春嶽が政事総裁職に就任すると、小楠の活動の場は江戸幕府となり、同二年七月には「国是七条」に基づく「文久の幕政改革」を実施します。この小楠の積極的な行動の背景には、横井家の全てを安心して任せ得るつせ子への絶大な信頼があって、初めて可能なことでした。

しかし、文久二年一二月に「士道忘却事件」が起き、まる一年後の翌三（一八六三）年一二月、肥後藩は小楠に対し、士席・知行の剥奪と閉居の処分を実施しました。それは四年間続き、慶応四（一八六八）年三月の朝廷召命を機に士席復活、四月の徴士・参与任命によって、処分は解除されます。そして、明治二（一八六九）年一月五日に暗殺されました。

	西暦	齢	横井小楠略年譜	肥後藩および藩外の動向
文化六	一八〇九	一	八月一三日熊本城下内坪井に生まれる	七月間宮林蔵の樺太探検・間宮海峡
一三	一八一六	八	藩校「時習館」入学	一〇月英船の琉球来航、貿易要求
文政四	一八二一	一三	親友の下津久馬に「経国の志」を語る	九月伊能忠敬「大日本沿海與地全図」
天保二	一八三一	二三	矢嶋つせ子誕生	三月大坂の安倍川口浚渫土で天保山
四	一八三三	二五	六月時習館の菁莪斉で学び、居寮生となる	天保の大飢饉（〜一八三七）
七	一八三六	二八	四月講堂世話役、一一月居寮生世話役	七月長岡監物の第一次時習館改革
八	一八三七	二九	二月七日時習館居寮長、この頃「尊王攘夷論」傾倒	二月大塩平八郎の乱
一〇	一八三九	三一	三月江戸遊学で対外的開眼、一二月酒失事件を起す	第一次時習館改革の頓挫
一一	一八四〇	三二	三月帰藩、七〇日閉塞処分、長岡監物ら「実学連」結成	アヘン戦争（〜一八四二）
一二	一八四一	三三	林桜園に入門、「時務策」・「南朝史稿」を著す	五月天保の幕政改革（〜一八四三）
一四	一八四三	三五	水道町に「小楠堂」開塾、徳富一敬・矢島直方の入門	三月「人返し令」、九月「上知令」
弘化元	一八四四	三六	七月監物の第二次時習館改革（小楠のブレーン参加）	オランダ国王の開国進言

	四	一八四七	三九	三月相撲町に「小楠堂」新築、二〇余人の門弟寄宿	第二次時習館改革の頓挫、天然痘
嘉永	二	一八四九	四一	一〇月福井藩士三寺三作の入門（真儒さがし）	一一月松平春嶽と斉護の勇姫婚礼
	四	一八五一	四三	二月～八月上国遊歴（橋本左内・村田清風らに会う）	一月ジョン万次郎、米から帰国
	五	一八五二	四四	三月福井藩に「学校問答書」を著す	二月朝廷に『大日本史』献上
	六	一八五三	四五	一月「文武一途の説」、一〇月「夷虜応接大意」著す	六月ペリー、七月プチャーチン来航
安政	元	一八五四	四六	七月兄時明の死、九月家督相続（二甥の順養子）	三月日米、一二月日露和親条約締結
	二	一八五五	四七	三月『海国図志』を読む、監物と訣別、「四時軒」転居	三月福井藩校創設、一〇月江戸大地震
	三	一八五六	四八	この年、矢嶋つせ子と再婚、「本格的開国論」を主唱	七月ハリス着任、この年「松下村塾」
	四	一八五七	四九	五月福井藩士村田氏寿の来熊、一二月福井招聘決定	五月下田条約調印、セポイの反乱
	五	一八五八	五〇	四月第一回福井招聘（藩校明道館顧問、五〇人扶持）	六月日米修好通商条約、九月安政大獄
	六	一八五九	五一	一月由利公正らの来熊、一〇月福井藩政改革成功	五月横浜・長崎・函館の開港

万延　元	一八六〇	五二	二月第三回福井招聘、一〇月「国是三論」を著す	一月咸臨丸で渡米、三月桜田門外の変
文久　元	一八六一	五三	三月松平春嶽（翌年七月政事総裁職）要請で江戸出府	一〇月和宮降嫁（翌年二月家茂と婚儀）
二	一八六二	五四	六月第四回招聘、七月「国是七条」、一二月士道忘却事件	一月坂下門外の変、文久の幕政改革
三	一八六三	五五	四月福井藩「挙藩上洛」計画失敗、一二月処分で蟄居	七月薩英戦争、八月一八日の政変
元治　元	一八六四	五六	五月二甥の「海舟塾」入門、秋井上毅と「沼山対話」	八月第一次長州征伐、下関占拠事件
慶応　元	一八六五	五七	五月来訪の龍馬と訣別、九月元田永孚と「沼山閑話」	四月幕府の第二次長州征伐発令
二	一八六六	五八	四月二甥の密航渡米、「堯舜孔子の道」を送る	一月薩長同盟、七月家茂死で征長中止
三	一八六七	五九	一月「国是十二条」著す、柳川で「肥後学」隆盛	六月龍馬「船中八策」、一〇月大政奉還
明治　元	一八六八	六〇	三月朝廷召命で士席復活、四月徴士・参与に任命	三月「五か条の誓文」、四月無血開城
二	一八六九	六一	一月五日退朝途中に暗殺、七日南禅寺天授庵に葬る	三月東京遷都、六月版籍奉還

『横井小楠』（西日本人物誌11・西日本新聞社）・『「公」の思想家・横井小楠』（熊本出版文化会館）・『横井小楠の実学思想―基盤・形成・転回の軌跡』（ぺりかん社）より作成

このような中にあっても、小楠は勝海舟や坂本龍馬、越前藩主・松平春嶽、柳河藩家老・立花壱岐などから、「先生」と尊称されています。小楠は幕末・維新期切っての「公」・「公共」の政治思想家でした。横井小楠の生涯のうち、その後半を支えたのが横井つせ子でした。

三、矢嶋つせ子（一八三二〜一八九四、六四歳）

矢嶋つせ子は、横井小楠の後妻となり、時雄（宣教師・同志社英学校総長）・みやこ（夫・海老名弾正）の母になりますが、まずその人となりについて見ておきたいと思います。

1、人となり

徳冨蘆花著『竹崎順子』ではつぎのように評しています。

「此姉は、一番上の姉（にほ子）のやうに女らしい人で、而も敏捷、人の気を見る事の早かった事は、人々が驚いた位です。裁縫が上手、唄が得意、床について居てさへ、衣服を一二枚は縫ひ上るといふ風でした。此姉の娘時代は、體が弱かった母から一番頼りにされて働いたものです。母の言い付けを待たず、先に気がついて、何でもよくしました」

蘆花は「つせ子は両親の愛女（愛嬢、まな娘）でした」と記すほど、同胞の中でもっとも両親に可愛がられたようです。また、横笛が得意とも記しています。さらに怜悧（賢くて利口なこと）で、病身であっても過ぎる程気が利き、気分が悪い時はわざわざ厚化粧をしたと言い、常に他人に気を使わせまいとする心根の持ち主でした。

徳富蘇峰（猪一郎）は、『蘇峰自伝』の中で「母の姉妹の中で子供心にも、その容姿・風采が上品にみえたのは横井つせ子であった」とし、また『わが母』では「容色も、心情も、双絶（双方共に絶世）の女性」と記しています。

昭和一二（一九三七）年八月建立の「四賢婦人誕生地の碑」の撰文には、「四女皆其の個性特色あり」として、「つせ子は容貌秀麗にして謙和（謙譲で穏和の意か）、偉人（横井小楠）に配して、奨順（進んで従い仕えること）尤も勗《つと》めたり」と記しています。しかし、これ以外には少女時代のつせ子について、その人となりを記した資料は見出せません。

2、横井小楠の結婚

①小川ひさとの結婚

横井家は長男の時明（左平太）が五代目として家督を継ぎ、次男の時存（小楠）は「部屋住み」（次男以下で分家・独立せず、親や兄の家に在る者）で、この状態では小楠が「如何に学才があり、力量が有っても、一家を為さぬ限り、表向きの妻帯は許され」ませんでした。

当時四五歳の小楠は、嘉永六（一八五三）年二月に熊本藩士・小川吉十郎（後に源十郎と改名）の女《むすめ》ひさと結婚しました。ひさは少女時代に横井家に預けられていて、小楠の講義の時などには、「先生」「先生」

と言って妨げたという逸話があります。小楠の母（員《かず》）の眼鏡にかなった許婚《いいなずけ》でした（拙著『横井小楠』（西日本人物誌⑪）参照）。ひさは武家の娘でしたが、「部屋住み」の小楠との関係は内縁の妻でした。

安政元（一八五四）年七月に兄・時明（左平太）が死去すると、「部屋住み」の小楠は、九月に家督を相続、「順養子」として横井家の当主となり、兄・時明の幼い子供たちの面倒を見ることになりました。一方、家督相続後の小楠は「横井家百五十石の上士格」で藩士の身分となり、ひさは内縁の妻ではなくなりました。

翌二年六・七月頃（八月説あり）に男児が誕生しました。小楠は八月一〇日付の伊藤荘左衛門宛の「小楠書翰」五五の中で、「老後一男を得、大慶此事に御座候。一昨日里方より帰り、母子共に安穏に罷在申候」と認めていましたが、長男は一〇月に夭折、妻ひさも産後の肥立ちが悪く、一一月に相次いで死去してしまいました。

②矢嶋つせ子との結婚問題

徳冨蘆花著『竹崎順子』によれば、「小楠後妻の選択は、自然に昵懇《じっこん》の門下で娘の多い矢嶋家に落ちました。矢嶋の七女の中、上の四人は嫁いで、つせ子、かつ子、貞子の三人が残って居ます。鬮《くじ》は順序で、つせ子に落ちました」と記されています。即ち未婚の三人の姉妹のうち、一番年長だったつせ子に白羽の矢が立ちました。

その一方で、また「つせ子を横井家にといふ議は今始まった事ではありません」とも記し、その経緯について、つぎのように書いています。その概要を記しておきます。

i．「つせ子の両親が健在の中から其話が出たものです」―母・鶴子は嘉永六（一八五三）年五月二一日死去、中山手永時代（天保一二（一八四一）年～嘉永六（一八五三）年）はつせ子一一歳～一三歳の間です。小楠との縁談話は、当然嘉永年間（つせ子一八～二三歳）と思われます。

・兄・源助は師の小楠を尊敬し、鶴子も抜群の英物であることを認識、人物として押しも押されもせぬ小楠でしたが、格式から言えば小楠も唯の「部屋住み」であり、公的結婚を許されず、「部屋住に嫁す事はせいぜい内縁の妻」でした。母・鶴子は「其愛女の為に天下晴れた対等の結婚を欲し」、「部屋住にはやりたくない」と思い、つせ子も気が進みませんでした。

ii．「鶴子の没後、また其議が起りました」―母・鶴子は嘉永六（一八五三）年五月二一日没、父・直明の安政二（一八五五）年六月一六日の死去までの三年の間に、小楠との縁談話が再燃しています。

・身近い一同が小楠の配にすることは栄誉かもしれないが、しかしすぐれた人にでも「正妻として嫁き得ぬ事は、すべてに模範的夫婦であった父母の恥辱に外ならぬ」として、父・直明は気が勧まなかったが、周囲は催促し、つせ子は板挟みの苦しい立場に陥っています。

iii．「つせ子の父が亡くなります。一方には小楠の妻小川氏が母子共に亡くなります。部屋住みの小楠は、横井の當主になります。（中略）今度は後入りにとの議が起りました」

・小楠は安政元（一八五四）年九月、兄・左平太の「順養子」として家督一五〇石取り（一〇〇石以上は上士の格）になりましたが、一領一疋の女（つせ子）は対等の結婚はできず、「妾と云ふ名儀」でした。直明は安政二（一八五五）年六月一六日に病没、小楠の正妻・ひさは同年一一月に死去しますと、「正妻として嫁き得ぬ事」を承知で、「斯様な縁組は二度と得られない」との議が再々燃しました。

iv.「父母は亡くなる、同胞は勧める、つせ子は到頭辞しかねて、安政三（一八五六）年杉堂から沼山津へ横井小楠に之《ゆ》いて事実の上の妻になりました」

・兄・源助も姉・順子、久子、その夫達（徳富一敬は躊躇するが、久子に押し切られた）も乗地（乗り気）で、盛んに勧めました。つせ子はついに断りきれず、安政三年に藩士の小楠とは身分の違いで、「妾」を覚悟で後妻となりました。つせ子（二五歳）は二〇歳以上の年齢差のある小楠（四六歳）と結婚しました。

つぎの「小楠書翰」一八五五は、つせ子の兄「矢嶋源助へ」の書翰です。読み下しにして紹介しておきます。

矢嶋源助へ

爾来は書状も進み申さず、御無音（音信なく）に押移り申し候。先々御無事、珍重の至りに御座候。扨御令妹（つせ子と推定）御病気重々敷《おもおもしき》段承り、何角《なにかと》御心配の御事と察し入り申し候。秋堤（寺倉、蘭方医、小楠門弟）参り候事にて程無く甘快（快復）に趣かれ候事と存じ申し候。御病人打ち続かれ、別けて御心痛の至り、御大人（源助の父・直明）様御気遣い一入《ひとしお》の御事、万端御心配と存じ候。此許《ここもと》にて両三輩（小楠門弟二・三人）近日御見舞いに打立ち罷り在り、然し小生久々不塩梅《ふあんばい》にて今少し保養、元気平復の上と存じ居り候へば、何に当月末・来月初にも参堂（中山手永会所への訪問）致すべく、尚又其の節は便義（小楠の気持ちの意か）に申し述ぶべし、先ず御見舞い迄申し縮め候。以上

六月十六日　平四郎

源助様

この書翰では、最初に小楠が中山手永会所での「令妹」（つせ子と推定）の病気見舞いのことが書かれ、すでに蘭方医・寺倉秋提を往診させ、その「甘快」を喜ぶ様子が記されています。そのつぎに源助の父・直明への「気遣い一入」、即ちかなり重篤な病状が記され、小楠は門弟たち二～三人を見舞いに行かせています。一般的には、最初に源助の父・直明の病状を案じ、次いで「令妹」の「甘快」を喜ぶのが普通ですが、その順序が逆であり、また文末には「其の節は便義に申し述ぶべし」の文言もあり、どことなく意味深さが感じられます。

山崎正董は源助の父・直明が安政二（一八五五）年六月一六日に死去したことから、この書翰はそれ以前のものに間違いないと言っていますが、ただ気になるのは、小楠書翰の「六月十六日」の日付と直明が死去した「六月十六日」の月日の一致です。単なる偶然でしょうか。私はこの「六月十六日」は、両方とも安政二（一八五五）年六月一六日、即ち小楠が書翰を認めたその日に直明が没したのではないかと推測していますが、如何でしょうか。

四、小楠家族

1、横井つせ子の苦悩

矢嶋つせ子が嫁した横井家について、蘆花は「斯怜悧（賢い・利口）なつせ子を鍛ふべく横井家にはちゃんと用意が出来て居ました」（『竹崎順子』）と述べています。即ち横井家には、夫・小楠の他に老姑（小楠の母・かず）、兄・時明の妻（きよ）、横井家の老婢（寿賀）、長女・逸と長男・左平太、二男・大平、それに門弟たちが同居していました。

つせ子は結婚と同時にこれらの家族の世話ばかりでなく、新入りの嫁として家政一切の下働きをしなければなりませんでした。老姑（小楠の母）と横井家の老婢（寿賀）について、蘆花は『竹崎順子』でつぎのように書いています。

①老姑（小楠の母・かず）

小楠の母・かずは「古兵の新兵を扱ふやうに、老眼をばっちり明けて居て、つせ子を視る目に少しの仮借もなく、容易な事では主婦の位置をつせ子に渡」さなかったのですが、しかし「やかましやの姑も、媳《よめ》の心がけには感心し」、矢嶋家の他の姉妹と比べて「矢張内のが好い」とつせ子をほめていました。

②婢・寿賀（実名は田上《たがみ》寿賀）

寿賀が「熊本町家の娘で、もと機織りに横井家に雇はれて来た」のは、嘉永五（一八五二）年、二六歳の時でした。少女・ひさはそれより以前に横井家に預けられ、小楠母の員《かず》に気に入られ、翌年に前妻となりましたが、既述したように母子共に安政二（一八五五）年一〇月と一一月に相ついで死去していました。

寿賀は「三十越して妻をもたせられぬ横井平四郎の妾に何時しかなってしま」っていました。この背景には「部屋住に正妻を持たさぬ當時の無理な制度」があり、「妾と云ふものを大目に見る時代」でしたので、

「つい手近い寿賀を愛する」ことになったと記しています。

また、「寿加（賀）は不器量な女で、小楠の愛に感激した彼女は、一生を横井家に献げ」ました。そんな寿賀でしたが、「後入のつせ子に対しては、何を云ふても競争者です。肋《あばら》の刺さらずには居」られなかったといいます。

さらに蘆花は、『黒い眼と茶色の目』の中で「加寿（寿賀）は夕〻の下女ではなかった。沼南（小楠）先生に不憫がられて、加寿はをりをり半産（流産）をした」と記しています。中山そみ氏は「横井つせ子と寿賀」（家族史研究会編『近代熊本の女たち〈上〉』所収〔熊本日日新聞社　一九八一年〕）の中で、生前寿賀に接した大野あや（海老名弾正・みや子の二女）氏の証言として、「何事もつつみかくさず、恥をさらけ出して書いた蘆花は、一族のきらわれもの」と記しているものの、何とも悲しい事実の暴露でした。

2、つせ子の懐妊

山崎正董編著『横井小楠』伝記編（明治書院　一九三八年）の「家庭人として」の中で、「小楠が先妻の小川氏との間に始めて一子を儲け、（中略）其の折角の悦は束の間で、生後僅かに三ヶ月ばかりの安政二年の冬母子前後して死去した。一時憂愁の雲に閉された横井家は翌三年に矢島氏を迎へ、安政四（一八五七）年（一〇月一七日）には次男又雄（時雄）を、文久二（一八六二）年（九月一五日）には長女みや子を得た」と記しています。（　）は補足。

3、『わたしは此家の雑巾』

後妻として横井家に嫁したつせ子は、前述したように夫・小楠だけではなく、横井家の先住者・老姑（小楠の母・かず）、兄・時明の妻（きよ）、長女・逸、二甥・左平太、大平の世話ばかりでなく、特に「台所頭」の寿賀との関係がありました。

蘆花は、そんな横井家にあって、つせ子は「不平がちの義姉清子（兄・左平太の妻）も、無遠慮に拗ねる寿加（賀）も和《やわら》かに抑へました。すべてを胸一つに蔵《をさ》めて、沼山津の家庭を、つせ子はがたびしなし（人間関係を円滑にすること）にやって行きます。つせ子は生涯黙って忍び通しました。唯一度後年女《むすめ》みや子が十七歳になった時、『わたしは此家の雑巾』と云ふ一言を漏らしました。身を以て汚れを清めるのが雑巾の役です」と記しています。

とにかくつせ子は「凡べてに対してよく忍びよく勤めた」女性でした。小楠はそんな妻に対して「おつせは君子だ」との讃美の声を吐いたといいます（『竹崎順子』・『矢嶋楫子伝』）。また、維新前後の騒然たる最中、坂本龍馬らが沼山津に小楠を訪ねた頃、つせ子は一層「雑巾のように」働き続け、小楠が維新の大業へ参加できるように、一身に家内から支えたことも確かでした。このような生活環境での精神的苦悩が、長寿揃いの矢嶋四賢婦人の中で、つせ子だけが六四歳と短命であった原因かもしれません。

五、横井小楠の素顔 ―つせ子・宿元への書翰

山崎正董編著『横井小楠』伝記編の「家庭人として」の章では、「心は毎に家庭を離れず」と記し、さらに小楠は「家庭は安楽境兼慰安所」、「一家団欒の楽しみ」、「家族に対する心遣ひ」と言い、また「出府より寧ろ帰郷」、「唯々宿許懐しく」、「家郷の風景及び田園を想ふ」などと評しています。

「子として」では、「実母への孝養」、「母重病の報に急帰」するなど、また兄・時明の妻・清子（至誠院）を「養母と見做し」て「禁庭（朝廷）拝領品」を贈るなどしています。また、「父として」では、「又雄への愛着」、「離乳の厳告」など、「愛児に対する書面」を頻発し、「子煩悩は盲目的愛」に非ず、「みや子の晴着」に心を砕くなど「優しき鞭撻」をしています。

山崎正董編著『横井小楠』遺稿編の「小楠書翰」（全三〇五通）のうち、小楠がつせ子や宿元に宛てた書翰（六五通）や熊本市立博物館蔵のうち宿元宛の書翰（五通）の都合七〇通の内容を分析していますので、ここでその特徴を箇条書き風に列記しておきたいと思います。

1、書翰数など

①期間―安政五（一八五八）年の福井招聘～明治元（一八六八）年の参与上洛までの一一年間分

②書翰数―安政五年（三通）・同六年（七通）・万延元年（一〇通）・文久元年（二通）・同二年（七通）・同三年（一一通）・明治元年（三〇通）の都合七〇通（全書翰の二三・六％）

③書翰―ほとんどが宿元宛に連名で、個人宛なし
④通信手段―町飛脚、同藩人の帰藩者・他藩人の肥後訪問者に依頼、書状の他、着物・書籍・小物類などの土産品、被害なく確実に宿元に到着。（江戸の道中治安良好）

2、書翰の内容

①登場人物
・宿元（家族）・親戚・門弟・隣人・知人・友人など
・福井・江戸・京都での同郷人（他藩人や同志的人物の名はほとんど出てこない）
②記述内容
・必要用件のみ―土産品の送付、送金、嗜好品の依頼、金銭工面、植栽・苗植付の指示、虫干しなど
・新居・出所宅の購入―物件のよしあし、代金の工面、交渉の促進・中止など詳細に指示
・病状―おこり病・はしか・淋疾（悪化・小康や医者・薬品の名など）の報告
・趣味―骨董品購入の報告など
・自慢―天皇との座席の距離、政府の要人扱い、俄か大名の生活（揶揄的）、転居屋敷の広さなど
・報告―事件・事態の経過のみ、思考的論考・政治論なし
・福井・江戸・京都の世情―安全・心配なし
・新政府の動向―天皇関東巡幸、東北の庄内・会津地方制圧、給料（かなり高給）遅配で困窮、左平太・

大平の米国留学と帰国後の就職先の心配（斡旋）など
・又雄・みや子の成長と教育―子煩悩・好々爺的、適宜な指導、「頑張れば、いいものを贈る」など
・望郷心―多忙な時、病気で気弱の時に強く出ている
・その他

六、小楠の遭難・暗殺

1、小楠暗殺の知らせ

横井小楠は、明治二（一八六九）年正月五日午後二時過ぎ、御所の寺町御門を出た後、寺町通丸太町下ル所で、刺客に襲われました。寺町通竹屋町上ルの新寓居まで後少しでした。小楠はつせ・寿賀・子供、下女二人の上洛をしきりに希望し、つせ子たちも出立する予定でした。

徳富蘆花は「門人の中でも徳富（一敬）などは師の身邊に群がる刺客を押隔てゝ切り拂ふ夢を見ました。横井の京都住居は女気なしで、門人がすべての世話をして居ました。横井は時々持病に悩むと云ふたよりがあります。夫の夢見と云ひかたがた、久子は躍起になって、つせ子の上京を促しました。順子も同じ心です。つせ子は直ぐ上京の仕度にかゝり、正に横嶋に暇乞に往って居ると、京都から早打（馬を馳せて急を知らせること）が来ました」（『竹崎順子』）と書いています。

また、徳富蘇峰は、その著『わが母』に、つぎのような挿話を掲載しています。

明治二年の正月、父は或夜悪夢に魘《おそは》（うなされること）れました。起き出て、父が母に申しますには、『只今悪党共が、先生―小楠のこと―の家に押寄せ来たから、俺が試合服を着け、その上に襷《たすき》をかけ、切りまくった夢を見た。これは決してたゞごとではあるまい。必ず先生の身辺に、何か異変がありはせぬか。ともかくもお前熊本まで一寸出て行って、様子を聞いて来てくれ』と申しましたから、母は父の代理として、熊本へ赴きましたが、果然京都の変の報が、同時に熊本に到来いたしてゐたさうであります。夢にも逆夢もあれば正夢もあるものと思はれます。

徳富久子は光子・音羽子、猪一郎・健次郎を連れて、船で水俣から熊本へ向い、松橋に上陸しました。途中で豊崎の淡島神社に立ち寄り、さらに陸路を熊本に向っていました。今や熊本に入ろうとする時、親戚の下男に会い、小楠遭難の話を聞きました（『矢嶋楫子伝』）。

久子は咄嗟に沼山津に向い、つせ子に小楠暗殺の報を知らせました。すぐに矢嶋源助と竹崎律次郎が上京し、一月末には遺髪と短刀が届けられました。

また、蘆花は、小楠暗殺について、「斯くして横井平四郎は維新閣臣の第一犠牲となりました。遺骸は肥後に縁故深い南禅寺内の天授庵に葬られ、一束の遺髪が京都から沼山津のつせ子に齎《もたら》されました。脇差には敵の大刀をうけた切込が数ヶ所ありました。矢嶋の七人姉妹の中で、一番花やかな位置に置かれたつせ子は、三十九歳で寡婦になりました。横井を中心として居た一同は、突然に日が落ちて世の中が真暗になったやうに感じました」（『竹崎順子』）と記しています。

また、久布白落実は『湯浅初子』で、「小楠の死は熊本縣下に少からぬ衝撃を與えた。小楠門下の一統は期せずして振ひ立った。其志を為さねばならぬ。これを為すは我等であると云ふ思ひが、云はず語らずの内に充ち充ちて来たのだ。小楠の遺骨の着する頃には、縣下に散在して居る同志も皆集った。久子等を送り出して、日夜消息を待って居た多太助兄弟等が、馳せつけた事は勿論である」と書いています。

渡米留学中の左平太・大平にも「小楠先生遭難の凶訃」が伝わり、「愕然、万事を措いて、直ちに帰朝し、奸賊を捕獲して、迷魂（浮ばれない小楠の魂）を慰し、憤恨を排せん」と決意します。しかし、国を発する二甥は小楠に「我れ若し不慮の禍害に遭うとも、汝が輩、必ず復讐の事を企図すべからず。他を顧みず、己れが志す所の業を成し、以て報国の器とならん事を要す」と言われたのを思い出し、仇討ちを思い止まり、留学を続行しました。

つせ子は夫・小楠の変死に動揺、中山そみ氏の「横井つせ子と寿賀」によれば、娘・みや子（当時八歳）は、『新女界』誌所収の「懐かしき思い出」の中で、その様子をつぎのように述懐しています。

坐敷は一ぱいの人で、其中に朝夕往来し某家の母君が、声を出して哭いて居られる。大人が哭くのは初めて見たので、喫驚（びっくり）して、其隣席を見ると、そこに母上がゐられる。其の母上の姿私は一目見て膝に取付いて大哭に哭出した。これまで片はづし（片外し、笄を抜けば下げ髪になる）とかいふ髪に結って居られたのであるが、それをぶっつり切りさげにしてうなだれて端座して居給ふ其様子、何とも理由は分らぬが只々なさけない様で悲しくて哭いた。

2、「斬奸状」と小楠葬儀

刺客の「斬奸状」には、小楠について「耶蘇教かぶれの売国奴とし、国家の為に横井を除いた」と、暗殺理由が書かれていました。その小楠は南禅寺の天授庵に埋葬されましたが、熊本の横井家では神式の葬祭が行なわれました。

『矢嶋楫子伝』によれば、「横井家は神道であったと見える。凡べてが神式で執行された。玉串が捧げられ、十日目毎には祭が行はれた」、「急使の到着から、遺髪が届き、葬式がすみ、やがて五十日祭がすむまで、小楠の沼山津の家は出つ入りつする人で、お祭りのやうな騒ぎだった」と記され、小楠没後二十年祭礼も神式で行なわれるなど、儒者・小楠の実家・横井家は神道でした。写真は小楠の曽孫・横井和子氏蔵の「小楠四十年追善祭」の時の祭壇の光景です。

小楠40年追善祭の祭壇

夫・小楠の葬祭が済んだ後のつせ子について、蘇峰は『わが母』の中で、「小楠先生の後妻となりたる横井の叔母は、明治三（一八七〇）年には、その憂《うさ》を霽《はら》すべく（別の書では「保養旁々」と書く）、水俣の吾家に来り遊んでゐましたから、その帰りには私と第四姉―湯浅初子―が、叔母と同行すること丶なった」と書いています。

七、横井つせ子の後半生

1、子供らの「熊本洋学校」入学

明治三(一八七〇)年の初秋には、横井未亡人・つせ子は沼山津から熊本城下の濠端に転居しています。一二歳の初子と八歳の猪一郎(蘇峰)はその家に預けられていました。初子とみや子の親交はこの時に始まったと思われます。

明治四(一八七一)年九月に小楠の甥・大平が尽力した「熊本洋学校」(L.L.ジェーンズ招聘)が開校しますと、徳富初子も猪一郎も、横井時雄もみや子も、この熊本洋学校に籍を置くことになりました。また、横井左平太夫人となる原タマ(玉子)も入学しています。

久布白落実は、『湯浅初子』の中で「このゼンスの学校の評判は、縣下の隅から隅までひゞき渡った。兄等が寄れば触れば一種の誇を以って話し会うこの学校が、未だ奥深く閉じ込められて居る娘等にも耳に入らない事はない。殊に凡てに魁する横井家の伝統の中に、已に兄の時雄は、この選抜隊の中に入って、押しも押されもせぬ一人となってやって居る時だ。気性では兄をも凌ぐみや子が母に願ふ處は、やはりこのゼンスの下に学び度いと云ふ事だ。同じ好学の精神に燃えて居る初子、負けじ魂の化身の初子が、共に居って、二人の娘はこの機会を失ふ筈がない」と記しています。

その一方で、「万万一耶蘇教の、一滴でも毒液を注射されては大変だと云ふのが、當時の熊本縣下の有志者の正直な處であった」ので、精神教育は竹崎茶堂の日新堂での『大学』の講義によって行なわれていました。

ところが明治九（一八七六）年一月、花岡山での「奉教趣意書」事件、即ち「花岡山の誓い」（熊本バンド）が起こりました。湯浅初子はこの前後について、つぎのように語っています。

花岡山で決心した熊本班三十何人かの人達に対する迫害は随分ひどいものでした。この人達はゼエンス先生の聖書の講義に出席して信仰に入るようになったものです。この講義に出席して居られた人達は約百人程もあったように覚えています。私は横井家に居りましたので、おみやさんと二人で、時々これに出席しました。

横井家は儒教の家として知られた家ですから、ここから耶蘇が出たとなると大変なことになるので、時雄（小楠の長子）が熊本班に加った時には、母は白刃を擬して自刃を迫ったもの。時雄は一室に監禁される。海老名（弾正）・小崎（弘道）氏等が武者窓から忍んで励ますという大変な騒ぎでした。

時雄はその時、所持品はすべて取り上げられてしまったが、聖書だけは褌の下に隠して持っていた由です。私は二、三度聖書の話を聞いただけだったが、私の父（徳富一敬）は非常に心配して、所持品はすべて焼き払われてしまったものです（湯浅初子の講演「熊本バンドの思い出」）。

2、つせ子の時雄への態度

『湯浅初子』には、つせ子が我が子・時雄の「花岡山の誓い」への参加に激怒した様子を、「横井家などは、小楠未亡人が、嫡子時雄を一室に呼び、柔和忍耐の化身と云はれる身で、自身短刀を持って時雄に迫った。〝父君の霊に、何とお詫を申されよう〟全くつせ子未亡人は、自刃の覚悟であったのだ。徳富なども同様だ」と記しています。

つせ子の〝父君の霊に、何とお詫を申されよう〟という思いの背景について、『竹崎順子』で、蘆花は「小楠の生命は十九青年（時雄）に再現して、現に実学社中の非難と失望の的になって居ました。（中略）小楠の門人は、堯舜孔子之道を後にする時雄の耶蘇信仰を先師に済まぬと一途に思ひ込みました。母のつせ子がまた苦しい立場に立ちます。耶蘇を捨てねば自尽する、とつせ子の懐剣の袋を出します」と書いています。つせ子は時雄に夫・小楠の体現者たらんことを期待していたことがわかります。

おわりに

夫・横井小楠の強烈な生涯に比して、妻・つせ子の生涯を記したのは、『竹崎順子』・『矢嶋楫子伝』・『わが母』・『湯浅初子』・『黒い眼と茶色の目』などで、その時々に登場しています。しかし、特に小楠の死後、即ちつせ子の後半生についての記述が余りにも少なく、その足取りは正確に掌握できていません。

ただ、実子の時雄や海老名みや子と一緒だったようです。

明治二六（一八九三）年夏、時雄は後妻・豊子と再渡米、つせ子は時雄の前妻・峰子の遺児二人と寿賀を連れ、神戸の海老名夫妻の家に身を寄せ、翌二七年、手厚い看護のもとで死去、享年六四歳でした。

矢《や》嶋《じま》楫《かじ》子《こ》

矢嶋四賢婦人
女子学院と婦人矯風会

はじめに

矢嶋楫子については、久布白落実『矢嶋楫子伝』（不二屋書房　一九三五年、「伝記叢書31」　大空社　一九八八年）、久布白落実『廃娼ひとすじ』（中央公論社　一九七三年）、三浦綾子『われ弱ければ・矢嶋楫子伝』（小学館ライブラリー42　一九九三年）、『女子学院の歴史』（女子学院　一九八五年）など複数の著作があります。

矢嶋楫子（女子学院所蔵）

久布白落実の『矢嶋楫子伝』は、他の著作の原本的存在ですが、徳富蘆花著『竹崎順子』（一九二三年）や徳富蘇峰著『わが母』（一九三一年）を参考にした記述が見られます。本論では、その久布白落実著『矢嶋楫子伝』を中心に、『竹崎順子』などや前掲の関係著作を参考に見ていきたいと思います。

久布白落実は、『矢嶋楫子伝』を第一編「熊本に於ける三十九年間」、第二編「東京に於ける五十四年間」、第三編「人々の見たる矢嶋先生」で構成、矢嶋楫子の名前は、第一編では「勝子」、第二編では「楫子」と使い分けていますので、この方法を採用します。

また『矢嶋楫子伝』の第一編「熊本に於ける三十九年間」は「出立と改名」で終わっていますが、明治五（一八七二）年の上京後、妻子ある書生との恋愛と懐妊・出産までを含めました。なお、この矢嶋楫子に関しては、資料なども豊富なこともあって頁数も約二倍になりました。

一、矢嶋勝子

矢嶋家の六女が「矢嶋かつ」（勝子、後に楫子と改名）でした。矢嶋忠左衛門直明は天保五（一八三四）年に生まれた女児にはすぐに名を付けませんでした。その理由は「男児誕生を期待していたので落胆・失望したから」と言います。

見るに見かねた姉の順子が、一週間後に「かつ」と名付けました。因みに、この男児待望の考えは、すでにみたように徳富家の四女の誕生に、初めての女児という意味で、「初子」と命名したのと同じ理由でした。

1、人となり

その「かつ」（勝子）の少女時代の人となりについて、徳冨蘆花と久布白落実の評で見ておきたいと思います。改名後の「楫子」については、徳富蘇峰と三浦綾子の評で見ていくことにします。（　）の注記は引用者です。

①徳冨蘆花評

徳冨蘆花は『竹崎順子』で、「熊本に於ける三十九年間」のかつ子について、矢嶋姉妹の中で一番落ちついて、早くから自我に目覚め、兄・源助や姉たちから「渋柿」（渋柿を食った時のような気むずかしい顔つきの人、陰性の人）とからかわれていたこと、また母・鶴子に愛されなかったので、自然と自愛（自己愛）に駆られたこと、いつも一人ぼっちで、しんねりむっつりし、反抗の焔が裏に燃えていたことなど、さらに母との暗闘があったと記しています。また、かつ子が子守中に読書していたところを母に見つかって厳責され、「守を粗末にする事の出来ない事を知った」とのエピソードも紹介しています。

②久布白落実評

一方、久布白落実は、『矢嶋楫子伝』の熊本に於ける「三十九年間の回顧」の中で、「信頼すべき父と、賢明なる母の下に、姉兄、若き姉等の下に、与へらるゝものを食し、着せらるゝものを黙って着て、二六時中（終日）、母の教育の下に、手仕事・裁縫・織物・糸紡ぎ・習字・読書まで何くれと教へられ、才気ある姉には鈍の如く、気立てやさしく気の付く姉には、渋といとも見え、気早な兄弟には愚とも思はれたであらう。然し勝子は誰れにも係らず、誰れとも争はず、兄が言うた通り、『渋柿や静かに秋を過しけり』で、二十五歳まで我家の生活を楽しんだ」と記しています。

また、その間の勝子について「咎められても、非難されても、蚊の刺す程にも感ぜぬ」とか「せいぜい黙って馬鹿な顔をして居た」とも記し、勝子は「無駄は何事でも罪」との信条を持っていたと言います。

蘆花と落実では、結婚前の勝子の人となりについて、両者の評価にはかなりの差違が見られます。しかし勝子は矢嶋兄姉と違って、少女時代から大人びた冷静さを持ち、兄姉や物事に対しても、冷やかさを以って接する性格であったようです。それが兄姉たちから「鈍」・「愚」と見られ、あるいは「渋柿」と綽名された主な理由であったかもしれません。

③徳富蘇峰評
久布白落実はその著『矢嶋楫子伝』の中で、大正一四（一九二五）年六月二六日、青山会館での矢嶋楫子告別式における徳富蘇峰の演説（弔辞）で、「先生」という言葉を使いながら、叔母・楫子に対して「先生に就ては、當初よりの嘆美者でもなく崇拝者でもありませぬ。實を申せば、故人の弱點、欠點、短所、不好所は、百も承知してゐます。私は如何なる具合であったか、幼少より此の叔母さんは嫌ひでありました。而して長き歳月の間、厳正なる批評家の態度を持って、其の一切を観察して居りました」と述べています。これは「批評家」というよりも「批判家」、いや「批難家」あるいは「酷評家」の弔辞と言えるものでした。

蘇峰は矢嶋家の「此八人の同胞は、何れも一風變りたる人々」で、「勇気は矢嶋家の持前」であったと述べた後、楫子については、身体は「偉ましき方」で「兄よりも姉よりも、皮が厚く骨が硬く」、容貌は「姉つせ子と共に一対」であり「矢嶋家の大喬・小喬」（上背があることか）であったと述べ、さらに九二歳の生涯を通じた楫子の人となりを、「渋柿」（姉・久子〔蘇峰の母〕のつけた綽号）、「勝気な女」、「善謀・善忍・善断・善行、統御の才と力とに豊富」であったと述べています。

また、「男子よりも強固なる意志の持主」、「失望や落胆なし、徹頭徹尾戦闘的精神に燃える」、「感傷的要素少なし」、「理性的の人」、「刹那主義的の行径なし」、「冷笑病」、「人にも物にも恐る、事を知らぬ女性」と続けます。そして「恒常的な勇気」、「男子より辛抱強き者」、「忍辱護真心」、「金銭ばかりでなく精力の倹約家」、「無用に節して有用に使ふ人」、「自主自立の人」、「他の憐みを請ふやら、同情を求むるやらの女々敷い振舞なし」、「自治の人」など、その批評・酷評の言葉は際限なく実に豊かです。

その蘇峰の「男子よりも強固なる意志の持主」、「男子より辛抱強き者」と「男より」云々の表現が多く、この「男子」との比較表現に、蘇峰の女性観の一端を垣間見る思いがします。いずれにしても、「男子」としての蘇峰の叔母・楫子への潜在的な対抗意識が露呈した告別式の演説は果たして正常な弔辞と言えるのでしょうか。

④三浦綾子評

三浦綾子は、その著『われ弱ければ・矢嶋楫子伝』で、直明・鶴子父母が男児誕生を期待する余り、勝子の誕生に気落ちした現実こそが、勝子が「笑顔の少ない孤独な性格」や「無口な子」に育った要因になったと見ています。

三浦は、非常に感受性の強い勝子が無関心を装いながらも、「耐えることを学んだり、人の心を凝視するという自分だけの世界が生まれ育った」との心理学的分析をし、さらに「渋柿」と綽名《あだな》されて育った多感な少女期の勝子に、少なからぬ同情を寄せています。

ついで三浦は、徳富蘇峰の楫子への告別式での演説や徳冨蘆花の「東京朝日」・『婦人公論』に掲載した「二つの秘密を残して死んだ叔母の霊前に捧ぐ」による楫子に鞭打つような仮借のない追及・批判に対して、同著では「反発」の章を設け、両人の楫子に対する酷評に、心底からの同情と対決意志を露わに綴っています。

2、矢嶋家や兄姉の影響

そんな勝子でしたが、久布白落実は『矢嶋楫子伝』の中で、楫子の「東京に於ける五十四年間」について、「先生は大きな山のやうなもので、其山陰からは、とても全貌を見切れない（中略）、先生は餘りに活力に富まれた生き生きした方で書き切れない」（同書「はしがき」）と書いています。

この矢嶋楫子の原動力は、前の「鈍」・「愚」・「渋柿」と見られた勝子といった時代の中で醸成されていました。勝子が受けた矢嶋家の家庭環境や兄姉たちの日常的な影響は、その後の勝子の「大きな山のやうなもの」「全貌を見切れない」「餘りに活力に富まれた生き生きした」生き方の基盤が形成されたのです。

それが何であったのか。落実は「三十九年の回顧」の中で、つぎのように書いています。

木山・湯の浦・中山・河江《ごうのえ》（ここの惣庄屋はしていない）と次ぎ次ぎに、父と兄との共力になる済民治政の生活を髄に泌むまで味って、最後に兄が全く家産を抛っての、郷里杉堂に対する奉仕まで眺めつくし、助けつくした二十五ケ年の勝子の處女生活は、人生に対する方針を根本的に定めて仕舞ったものであった。

天下国家、家庭は一貫せる勝子の領土であった。此處には犠牲と奉仕とが當然の道程として挙って捧げらるべきものだ。其兄弟、其姉妹等の家庭でも、一つとして此道程からはづれて居ない。彼女は世は皆かくあるもの、又あるべきものと、知らずして独り心に定めて居た。

二十五ケ年間の彼女の娘時代は、百年に近き彼女の生涯を支配するものであった。これは変ずべく餘りに強く、疑ふべく餘りに根深く打ち込まれて居た。国家社会に対する奉公・犠牲は彼女の全身全霊に二十五ケ年、日に三度食せし米の如く當然の事実として受け取られてゐた。

二、林七郎（文政一一〔一八二八〕年〜明治三二〔一八九九〕、享年七一歳）

勝子は天保五（一八三四）年生まれで、二五歳の時、即ち安政六（一八五九）年に林七郎と結婚しました。七郎はすでに二人の先妻がいて、先々妻（死別）との間には二男一女、先妻の間には一女がいましたがその子を連れて出奔、その後妻として勝子が入籍し、先々妻の二男一女の継母となり、勝子も一男二女の実母となっています。

勝子が嫁いだ時、先々妻との嫡子・林久万太はすでに「大筒手」として京都詰、長女は「脇方」（縁戚外の意か）に嫁いでいました。従って当時の七郎の家族構成は、七郎と一四〜五歳になる林勝兵衛を頭に、勝子の一男二女の四人の子供（「林家家譜」参照）と乳母・下女・下男一人、それに「内作」（林家の小作人）でした。

1、林家の出自

ここで林七郎の出自について見ておきたいと思います。郷土史家の故・松野國策氏によれば、林家の出自は熊本県山鹿市の林家であり、一族の大部分はその知行地を

林家系譜

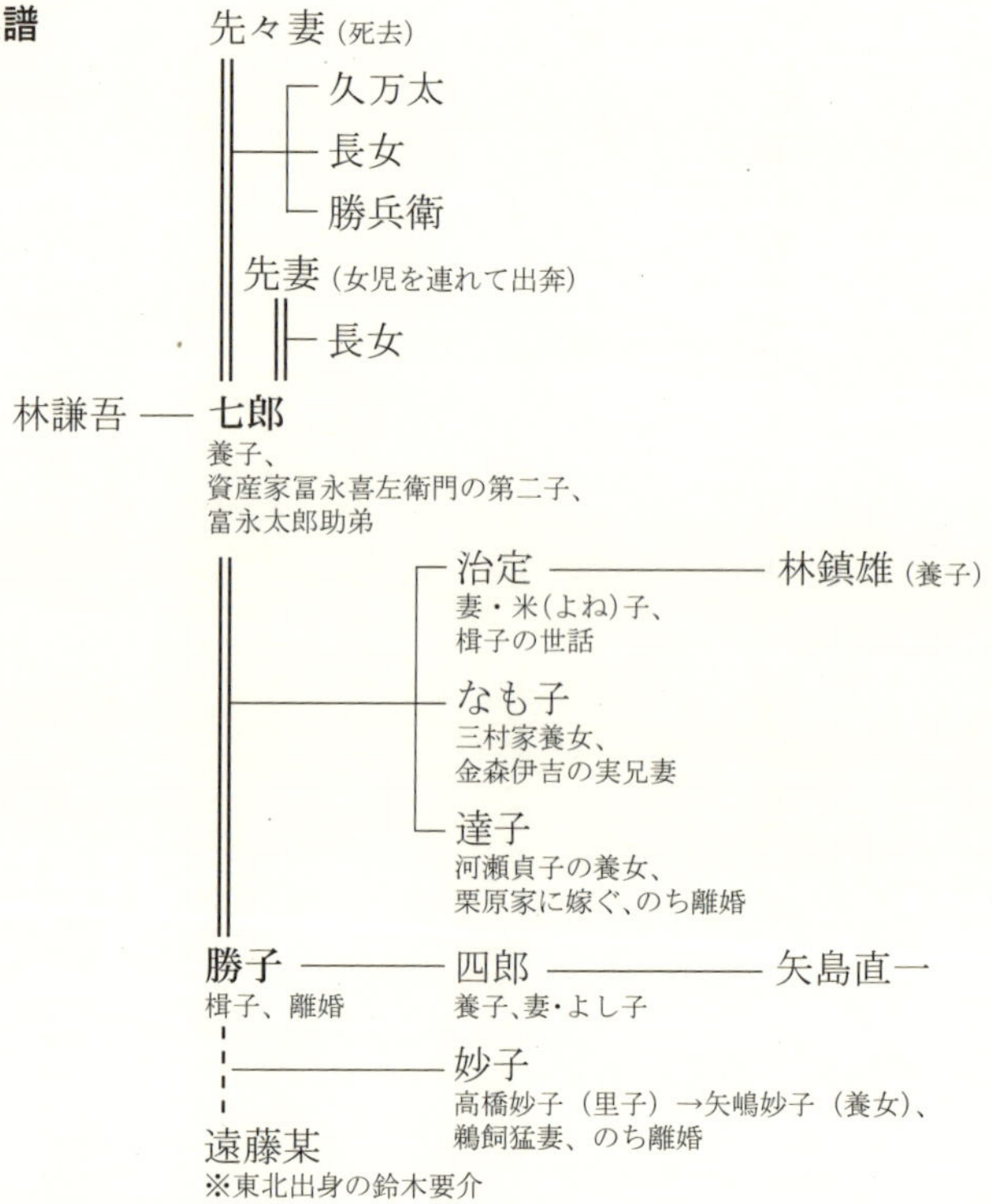

（『徳冨蘆花集』別巻「系譜」・三浦綾子『われ弱ければ・矢嶋楫子伝』・「林七郎関係文書」などより作成）

上益城郡沼山津郷中心に宛行《あてが》われ、六〇〇石から一〇〇石にわたる数家に分流（分家）した武家の家柄であり、津森村小谷《おやつ》に居住した林家は二五〇石取の「本格士分」でした。

また、林家は「得米」（余米・小作米）取りでもあり、「石一ツチョ（箇）、金一ツチョ」といわれた豪邸を新築する程の富裕な家柄で、その屋敷は今もそのままの風格を残しています。（写真参照）

一方、三浦綾子は『われ弱ければ・矢嶋楫子伝』の中で、林家について「確かに林七郎は二百五十石の武士（本格士分）であっても、いわば武士の株を金で買った人間」（寸志士分格、金納郷士）であったと記しています。いずれが正しいか、今後の林家に関する直接の古文書や資料の発見が不可欠です。

現在の林家

林家に関する松野氏と三浦氏の見解の違いは、林家は松野氏のいう「本格士分」であり、その出自は歴代細川藩主から上益城郡沼山津郷中心（現・益城町を含む）の「宛行状」をもらった知行高二五〇石の藩士出の家柄であり、その最終知行地域は小谷村や杉堂村などが中心であったと考えられます。

そして、林家は小谷村に居住した「有禄侍」で、近隣の貧窮百姓から数多くの「譲渡証文」（質地証文）を取り、土地の集積をした大富豪の家筋であったと考えられます。

このように在村でありながらも「有禄侍」であり、「本格士分株」を持っていましたので、肥後藩庁が作成した「町在」に記載される対象者ではありませんでした。即ち「町在」の制度は、武士身分以外から藩に「寸志」（金納を出させて、その見返りに「士分格」を寸志額の高下に応じて、当該ランクを与え、「在御家人（郷士）格」に任じるものでした。しかし、林謙吾は藩への寸志（金納）によって「士席浪人格」（寸志士分格一四段階中、上から四番目）を与えられています。林謙吾はすでに二五〇石取の「士分株」を持つ「有禄侍」の出自でしたから、わざわざ「寸志」によって「士分格」を必要とする必要はなく、あくまでも藩への資金援助的な行為であったのかもしれません。しかし、藩庁としては寸志制度の基準に従って、機械的に「士席浪人格」を与えた可能性があります。

三浦氏は「林七郎は二百五十石の武士（士分株）であっても、いわば武士の株を金で買った人間」、即ち「寸志士分格」との見解ですが、肥後藩の制度には「士分株」を売買するような例はなく、寸志制度そのものも石高（給米）を伴わない名誉的な「士分格」でした。おそらく三浦氏はこの両者の区別を十分理解していなかったのではないかと思われます。

2、「冨永七郎」の成育歴

二〇一六年、「林七郎関係文書」（永青文庫所収「町在」一九七四　慶応辰（四、明治元〔一八六八〕年）五月（熊本県立図書館コピー蔵））を見つけ出しました。その冒頭に、林七郎は慶応四（明治元〔一八六八〕）年五月の段階で四二・三歳であり、「林孫蔵支配の浪人」（無職）として「沼山津手永小谷《おやつ》村居住」と記されていました。

さらに七郎の出自について、「七郎方も同（小谷）村居住御留守居御番方席（寸志士分格一四段階中、上から二番目）冨永太郎助方隠居冨永喜左衛門方二男」であり、「此の十七・八か年（嘉永四・五〔一八五一・二〕年、七郎二五・六歳）以来、同村懸りの内荒瀬と申す所に家居取り建て、別宅」としていました。

冨永家七代の「太郎助方は、同手永（沼山津手永）にて先ず三番とは劣り申さぬ程の冨家」、即ち沼山津手永で三本の指に入る大富豪であり、七郎は「地方《じかた》（農地）等も相応に分け遣わされ候に付き、豊かに相暮らされ候由」と記されています。

そのような大富豪の冨永氏の家庭に生れた七郎の成育歴は容易に想像できます。父・喜左衛門の寵

冨永家系図

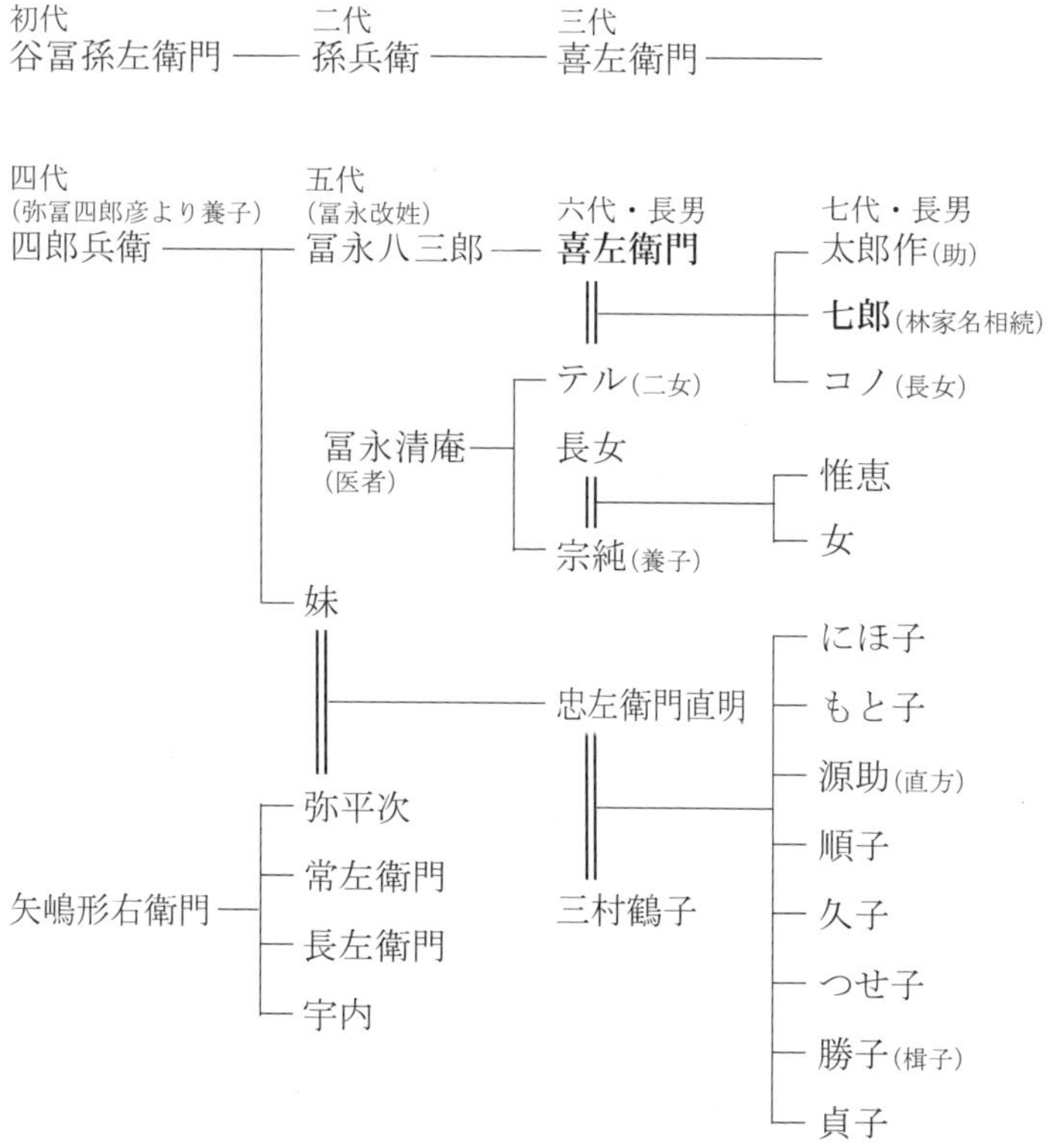

愛の下、わがままいっぱいに育ち、欲しいものは何でもすぐに手に入り、父母も家族もまた使用人たちなども七郎を自由奔放にさせていたので、一旦思うようにならないと、すぐに周りの者に高圧的また感情的になるばかりか、自己抑制ができずに暴発する性格であったと思われます。

一方、林家では重大な家名相続の問題が起こっていました。林謙吾は妻子が無く、このままでは「本格士分」（二五〇石取）、即ち「有禄侍」の林家が、自分の代で断絶することを非常に危惧していました。そこで近隣で昵懇の間柄であった、しかも家格も十分釣り合う冨永喜左衛門と長子・太郎助に相談して、次男で末子の七郎を養嗣子にもらいました。

「冨永七郎」は「十か年（安政五〔一八五八〕年、三三歳）以前」から、「士席浪人（寸志士分格一四段階中、上から四番目）林謙吾と申し為す人の養子」になり、「七郎方は家名相続迄にて、矢張小谷村に居住」し、「林七郎」と名乗っていました（「冨永家系図」参照）。

すでに「冨永七郎」時代、即ち家名相続以前には、先々妻（死去）との間に二男一女（久万太・長女・勝兵衛）を儲け、さらに「林七郎」時代、即ち家名相続後には、先妻（出奔）との間に一女が生まれていました。おそらく先々妻の二男一女は「冨永」姓から「林」姓にかわったと思われます。

先妻が女児を連れて出奔後、安政六（一八五九）年に七郎は勝子と結婚、一男二女（治定・なも子・達子）が生まれ、「林」姓を継ぐ男児がいました。このように七郎を養嗣子にしたことで、林家の家名を絶やさずに後世に残すという家名相続の目的は達せられたことになります（「林家系譜」参照）。

3、林七郎の人となり

勝子は、林七郎について、「私が嫁した林氏は、竹を割ったやうな、気品の高い、はでな人でした。横井さん（小楠）と兄との見立で選まれた人でした」と述懐しています。確かに七郎は学識・家柄・人品共に揃った人物でした。小楠門弟であり、その人となりは、気骨稜々足る昔気質の男で、西南戦争では小谷の農民一揆を抑えたと言われています。しかし、養嗣子に入った後の七郎は、「田舎大尽で一定の職もないから、酒が殆んど日毎の日課」でした。

三、矢嶋勝子の決意

1、結婚一〇年までの勝子

蘆花は『竹崎順子』の中で、その様子をつぎのように書いています。

渋柿のかつ子は大酒のみの林七郎を夫に持たされました。かつ子は當分神妙に女房の役を勤めました。濁酒もつくります。嫌ひな酒をも飲み習ふべく勉めます。然し追々我慢がしきれなくなりました。渋柿の渋味が出て来ます。反抗と侮蔑があらはれます。酒のみの夫は打擲をはじめます。かつ子は憤然として矢嶋の家に逃げ帰ります。林の家は同じ杉堂の眼鏡橋の西手にあって、橋を渡り城《じょう》が峰《みね》の岡一つ越れば、矢嶋の家は川向ふに見えて居ます。酔がさめ、機嫌が直った林は、かつ子を迎へによこします。果ては自身頭を掻き掻き迎へに来て、いやがるかつ子を連れ戻ります。また飲み、また打ち、また逃げ、また連れ戻り、父母の墓が其處から見下して居る城が峰の山路を、かつ子は何遍となく往復しました。

また、久布白落実は、『矢嶋楫子伝』の中で、同じ場面をつぎのように書いています。

> 彼女が二十五歳にして、兄の家を出て、終生の友とし、家とした林家では、已に二名の先妻の下に一つの家風を造って居た。林家は上士で格は上であり、當時家計も豊であり、何一つ不足と言ふものはないのであるが、矢嶋の家で繈褓《きょうほ》（むつぎ・うぶぎ・おむつの意で、嬰児）の時から見聞し、日常の生活とした勤勉・奉仕は何處にも見出されない。女徳を心得ぬ勝子ではない。然し人生に対する生活様式の根本的の相異は其心に満足を與ふべく、餘りにもかけ離れたものであった。柔く温き心をもって、其良人のただれし生涯を包み醫すには、勝子は餘りに渋が多い。理智が勝ち過ぎた。平らかに見る眼には、現在は餘りにも絶望である。愛し得ず、敬し得ぬ良人との生活は、林にも亦勝子にも死の生存であったらう。怠惰と放埒と自己本位の生活は、二十五年の彼女の過去が完全に否定する處のものであった。彼女は生活の本筋に帰る可く、その肯定し得ざる結婚生活を抛《なげう》った。

既述の通り、林七郎は「学識・家柄・人品共に揃った人物」で、勝子自らが言うような「竹を割ったやうな、気品の高い」が「はでな人」でもあり、また「気骨稜々足る昔気質の男」でした。

その林七郎も小楠の門弟であり、周りには縁戚筋にあたる矢嶋源助をはじめ徳富一敬・竹崎茶堂・河瀬典次ら錚々たる小楠門弟がいる中で、林七郎の酒乱には個人的な酒癖だけではなく、それなりに色々な原因があったのかもしれません。

三浦綾子は、七郎の酒乱の理由を、「おそらく二百五十石の位を金で買ったことへのうとましさが、あるいは劣等感が、白刃をふりまわす形に出たのでもあろうか」といっていますが、「冨永七郎」が家名相続で「林七郎」となったのを、「二百五十石の位を金で買った」と言ったのであれば、事実とは違っています。

前に引用・紹介した徳富蘆花や久布白落実の林七郎への人物評はあまりにも酷評に近く、この二人のような一刀両断の記述を判断材料にすれば、林七郎の人となりの評価は必ずしも正当な人物評とは言えないように思われます。少なくとも林七郎の生きた幕末・維新期という時代背景を加味して再考察する必要があります。

「林七郎之墓」(小谷墓地)

松野氏のいうように、七郎が「西南戦争で小谷の農民一揆を抑えた」(西南戦争直前の戸長征伐のことか)程の力を持っていた人物とすれば、明治五年の勝子との離縁の原因ばかりに終始するのではなく、その後の七郎の生き方を含めた本格的な研究と顕彰が不可欠と思います。
そんな経緯の上で、今一度、林七郎の酒乱の原因と勝子の「断髪」という「無言の離縁状」との関係を考察し直すことの必要性を感じています。すでに定着した酒乱のみを強調されたこれまでの林七郎像を見直す試みの一つとして、次の項目を設けてみました。さらに新たに発見した「林七郎関係文書」（「永青文庫」・「町在」一九七四（慶応辰〈四、明治元〔一八六八〕〉年五月）所収）によって、その原因の再考を試みる契機にしてみたいと思います。

2、林七郎の酒乱の原因

林七郎は「酒乱」が原因で、勝子と離婚することは明々白々ですが、その要因の発端は何であったのか、それは七郎が家名相続人となったことと大いに関係があるように思われます。前述したように、家名相続の最大の目的は林家の家名存続であり、後継者を生み育てる役目でした。その課題は先々妻や勝子の間に嫡男が誕生したことで解決、今日の林家に繋がることになりました。

ただ、その七郎が家名相続以外に何も期待されていなかったとしたら、七郎はどんな気持であったでしょうか。確かに林謙吾としては林家の存続に大満足であったでしょう。しかし、それに引き換え、七郎の毎日の生活は「田舎大尽で一定の職もなく、仕事もないから、酒が殆んど日毎の日課」でした。

そうであればあるほど、目的もなく何の張り合いもない、むしろ空虚で虚無のやるせない、しかも八方塞がりで、新しい活路や変化を見出せない生活が続き、日常的な「鬱」を強いられる状況にあったとすれば、誰でもごく自然に「酒」に心の癒しを求めてしまうことでしょう。まして七郎のように自己抑制のきかない「生得の酒徒」（上戸の酒飲み）であり、実家が造酒業であればなおさらのこと、束の間も酒気の絶えることがない酒浸りになるのは至極当然と思われます。

前述したような成育歴の七郎が、次第に「過酒」に及ぶようになり、始めは『稜目』(目くじら)を立てる程のことではなかったのですが、やがて家族の者たちなどはいつも持て余し、心を痛めて追々「風諫」(諷諫、遠廻しに諫めること)しても、全く聞き入れなくなっていました。

そして「過酒」によって酒乱状態となり、先々妻・先妻、そして妻・勝子への暴力行為、他人・知人への打擲、さらには抜刀に及ぶなどの「失」(失態)を引き起こすようになっていったことは十分想像できます。

勝子はこんな七郎の「過酒」と酒乱の繰り返しに、「我れと我身を鞭って、幾度この良人とこの家とに善処すべく試み」ました。夫・七郎の酒乱にも必死に耐えましたが、ついに耐え切れずに、再三実家へ逃げ帰りました。その都度林家からは迎えにくる、そんな一〇年間でした。

そんな七郎が、妻・勝子にどんな思いを懐いていたのか、その正直な心情を窺わせる記述が、前掲の「林七郎関係文書」の中で、つぎのように詳述されています。

七郎は勝子から「断髪」の「無言の離縁状」を突きつけられ、一人身になっていました。

重畳の「酒障り」が続く限り、「妻女帰られざる様」、即ち妻・勝子が実家から帰ってこないことを承知しながらも「過酒」は進んでいきました。このように「彼是積り」(あれやこれや積り積って)、「気差し詰まり」(一つも気が晴れないで)「鬱」状況の日々が続いていました。

御知行対席の杉村才八に育てられた叔父・杉村三郎や同村居住の勘解由殿家来の山辺善蔵が七郎宅で飲んでいた時、「眼色も穏ならざる様子」の七郎が、三郎に「昨夜より私事を色々と唄に歌い、門前を通り候者」がいて、「下女・下男共を種々悪口」をいう中で、七郎が「早」と名づけた飼い犬に「此の家は頓と滅亡に及び候間、早々脇方へ行け」などという者もいたと「無束事《つかない》」を言い出しました。

三郎は七郎の事を左様にいう者はあるまいと、気を反らすように程能く慰めましたが、しかし仮に聞き違いであっても、「此の家は頓と滅亡に及び」云々は林家の家名相続人として、大役を果たしたと自負していた七郎には決して許せない侮蔑的な一言でした。

三郎がある日、七郎に「妻女迎え」の話を始めますと、七郎は勝子を「重畳気に協《かな》（とても気に入っていたの意）った妻女」と言い、その「妻女居られず」、即ち勝子が実家に帰ってしまったので「別けて過酒」になったと語っていました。

再び三郎から「後々妻」はまだかと尋ねられた七郎は「未だ以て席これ無き」と答えました。「夫よりは黙然として天井を白眼詰め」、即ち黙り込んで、冷淡な目つきで、じっと天井を凝視していました。三郎は「弥よ以て異な事」と感じ取り、七郎の気が晴れるような咄を「仕懸け」ましたが、受け答えもなく、ついに放心状態になり、その場にいた遊び人の清次郎を殺傷する事件を引き起してしまいました。

3、「破鏡」（離縁）

林七郎には、以上のように精神的にも非常に過酷な日常的「鬱」状態にありました。これが先々妻・先妻や勝子への暴力的行為の主要な原因であったことは十分考えられます。しかし、それだけであったはずがありません。個人的にはつぎのように推測しています。

大富豪の冨永喜左衛門の次男（末子）として生まれた七郎は、おそらく何不自由ないわがままな生活をおくる中で、彼自身に自己中心的であるばかりでなく、かつ男尊女卑的な「昔気質」がすでに血肉化していたことも大きな起因であったと考えています。

確かに七郎にとって、勝子は「重畳気に協《かな》った妻女」でしたが、勝子はまた「理智が勝ち過ぎた」女性であったことも確かでした。それが論理的に冷静に対応できない七郎の夫としての威厳を著しく傷つけたことも考えられます。

七郎は夫の威厳を守ろうとする手段として、高圧的・暴力的・恫喝的な行為しか持ち合わせていなかったのではないか。それが逆に理知的な勝子の「女性としての自尊心」を著しくかつ容赦なく傷つけ、勝子がますます頑なになったとしても不思議ではありません。

その背景には、特に尊敬する兄・源助（当時三四歳）の行動がありました。兄・源助を身近に見てきた勝子には、七郎のような女性蔑視の行動は初めての経験であり、これまで考えられないことでした。矢嶋家の家庭では、すでに当り前とされていた女性にも人間として尊重されるものを体験していたのに、一方的に、しかも暴力的に勝子の人としての権利を剥奪することは絶対に許されないことでした。ついに勝子の不服従の心に火が着いたのです。

勝子は三人目の達子を出産した後、無理を重ねてほとんど失明の状態でした。その病状はそのまま辛抱の限界でした。これ以上「愛し得ず、敬し得ぬ良人との生活は、林にも亦勝子にも死の生存」、即ち勝子は夫・七郎ばかりでなく、自らの身の破滅になると考えたのです。

勝子は、自分が破滅すれば、同時に子供らも破滅するし、夫も救えないと思ったばかりでなく、人生の無駄でしかないと思い、「無駄は何事でも罪、（中略）愚な事を為すは天理ではない。孔孟の教へが何と言はうとも、女大学が何と教へやうとも、自身此処に止って犬死するのは天理ではない」との思いが高揚する中で、ついに「離籍」（離縁）を決意したのです。

林家の迎えに、勝子は「断髪」による「無言の離縁状」を叩き付けました。矢嶋家のあった杉堂村や七郎のいた小谷村、近隣の津森村の住人たちは、こぞって勝子を白い目で見、盛んに勝子の行動を反社会的と非難したことでしょう。しかし、兄・源助と姉・久子は、勝子の行為に理解を示し、名付け親の順子は心底から勝子を心配していました。

勝子の「断髪」による「無言の離縁状」について、高野白哀はその著『肥後女性鑑』（熊本市立女学校一九四一年）で、「これは普通の離婚とは違って、自身では『妻たるの務を辞職した』と言ってゐられた」と記し、あたかも楫子本人から直接聞いたような書き方ですが、その真偽の程はわかりません。ただこの文言からすると、後日勝子自身が自らの「離籍」（離縁）の行動を「良妻」に徹し得なかったことへの反省とも受け取れます。

4、勝子の流浪生活五ヵ年

『矢嶋楫子伝』によれば、「離籍」（離縁）後の勝子は、乳飲み子の達子一人を抱え、明治元（一八六八）年に杉堂の兄・源助（直方）の実家に帰りました。それに対して「妹を了解し尽してゐた兄は別に何ともいはなかった。そして徐ろに其途をつけた。横島（竹崎律次郎後妻、三女・順子、気立ても素直な性格）の一ケ年、水俣（徳富一敬妻、四女・久子、大まかでお転婆）の一ケ年、其後あちこちに往復して、三村の姉（三村傳妻、長女・にほ子、やさしい性格）の許に、藤嶋家（藤嶋又八後妻、次女・もと子、烈しい気象）に、横井家（横井小楠後妻、六女・つせ子、怜悧で気が利く性格）に轉々として、最後には再び杉堂（長男直方、気宇快豁・豪放果断の性格）で寺小屋（ママ、寺子屋）の師匠を為し、凡らゆる流浪の生活をつづけて居る内に、さしもの眼も幾分か癒え、身體も精力も恢復して来た」と記しています

久布白落実は、離縁後の勝子について、その五年間五人の姉たちの家庭を巡ったことしか書いていませんが、三浦綾子は、その著『われ弱ければ・矢嶋楫子伝』の中で「三十五歳から四十歳までは、わが子達子とともに、姉たちの家々仕え女のように黙々と働いてきた」と書いています。五人の姉たちの勝子親子への待遇はどうだったのでしょうか。なお、前掲の引用文の（　）内は、徳冨蘆花著『竹崎順子』から各人の性格を紹介したものです。

四、勝子の上京（明治五年、三九歳）

1、勝子から「楫子」へ

蘆花は『竹崎順子』で、「離籍」（離縁）後の勝子の心境を「もと子・つせ子の外、兄も姉達も妹（河瀬典次妻、七女・貞子）も、維新の気運に乗じて、何れも相応の活躍をして居るを遠目に見つゝ、此まゝ寺子屋師匠で一生朽ちさうな境遇の威嚇に対して、かつ子の反抗心はむらむらと燃えて来ました。われから林

長崎港の矢嶋先生

『矢嶋楫子伝』挿入画

（林七郎）を見限って家庭生活を否定した彼女は、われと我が新しい進路を開拓せねばなりません」と記しています。

勝子の兄・源助（明治になって直方と改名）は横井小楠第一門弟で、「小楠実学」の学問的薫陶は完全に血肉化していました。明治二（一八六九）年一月五日の小楠暗殺後、直方（源助）は明治政府により東京に召し出され「土木大丞」に任じられました。そして堺県令・税所《さいしょ》篤の時には「権参事官」、ついで「左院議官」、その後福岡県知事・渡辺清の時「大参事官」となっています。

その兄・直方（源助）の病気の報が来た時、勝子は里親（子どものいなかった河瀬典次・貞子夫婦説あり）に預けた達子のことを姉たちに頼み、兄の看病のために上京することになりました。久布白落実は、『矢嶋楫子伝』の第一編「熊本に於ける三十九年間」を「出立と改名」で締め括り、つぎのように記しています。

いよいよ出立ときまって出かけたのは、明治五（一八七二）年の始めである。女の一人旅は危険とて一切無用の金を持たず、着物も二枚を一枚に仕立て、帯も芯に一本（別の帯）縫込むと言った風で、身輕本位に仕度して、愈々出ることゝなった。當時長崎縣知事となって赴任するといふ宮川（小源太、房之。横井小楠門弟、小楠四天王の一人で「勇」と称される）といふ人と同行することゝなった。

百貫石港（現・熊本市西区）から船出するといふので、一同は徒歩で、勝子は駕籠で家を出た。一行は夕刻まで百貫石港の舟宿で別れを惜しみ、夕刻船は順風に帆を上げて進み、恙なく長崎港に入った。宿に上って一と休み、東（東京）へ上る舟を待つ間、一夕勝子は宿を出て、桟橋から港の景色を眺めて居た。

隙間なく立ち並ぶ帆と船とを見て居るうち、彼女はふと思ひ當った。自分の過去は已に四十に垂んとして、何等これと言ふ可きものはない。残せし歴史はたゞ失敗のそれ（林七郎との離縁）である。これより新に更生して新生活を築かねばならぬ。

この多くの大船を動かすは、それは楫である。自分も今後この楫を以って、我が生活の羅針としよう。兎つおいつ（あれやこれやと思い迷うこと）自身に問ひ自身に答へて、勝子は名を其時限り楫子と變へたのであった。

また、蘆花は『竹崎順子』で、「東京の兄矢嶋が病気の報が来たので、かつ子は進んで介抱に上ることとなり、たつ子を託して単身東京に向ひいました。三九歳のかつ子は、長崎から汽船に乗る時、新しい生涯の門出を自ら祝して、姉順子がつけた名の勝子、訛ってかち子を楫子と改めました」と記しています。「楫子」改名の経緯、即ち「かつ（勝）子」→「かち子」→「楫子」と、その訛りに依拠していたことは興味深い話です。

2、小学校教師資格取得

このような経過と状況の下で、矢嶋勝子（以後、楫子と称す）の後半生はスタートしました。明治五（一八七二）年の初め、三九歳の楫子は兄・直方（源助）の看病のために単身上京します。直方（源助）は神田区裏猿楽町の八〇〇坪もある大屋敷に住んでいました。

ここには食客（寄食人、居候）と書生（他人の家に世話になり、家事を手伝いながら学問をする者）と女中（他人の家に住み込んで炊事・掃除などの用をする女性）らが住み、外出がちな直方（源助）の留守には自由勝手に振る舞っていました。

その中には食客として、米国で心霊界の医師となった大久保真次郎（宣教師、徳富音羽子の夫、久布白落実の父）がいました。また、当時の山田武甫邸には北里柴三郎（熊本県小国町出身、破傷風菌の純粋培養、血清療法の創始者）が食客となっていました。

半年も経たないうちに、兄・直方（源助）の病状は快復しましたが、直方の放漫なやり方が祟って、多くの借金を背負っていました。楫子は書生たちに買物方・掃除方・炊事方などの家内の仕事を分担させ、女中たちはすべて辞めさせてしまい、三ヵ年程のうちに当時の金で「壱千円」もの負債を皆済してしまいました。

明治四（一八七一）年七月に文部省が設置され、同五年五月には旧昌平黌内に教員養成のための「小学校教員伝習所」（小学師範学校）を設け、九月に授業が開始されました。その間、八月には文部省から「学事奨励に関する被仰出書」（学制発布）が布告され、「必ず邑に不学の戸なく、家に不学の人なからしめん」

ことを期すとして、「国民皆学」の政策をスタートさせ、九月には「小学教則」・「中学教則」を制定、そして翌六年七月には「東京師範学校」と改称、同七年三月に「東京女子師範学校」（翌八年一一月開校）が創設されました（国民教育研究所編『近代日本教育小史』〔草土文化　一九七九年〕、『目で見る教育のあゆみ』〔文部省　一九六七年〕）。

楫子は同五年の暮れ、国許の妹・河瀬貞子宛に、この秋から自分の勉強に取り掛かったと書き送っています。そして楫子は「四十がらみの精力に満ちた姿で、毎日傳習所に通ひ始め」たのは、出来たばかりの小学校教員伝習所で、一年間で小学校の教員免許を取得しました。

その直後「固より漢学の素養は豊富であり、手蹟も美事であり、年恰好も不足なく、兄は當時政府の高官であったから、楫子は直ちに教員として採用され、初俸五円を受くる身となった。當時の五円は可なり破格なものだった」（『矢嶋楫子伝』）ようです。楫子は明治六（一八七三）年、芝の桜川町にある桜川小学校で初任の教員となり、五年間奉職することになりました。

五、楫子、「原罪」を背負う

1、初めての恋愛感情と「不義」

楫子は明治五（一八七二）年の初めに上京すると、兄・直方（源助）の書生で東北出身の鈴木要介（系譜では遠藤某）と出会い、お互いに愛するようになりました。林七郎との一〇年間の結婚生活は、酒乱による暴力に怯え、男女の性愛は強制されたものであったと思われます。

おそらく四〇代になって、楫子は妻子ある書生・鈴木（遠藤）との間に、生まれて初めての恋愛感情が生じ、楫子自身も本当に人を愛する女心で身も心も許したと思われます。楫子にとって初めて自分の意志での愛の成就でした。

自尊心の強い楫子にとって、従来の「強制された性愛」は「自分を失うばかりか、女性の人権としての性愛を失う」ことであり、それから本当に解放されることが「自分らしく生きる」という再出発の覚悟であったのかもしれません。

年齢的にも理性的にも分別のある年齢に達していた楫子でした。当然、この行為が決して許されるものではなかったことは、楫子自身が一番よくわかっていたはずでしたが、それに勝る鈴木（遠藤）への愛情は、楫子の理性と冷静さを以ってしても御しきれませんでした。

楫子は妊娠し、妙子を出産します。単なる過ちかそれとも過去の自分との決別か、どう判断すればよいのでしょうか。三浦綾子は、この時期を楫子（四三歳）が兄・直方（源助）の屋敷を出て下宿する明治九（一八七六）年頃と推測しています（『われ弱ければ・矢嶋楫子伝』）。そうであれば、楫子と鈴木（遠藤）の恋愛関係は少なくとも五年間は続き、単なる戯れの「不義」ではなく、真剣なものであったと言えましょう。

楫子は自らの意志で、アダムとイブ以来の人間本来の「原罪」を背負ってしまいました。楫子は将来にわたって、この行為と結果に対する罪の大きさに悔悟の念もあって、終始沈黙し続けました。いやむしろ沈黙し通そうと決意しました。しかし、この沈黙こそが、楫子が生涯もがき続ける「原罪」の証でした。

2、甥の蘇峰・蘆花の追及

しかし、甥の徳富蘇峰や徳冨蘆花は、叔母・楫子の「原罪」をあくまでも道ならぬ過ち（不義）として、執拗に追及の手を緩めませんでした。むしろさらに強めたとも言えます。明治一二（一八七九）年は楫子四六歳、蘇峰一七歳でした。蘇峰は明治九（一八七六）年に受洗し、一三（一八八〇）年には辞めています。この当時、蘇峰はキリスト者でした。弟の蘆花は一二歳で、受洗したのは明治一八（一八八五）年でしたので、まだキリスト者ではありませんでした。

いつも意見の対立する蘇峰と蘆花でしたが、この楫子の行為を「不義」（不倫）と決めつけました。両者の視点は「キリスト者的寛容」ではなく、完全に「儒教的な価値観」に依拠したものでした。

①蘇峰の場合

明治一二（一八七九）年、楫子は一一月九日に築地新栄教会でタムソン博士より受洗しました。その真意は、自らの「不義」に対する「懺悔」と「贖罪」であったと思われます。受洗した楫子は漸く心の平安を得て、上京後七年目にして、兄の源助の病気見舞いがてら、その報告を兼ねて、初めて熊本に帰省しました。そして帰京後、楫子はまだ少年と思っていた甥・猪一郎（蘇峰）から初めてもらった手紙が、叔母の楫子を糾弾する内容であったことに大きな衝撃を受けました。

蘇峰の糾弾内容は五点あり、そのうちの二点が、㈠楫子が生みの子を二人置いて林家を去ったこと、㈡妻子ある者の子を生んだことでした。蘇峰はこの二点に、激しい憤りを感じて、人と神の前にその罪を告白すべしと迫っています。

また、明治一二年の蘇峰は、新島襄の紹介で「七一雑報」の編集助手となり、すぐ退社した時期で、熊本にいなかったはずです。その蘇峰がどのようにして叔母・楫子の受洗や前述の殊に㈡のことを知ったのか、あるいは母・久子か姉・初子から聞いたのかもしれませんが…。

その後の叔母・楫子への糾弾は、楫子の渡英・二度目の渡米に際し、完全に飛散してしまっています。むしろ甥として叔母の楫子を必要以上に気遣う様子だけが目立ちます。一時的にしろ、叔母と甥・蘇峰の間には非常に平穏な状況にあったことは確かでした。

そんな蘇峰が、大正一四（一九二五）年六月二六日、青山会館での矢嶋楫子告別式における演説（弔辞）は掌を返したような内容で、楫子について、つぎのように述べています。

明治五年上京後間もなく東京府の教員傳習所に入り、小学校教員となりました。此から明治十二年十一月、築地新栄教會にて受洗するまでは、先生（楫子）の一生中私は餘り多く語るを好みませぬ。而して先生も亦多くを語らるゝを好まぬであらう。云はゞ此期間は先生に取りて、其向上の進路を尋ねて岐路に彷徨した時代であります。即ち運命に翻弄せられた時代であります（『矢嶋楫子伝』）。

蘇峰の弔辞では、後掲の蘆花と違って、叔母・楫子に「懺悔」を強いるような言葉はありませんが、蘇峰は自分も語りたくないし、叔母も語られたくないだろうといっていることは、言うまでもなく叔母・楫子の「不義」による懐妊・出産を指していることは間違いありません。それはすでに前の明治一二年の手紙から四六年、約半世紀も経っての蘇峰自身でした。

②蘆花の場合

徳冨蘆花夫妻は、大正一二（一九二三）年七月二四日、当時九〇歳の叔母・楫子を見舞った時、執拗に「懺悔」を迫っています。あの『竹崎順子』を書いた蘆花と同一人物とは思えない激しさです。久布白はその後、楫子の告白に立ち会い、二人は泣きながら口述筆記をしたといいます。三浦綾子は、つぎのようにその経緯を書いています。

楫子は「言うのは苦しい。命がけの仕事です。しかしあなたがしてくれるならありがたい」と言った。久布白は、楫子に口述通りにこのまま書いてもよいかと念を押すと、楫子は「事実を曲げることはできません」と毅然として答えた。

口述筆記が終わって、楫子は「ありがとう。わたしも苦しんで、泣き沈んで、生きておられぬと思ったことも数知れませぬ。しかし苦しみはもういい。今は只感謝です。只一條（ひとすじ）に、馴れぬ道ながら救いの道を辿りました」と言った。しかし久布白はその内容を、ついに楫子の生前には公表しなかった（『われ弱ければ・矢嶋楫子伝』）。

徳冨蘆花は、楫子の死の直後、「東京朝日」・『婦人公論』に「二つの秘密を残して死んだ叔母の霊前に捧ぐ」を掲載しています。その中で「叔母は二つの秘密を持っていながら、完全なもののように戦いました。教えました」とか、「林を捨てて一度、妻ある男の女に母となって二度、叔母は気の毒ながら罪をつくった」と書いています。この二点は一七歳時の蘇峰の追及と一致しています。

3、三浦綾子の反論

以上のような二甥・蘇峰、蘆花兄弟の榀子への「懺悔」の強要について、キリスト者の三浦綾子は、『われ弱ければ・矢嶋楫子伝』の中に、わざわざ「反発」の章を立て、両人との対決の姿勢と意志を露わにしていることはすでに述べた通りです。

この「反発」は、楫子に名を借りた三浦自身の「反発」であると見てよいでしょう。その詳しい内容は三浦綾子著にある「反発」に譲ることにして、ここでは三浦の蘇峰と蘆花に対する批判の真意を汲んでおきましょう。

まず、蘇峰が楫子への告別式で三〇〇〇人の会葬者を前に読んだ弔辞に、ふさわしからぬ言葉が散見することに言及しています。

むろん蘇峰は、楫子の讃《ほ》むべきところを讃めてはいる。身内としての心安さということもあったかもしれない。…楫子を「先生」として弔辞を読んだわけであるから、もう少し場所をわきまえるべきではなかったか。かりそめにも、「幼少のころから叔母は嫌いであった」などとは言うべきではなかった。その嫌いな叔母への、嫌悪の情が下敷きとなって述べられたこの弔辞を思う時、私は蘇峰・蘆花兄弟の楫子に対する感情に、異常なものを感じないではいられない。…楫子への嫉妬を見るのである。

ついで蘆花が公表した「二つの秘密を残して死んだ叔母の霊前に捧ぐ」についても言及しています。

蘆花はこの文を発表して、大いに社会の反発を買ったわけだが、何十年も前の若き日に犯した過失を、かくも執拗に告白せよと迫られては、矢嶋楫子もどんなに迷惑に思ったことだろう。生存中はおろか、死んだあとまで責められているわけだ。私には、楫子の犯した罪よりも、蘆花のこの執念深さのほうが、むしろ罪深く思われてならない。なにかどろどろした男の嫉妬といったものを感じさせられる。

そして三浦は、憶測にすぎないとしながら、「蘆花にこの文章を書かせたものは、二つの嫉妬に発している」と言います。その一つは兄・蘇峰への嫉妬で、楫子の葬式の日、三〇〇〇人の参会者の前で弔文を読んだこと、蘇峰が楫子の秘密にふれなかったことでした。もう一つは矢嶋楫子の名声への嫉妬で、女子学院の初代院長であったこと、日本基督教婦人矯風会の初代会頭であったことに対してであったと分析しています。

確かにキリスト教の「姦淫」を認めない教義からすれば、二人が叔母・楫子の「不義」を執拗に追及するだけの理由はすぐに見つけられます。しかし同時に、キリスト教には人間の「原罪」は神の「贖罪」で許されるという寛容さと優しさも同様に認めています。

一時期なりともキリスト者であった蘇峰・蘆花兄弟は、何故に叔母・楫子の行為に対して、イエス・キリストのような「贖罪」的な心を持ち合わせていなかったのか。三浦が指摘するように、その根底に「叔母楫子への嫉妬」があったことは間違いないでしょうが、それだけが原因とは思われません。

4、楫子の「懺悔」と「救ひの道」（「贖罪」）

本書では矢嶋家の女性たちの結婚も重要な視点にしています。これまで見て来た「矢嶋四賢婦人」の結婚には、結論からいえば所謂「恋愛」的な感情が存在していたかどうか疑問です。母・鶴子も竹崎順子も徳富久子もいずれも両親の意向が大きかったし、横井小楠と結婚したつせ子は、両親ではなく兄姉たちの強い勧めがあり、つせ子は個人的に抗しながらも、ついに妥協しています。勝子の場合も例外ではありませんでした。

このような時代的背景と周辺および身内の結婚観が当然正しいとされている中で、彼女たちがその制約の中で苦悩し続けたことは確かです。ただ楫子一人がそのタブーを「離縁」と「不義」という形で打ち破ったことになります。

矢嶋家や徳富家あるいは矢嶋家の縁戚筋にとっては勿論、また当時の肥後・熊本という地域性からしても、楫子の行動はまったく予期せぬ「青天の霹靂」であったし、決して許されない女の悪徳的な行為であったのかもしれません。その行為と結果が如何に罪深いものかは、誰よりも楫子自身が一番よく知っていました。楫子は自らの行為で、キリスト教における「原罪」(神命に背いて犯した人類最初の罪)としての「不義」(姦淫、不倫な情事)を確実に背負ってしまいました。

楫子はキリストの「贖罪」(自らではあがなうことのできない人間の罪を、神の子であり、人となったキリストが十字架の死によってあがない、神と人との和解を果したとする。和解。赦し)を本気で考え、本気で向き合い、「覚束なくも救ひの道」(不安ながらも救いの道)、即ちキリスト教信仰に向う契機となり、そこに「救ひの道」を見出そうとした「懺悔」の決意で、翌一二(一八七九)年、四六歳の楫子は一一月九日に築地新栄教会にてタムソン博士より受洗しています。そういう意味で、楫子の受洗は最初から「懺悔」するためであったと言えましょう。そこから楫子の後半生のすべてが始まったことも事実です。

六、楫子の後半生—「矢嶋楫子」としての「第二の人生」

矢嶋楫子の後半生こそが楫子の人生における真骨頂期であったことは言うまでもありません。前掲の久布白落実著『矢嶋楫子伝』、三浦綾子著『われ弱ければ・矢嶋楫子伝』などの複数の著作は、いずれもこの後半生に力点が置かれています。詳細は一読してください。

楫子の後半生での二大事業は「女子学院」と「日本基督教婦人矯風会」でした。久布白落実は、『矢嶋楫子伝』の中で、楫子の「原罪」については終始ぼかし続けましたが、その代わりに女子学院院長としての教育者・経営者の手腕や日本基督教婦人矯風会会頭として、婦人解放あるいは社会運動家としてのエネルギッシュな行動に多くの頁数を費やしています。

1、天の父への憧れ

久布白落実が「暗黒時代中」と表現した明治五（一八七二）年一月の上京以来、同一二（一八七九）年一一月に受洗するまでの間、楫子の脳裏や心に、具体的にイエス・キリストの「博愛」が意識されていたかどうかはわかりませんが、楫子には「三つの悶え」がありました。一つは酒の問題、二つは女性としてのうちなる人の問題、三つ目は心の悶えです。

一つ目は、すでに前夫・林七郎の酒乱による暴力を体験した被害者当人としての問題でした。桜川小学校や新栄女学校の生徒の親たちの中にも、多くの飲酒家・大酒家がいて、すでに習慣化し止められなくなっていて、子供たちはその被害者となっていました。楫子は「習慣は改め得ないものであらうか」との疑問を持っていました。この悶えが後述する「婦人矯風会」創設への発端となりました。

二つ目は、久布白落実が言及を避け、ぼかし続けた楫子の「不義」（落実は『廃娼ひとすじ』では「失策」の語を使う）の問題でした。

三つ目は、横井小楠が常に口にしていた無形の「天」、熱と光とを持たぬ「天理」への疑問でした。直接の契機となったのは、楫子が教える『小学読本』にある「神は宇宙の主宰にして、人は萬物の霊長なり」の文言の中にある「神」とは誰であるのかという悶えでした。やがて受洗してキリスト者となる楫子の最初のイエス・キリストへの発問でした。

2、「桜井女学校校長代理」

明治九（一八七六）年、原胤昭（東京第一長老教会）はカルゾス（カロゾルス）夫人の女学校の閉鎖を惜しんで引き継ぎ、その経営をマダム・ツルー（一八四〇～一八九六）に一任していました。また、明治七（一八七四）年にタムソン博士に洗礼を受けていた桜井チカ子（一八五五～一九二八）は、二三歳の明治九（一八七六）年に、夫と共に麹町区中六番町に一軒の家を五円で賃借し、ほぼ独力で数名の女学生を集め、一〇月二四日に「桜井女学校」を開校しました。

しかし、桜井女学校は、明治一二（一八七九）年五月には学校経営が不振になり、長老派婦人宣教師らの経済的援助を受けることになりました。チカ子は楫子に桜井女学校を引き受けるように懇願しました。その条件はチカ子の桜井女学校への愛着もあって、楫子の肩書は「桜井女学校校長代理」であり、あくまでも桜井チカ子が桜井女学校校長でありましたので、楫子は頑なに断り続けました。

しかし一三年、マダム・ツルーは桜井女学校の経営を引き受け、さらに桜井女学校の新校舎を麹町区中六番町二八番地に建築しました。マダム・ツルーが桜井女学校の財政面を引き受けたことで、楫子は桜井女学校校長代理を承諾、またその際、チカ子に「職務について一切干渉を受けない」ことを認めさせました。楫子は実質上の桜井女学校校長を引き受け、この時から次女の達子を呼び寄せ、一緒に生活を始めました。

楫子母子は築地より麹町に転居し、同一六（一八八三）年には当時五〇歳の楫子は正式な桜井女学校校長代理となり、その寄宿舎で兄・源助の息子・四郎（九歳）、達子（一七歳）、妙子（八歳）の四人暮らしの生活を始めました。

七、初代「女子学院」院長

矢嶋楫子が桜井女学校校長代理として、その職務に営々努力していた明治一九（一八八六）年、アメリカの万国婦人禁酒会遊説委員レビット夫人が来日しました。これを契機に一二月六日「東京基督教婦人矯風会」が創立され、楫子は会長となりました。

同二二（一八八九）年二月一一日、「大日本帝国憲法」が発布されました。同年、婦人矯風会は活動の一環として、桜井女学校に子守学校（修業一年、週三時間、月謝不要）を設置・発足させています。

1、「女子学院」創立とその背景

明治二三（一八九〇）年四月、楫子は桜井女学校と新栄女学校を合併して「女子学院」（校名変更は九月九日）を創立、楫子（五七歳）は女子学院初代院長に就任、大正三（一九一四）年に八一歳で退職するまで二四年間院長を勤め、その後名誉院長に就任しました。

開校一〇年後の明治三二（一八九九）年六月二五日発行の『風俗画報』には、「女子学院は新栄女学校と桜井女学校との合同より成りたるものなり。生徒教養の目的は善良なる家族をなすに足るべき智徳を具ふる女子を養成し、併て普通学教員たる検定を経て資格を得るの準備をなすに在り。故に基督教主義を以て、家事経済児童教育等の良法を習熟せしむといふ」（女子学院史編纂委員会編『女子学院の歴史』女子学院　一九八五年）と紹介しています。

大正 11 年頃の女子学院（女子学院パンフレット）

明治政府は大日本帝国憲法制定の翌年である二三年一一月二五日には第一回帝国議会を開き、立憲国家の体裁を整えて近代国家になろうと始動した時期で、この新国家体制の世情は女子学院の校風に少なからず影響を与えました。

また、楫子自身が会頭を務める東京基督教婦人矯風会の運動目的は、校長の女子学院の教育方針にも大きな影響を与えました。女子学院自体が東京基督教婦人矯風会の受け皿であったし、両者をはっきりと分別できない所もあり、ほぼ同時に併進しています。

『矢嶋楫子伝』の「女子学院と矯風会」には、その間の事情を「女子学院と矯風会とは、先生の懐の中に當時乳兄弟の如く育くまれ来った。否寧ろ矯風会は女子学院の家に先生の懐子として育てられつゝあった。明治十九年以来、『此子生れて此處に家在らん事を願ふ』とて矯風会も其家のために、幾何の金は用意されたとは云ひながら、独立で家をなすといふ事は容易でなかった」と記しています。

さらに「明治十九年以来、二十九年、三十九年と、先生が始めて矯風会を代表して萬國大会に出席し、同時に始めて有給の書記が定められたまでの二十ケ年間は、女子学院校長室の一隅は矯風会の唯一の事務所であり、先生の室の机の一つは矯風会の事務一切を取運ぶ唯一の帰館であった」と記しています。

2、女子学院の「慰問袋」作り

楫子は明治二三（一八九〇）年四月以来、初代女子学院院長でしたが、同時に同一九（一八八六）年に結成した東京基督教婦人矯風会は、同二六（一八九三）年四月には「日本基督教婦人矯風会」に発展、楫子はその会頭の地位にあり、この一人二役の重責を担って行くことになります。

明治二七（一八九四）年八月に日清戦争が始まると、楫子の発案で矯風会は直ちに出征兵士を慰問しました。また、同三七（一九〇四）年二月に日露戦争が始まると、その四月、矯風会内に「軍人部」を設け、戦地にある兵士を慰問するための贈物（慰問袋）を始めました。

『矢嶋楫子伝』には、その「慰問袋」について最初はその名はまちまちで、「慰め袋」「便利袋」、また「軍人袋」という者がいたが、「婦人新報」主筆・山田弥彦の「慰問袋」に統一された経緯が記されています。

楫子は当時、日本基督教婦人矯風会の軍人課長・清水富貴子と共に、慰問袋の作製・募集・発送に全力を尽くしました。別に矯風会の事務所がなかったので女子学院内で行なわれ、学院内外の教師・学生や矯風会員たちが総掛かりで取り組みました。

各地からの小包の中味には、煙草や芸妓の写真まで入れてあったので、その中味全部を一つ一つ改め、代わりに聖書や小冊子・タオル・針・糸・はがき・絆創膏・手帳・梅干などに入れ替えました。その数は六万個もあって、数百の箱に詰め、何十台もの車で運びました。この取り組みは非常な好評を博し、戦地から縷々感謝状が来ました。

この慰問袋の詰め替えには、キリスト者としての楫子の思惑がありました。それは慰問袋の中に戦線で死と向き合う兵士たちに公然と「聖書」を送れることでした。慰問袋を送る行動そのものが、矯風会のキリスト教の布教活動のひとつととらえていたのでした。

『女子学院の歴史』によると、楫子には日清戦争・北清事変を通して、キリスト教界の戦争協力体制を組織化する考えがありました。特に、日露戦争では戦意高揚の手段として、白色人種と黄色人種、キリスト教国と非キリスト教国との戦争と位置付け、積極的に協力することで、キリスト教が日本で認知され、その市民権獲得を考えていたと言います。

この日露戦争での女子学院ぐるみの慰問袋の取り組みはその一環であったため、楫子の行動は、当然「非戦論」「反戦論」の社会的風潮の中で批判の的になっていました。

明治四〇（一九〇七）年三月六日付の「平民新聞」四一号の「女子学院の社会主義」では、「麹町なる女子学院では社会主義を信ずる生徒十名以上発生し、聖書的催眠術でも如何せんともなし難く、之れでは卒業生の捌け口にも影響すべしとて、矢島楫子は地団太を踏みつゝあり」と、楫子の行為を辛辣に批判しています。

八、初代「日本基督教婦人矯風会」会頭

矢嶋楫子（五三歳）は明治一九（一八八六）年に来日した万国婦人禁酒会遊説委員レビット夫人に会い、それを契機に「東京基督教婦人矯風会」を創立、一二月六日に会長となりました。その後、同二六（一八九三）年四月には「日本基督教婦人矯風会」の会頭にも選ばれました。

1、「東京基督教婦人矯風会」の創立

『矢嶋楫子伝』には、この「東京基督教婦人矯風会」の命名についてのエピソードが紹介されています。レビット夫人の話を聞いた参加者の中に、小楠とつせ子の娘・海老名みや子や徳富一敬・久子の娘・湯浅初子がいました。会の名称の話が出た時、「テムペレンスを是非、婦人禁酒会と命名せんとする人々に対し、『それは矯風』と言ふ意味では有りませんかと申し出たのは、海老名みや子夫人だった」と言います。即ち海老名みや子は「婦人矯風会」の名付け親となったのです。

その東京基督教婦人矯風会の目的は、「積年の謎であり、又疑問であった酒の問題を解決すべく、此處に堂々と婦人矯風会を結んだ。然して又性の問題に関しても、當時の男女不平等なる生活を、當然無視する習慣に逆って、新に立案せられんとする民法に於て、これが平等を法律的に基礎付けんと、この憲法発布を機会として、何等か真に世人を覚醒すべき方法を講じよう」とするものでした。

そうすると、前の「テムペレンス」（temperance）は、辞典的には「節制・自制・控え目、禁酒・節酒」

の意で、「婦人禁酒会」の命名はすぐ思いつきますが、それを海老名みや子のような「矯風」（悪い風俗を改め直す）の訳は禁酒のみならず姦淫をも含む名訳と言えます。

2、キリスト教的「一夫一婦制」への接近

楫子の東京基督教婦人矯風会の会長時代に、明治二二（一八八九）年二月一一日に「大日本帝国憲法」、翌二三年一〇月三〇日には「教育勅語」が発布されました。楫子は教育勅語の「夫婦相和シ」の文言に、東京基督教婦人矯風会の目的である「性の問題に関しても、當時の男女不平等なる生活を、當然無視する習慣」を打破し、キリスト教的な「一夫一婦制」への願いを託していたことがわかります。

楫子らはこの教育勅語の文言が東京基督教婦人矯風会創立の主旨・目的に合致するものと理解し、またそのように受け止めていました。その上で海老名みや子や湯浅初子らが、「此際一夫一婦の根本方針を、我国の民法中に収めさせん」と意気込んだ面も大きかったのです。

3、婦人参政権獲得運動のさきがけ

また、東京基督教婦人矯風会は、同年一一月二五日に開催された第一回帝国議会の衆議院規則一六五条に「婦人の傍聴は許さず」との項目があったことを取り上げ、その削除を求めた陳情書（『廃娼ひとすじ』では「抗議文」）を衆議院に送り届け承認させています。

この陳情書は矢島楫子が作成したもので、久布白落実著『廃娼ひとすじ』から、その全文を引用します。

東京基督教婦人矯風会の真意をじっくり汲み取って感じて下さい。日本基督教婦人矯風会所蔵の原資料と若干違う点は〔　〕内に示しておきました。

矢嶋先生起草請願文書

謹〔し〕みて大成会各賢台にまうす。衆議院規則第百六拾五条に婦人は傍聴を許さずとの文あり、妹ら之を読みて日夜憂ひにたえず、如何なる事理の〔事譯ある〕ありて、斯る規則の定まらんとするやと。世の大方に伺ひ申すに、今〔日〕に至るまで未だ之と云ふ好き解釈を承るを得ず。益々嘆かはしい〔き〕事に思ひて、扨は貴会の高き教を請ひ〔い〕、妹らが切なる疑を散ぜんと欲するに至り侍る。妹ら密に思ふやう、天皇民の芻言《すうげん》（民間人の意見）をきこし召し、万機を公論に決せんとて、其御大権の多分を割かせ、我国の古来にためしなき国会を初めて開かせ賜はんとするは、一方ならぬ御恵にして、万民聖徳を感謝賛美せずと云ふものなし。斯る時には輿望《よぼう》（世間の人々から受ける人望）にかなひ、民に撰ばれて議員たる方々が、夙夜《しゅくや》（一日中）この大御心を体し率先叡慮のある所に力を尽し賜はんとするは亦尋常ならじ、是も素と陛下に忠なるがための御勤務とはいへ、四千万同胞の負へる所の莫大にして、感謝を寄するの辞なきことと存じ侍る。

妹ら何事をもなし得ずといへども、此際一層心して能く身を修め家政を理し、国家経済の為めに幾分の余裕を造り、諸兄が内顧の憂を慰め奉らんと。即ち妹ら女性が天の命職を覚悟し、同志相励まして、常にその心得を学び居り候処に侍る、されどせめては時々国会に於ける諸賢御尽力の御模様を影ながらにても拝し、以っていよいよ妹らの務を深く感じ申べくと存じ、当日の光栄を想像して居候ひつるに、今度かかる無惨なる規則の設けられて、女性はその女性なるが為めに一切入場傍聴の栄を得がたしと相成り候はゞ、終生の遺憾此上なき事と涙にむせびなす処を知らざる程に候。

政治上の集会には軍人警察教師生徒など臨席し難しとあれば、女性が亦之に臨み難〔がた〕しと云ふにつき〔ては〕、なほ〔お〕幾分の理由あるやうに伺へど、衆議院の傍聴〔に〕は凶〔兇〕器を持てるもの〔者〕と酩酊したる人を禁ずる外、学校教師〔生徒〕は云ふまでもなく馬追ふ童も飴うる翁も田舎の田作り男も得て自由に入場いたし候ものを、女性は其女なるを以って一切其許を得難〔がた〕しと云ふは、不思議この上なき定めのやうに思はれ疑ひはれ難く候。そも斯る〔新に〕規制の設けられんとするは、如何なる理由ある故に候や。高き教を蒙り妹ら無限の憂を散じ、せめて止むを得ざるの地位に安じ、以って心慰め申すべく覚悟いたし侍る。あはれ狭き胸を察し、雄々しきますら男の義心振起したまひて、この痛めるもの等の為めに同情を賜〔は〕らんことを祈る。

而して若し諸賢亦此規則案〔を〕宜しからずと思召し、これを取除くことの正当なるを認め給〔たま〕ふに於ては、願〔は〕くは妹らが為めに突き〔寃〔宂、突き進むの意〕を〕伸し、二千万婦人の為に其将来〔将に〕奪はれんとする権利を挽回したまはんことを請〔い〕願〔い〕し申すに南《なん》、情ありて弁尽さず〔辞足らず〕つたなき文を許して、心のある所を推し給〔たま〕はんことを祈る。可祝《かしく》

明治二十三年十月

有志物代　三浦みさを、島田まさ、竹越竹代、金森小寿、湯浅はつ、徳富ひさ、徳富しづ、海老

〔名〕里無、粟津ひさ、荻野ぎん、浅井さく、潮田千勢、佐々木豊寿、清水とよ、巌本かし、横井玉〔たま〕、工藤きの、小島きよ、元良よね、中村かつ、矢島かぢ

大成会御中

一読して何とも痛快な名文でしょう。衆議院規則一六五条の「婦人の傍聴は許さず」の理不尽さや不条理性を、やんわりとかつ辛辣に、しかも歯に衣を着せぬ言葉と説得力で、バシッと本論に切り込む文章力に脱帽するのみです。

この提出先は、明治二三（一八九〇）年三月に政府支持の無所属議員七九人で結成された「大成会」でした。帝国議会の議員たちはおそらくこの名文を読んでタジタジとなり、あるいは穴があったら入りたい心境であったかもしれません。

久布白落実は「この陳情が功を奏したのか、婦選会館の児玉勝子さんのしらべによると、明治二十三年十二月三日公布の規則には、婦人の傍聴禁止の項目はないそうである」の一文を載せています。

4、矢嶋姉妹と縁戚者の協力

明治一九（一八八六）年の東京基督教婦人矯風会会長、同二六（一八九三）年四月の日本基督教婦人矯風会会頭の楫子を下支えしたのは、当時東京在住の徳富久子や娘の湯浅初子、久布白落実、蘇峰の妻・静子、横井つせ子や海老名みや子、横井左平太の妻・横井玉子たちでした。

前掲の楫子が書いた陳情書（「抗議文」）の有志惣代に湯浅はつ、徳富ひさ、徳富しづ、海老里無（海老名みや子か）、横井たま、矢島かぢの名があることからもわかります。

ただ、横井つせ子は、明治二一（一八八八）年には息子・時雄、後妻の豊とその子供たち、それに小楠の兄嫁・清子、寿加と共に東京本郷に住み、キリスト教会の「老人会」を主催するなどしていましたが、明治二五（一八九二）年には、時雄の渡米もあって、すでに神戸の海老名みや子の家にいました。これがつせ子の名が見当たらない理由です。

これらは矢嶋楫子の姉たちであり、その縁戚に当たる女性たちでした。彼女たちがどのような動機があって、東京基督教婦人矯風会に参加・協力したのか。これらの女性のうち徳富久子については、徳富蘇峰も『わが母』で、詳しくその経緯を書いていました。ここでは久布白落実の『矢嶋楫子伝』から引用・紹介しておきたいと思います。

○「青山の徳富久子刀自の永眠の報だ。久子刀自は先生のもっとも力とせられた姉君である。少女の時代から中年の苦労の其年月、晩年否東京に出て以来、五十有餘年、進むにも退くにも、教育にも矯風にも、先生の所謂千軍萬馬の間に於て、完全なる心の友であり、唯一の後援者であって、励まし慰め、影の形に添ふが如くに、先生の凡べてを知り、凡べてを援け、我半身の如く、否我が代表の如く、押し立て抜いて来られた。この久子刀自が逝かれたのは、先生として殆んど其半身を削り取られたかの感が有ったであらう」（『矢嶋楫子伝』「徳富久子刀自の逝去」）。

5、日本基督教婦人矯風会総理に

明治三六（一九〇三）年早々の一月四日、楫子のよき協力者であった横井玉子（横井左平太の妻、私立女子美術学校創立者）が五〇歳の若さで死去しました。明治二五（一八九二）年一二月から翌年にかけて東京基督教婦人矯風会副会頭の職にありました。

「日本基督教婦人矯風会」と矢嶋楫子（同会蔵絵はがき）

この年、楫子は七〇歳であり、矯風会の会頭交代が話題となりました。楫子の右腕であった潮田千勢子もすでに六〇歳を数えていましたが、矯風会の会頭選挙の方法も決まっていませんでした。選挙の結果、潮田千勢子三三票、楫子一〇票で、潮田が当選しました。そこで楫子は婦人矯風会の総理となることになりました。

潮田千勢子は、早く夫に先立たれ、五人の子女を養育し、一方、女学校の舎監、幼稚園の保母、時には授産場を起し、貧しい婦人などを指導し、貧民窟の子供達を数百人招いた慈善旅行を計画するなどの奉仕事業をしていました。また、楫子と共に、レビット夫人の来日以来、禁酒・矯風の事業に尽力するなど、当然会頭として相応しい潮田でしたが、数ヵ月後死去したために、楫子の総理職は半年足らずで、再び会頭に復すことになりました。

九、三度の洋行

矢嶋楫子に関して特記すべきことは、高齢で三度も洋行したことです。その行動力はまさに「八十歳青年婦人」でした。久布白落実の『矢嶋楫子伝』に詳述されていますので、それによって楫子の洋行の目的を中心に見ていきたいと思います。

1、最初の渡航（楫子七三歳）

明治三九（一九〇六）年の万国矯風会第七回大会は、アメリカのボストン市で開催されることになり、楫子は自費で参加する意志を表明し、矯風会はそれを承認しました。『矢嶋楫子伝』には、楫子の飄々淡々とした決意をつぎのように書いています。

私は葬式料として何時も肌に付けてゐるお金と、この二十五年間に少し宛《ずつ》蓄へたお金が多少ありますから、多分船賃位には足りませう、それで参ります。との事である。一同は今更の如く、此奥行きの知れぬ老婦人を見た。金は有らう、若し単身英語の國へ渡られて、言葉はどうされるのか、お伴もなく通譯もなくてはと、人々はツクヅクと案する、平気なのは御本尊の先生一人だけである。

先生自身もこの事はさう豫定行動でもなかったらしい。時と共に明瞭になり来った使命のやうだ。其頃國の妹河瀬貞子に宛てた手紙の内に、明治元年以来の自身の行動を振りかへって、四十年間の歩みを述懐し、體も衰へ視力も弱く、言語も通ぜぬ自身が、こんな事を企つるは如何にも突飛のやうに思はれるが、然し人生の行路、天に行く道程の一つの務めと思へば、これも亦辞すべきではないと、大決心を以て、これに當るのだと、懇々と書き記し、今度の旅も若し神免し給ふならば、必ず何等かの御用を勤め得るであらう、と希望に満ちた文句がある。

この落実の見た同じ河瀬貞子宛の書翰が、益城町「四賢婦人記念館」に所蔵されています。但し、この書翰は前欠し、落実のいう「明治元年以来の自身の行動を振りかへって、四十年間の歩みを述懐」に当たる部分が見当たらず、明治一一（一八七八）年の学校生活から始まっています。ここではボストン行きに関する部分の釈文を紹介します。

年々歳々ことあたらしく、年の重なることに、世のことわざはいとしげく、とふとふ日本全国基督婦人矯風会を代表して、米国のボストンと申處え、来る十月世界中基督教婦人矯風会の大会ニ出席いたす事と相成り、就ては、八月中の夏休ミをしたじき（下敷、犠牲の意か）ニして、この暮の十二月廿日過ニハ、丈夫てあれは帰って来られます。

女子学院之方ハ、随分めひわくの事てはあれと、明治十一年より三十九年ニ至ル三十年間、一年の休養もなしニ従事して居りましたから、来ル九月より十二月ニ至ル四ケ月間の休暇を要求いたしても、決してこばみ不申、快諾を私ニ与へ申候間、数十年間非常の心かけニて、いわふる葬の支度をいたし置たるものが、往復の船賃くらゐハ、別ニ心配なしニ出来申候。

先方の滞在費、あちらの旅行費、他の法方（ママ、方法）ニて困らぬわけニ相成居申候間、それらの事ハすへて案しニ及ひ不申候へとも、寄る年の事とて、四支百体すへておほろけニ成り居る事なれは、並之大ていの事ではあるましく、中々ニ突飛なるおもひ立ちニよる事でなく、実ニ自らの責任をはたして、この世を安らかに静かなる眠りニ入る時までのミち筋なれは、たとゐ身ハつかれ、目の視、耳の聞く事不能とも、神の御祐助ニよりなは、かならずこのつとめを果さるゝと信して、疑なく決心いたし居申候が、尚神戸ニてハ大そふ私の老体なる案して、心配して居らるゝらしう考申候。

（以下略）

OF INTEREST TO WOMEN

第一回渡米の楫子を報じるアメリカ新聞
（熊本学園大学・米岡ジュリ氏講演レジュメより）

この書翰は、楫子が出帆一ヵ月前に認めたもので、明治三九（一九〇六）年七月二八日に横浜港を「香港丸」で出帆し、一二月一八日の払暁、「亜米利加丸」で帰国、横浜港に投錨しています。約五ヵ月間の渡米でした。この旅は、英語が話せず、白内障を抱えた老婦人、楫子の一人旅でした。八月中頃、サンフランシスコに上陸、多くの在米関係者に迎えられ、それからボストン市までの往復は久布白落実が同行することになりました。

楫子の目的の一つは、ボストン市での万国矯風会大会に出席することでした。その後は米国のハートフォード、ニューヨークでの大会に参加し、ワシントンに着いています。そこで二つめの目的であったルーズヴェルト大統領に面会、楫子はこの時「日露戦争」の講和で、ルーズヴェルトがその交渉に当たってくれたことを、直接感謝の礼を言う目的を果たしました。ルーズヴェルトは楫子の手を握り、国旗を贈ったということです。

2、第二渡航（楫子八七歳）

大正九（一九二〇）年の万国矯風会第一〇回大会は、イギリスのロンドンで開催されることになり、楫子は今回も出席すると言い出しました。親しき人の多くは、楫子の年齢を心配して反対しました。今度は楫子と渡瀬かめ子とガントレット恒子の三人旅でした。楫子らは三月一三日「鹿島丸」で出帆、アメリカ経由での渡英、九月四日に帰帆する一七一日間の洋行でした。

久布白落実によれば「先生百七十日の旅行記は、別に何も残って居ない」、ただ同行者の記録があるのみといいます。その詳細は、楫子の「鹿島丸」船内の様子は同船の婦人監督・廣田八重子の談話、ニューヨークの楫子の様子は在米・小橋三四子の談話、イギリスでは在英ガントレット恒子の談話によって、その概要を知ることができます。

ここでは、楫子自身がニューヨークの在米・日本人の集会で、「大会出席の理由」として話した「渡英の決意」について見ておきます。楫子が第一次世界大戦後の英国を訪う目的が奈辺にあったのかがよくわかります。

ローマ書十二章の終りに、「喜ぶものと共に喜び、哀しむ者と共に哀しむべし」と有ります。英國が五年間の戦の後、凡ての人が悲しみの中にある、其悲惨な目に遇った多くの人に親しく顔を合せて、同情もし話もしたい、そして過去の悲しみによりて、将来の平和の為に如何なる事をしなければならないか、共に語りたいと思ふのです。平和といふ事は世界中の人々が満足を共にするといふ事であらうと思ひます。将来の正しき望みを共にする為には、先づ互に免《ゆる》す事が第一であらうと思ひます。戦を起した心を憎む事はやむを得ぬ事でありませうが、然しそれを出来る丈、免す心にならなければ、将来の平和は保つ事は出来ますまい。労働の平均を得、互に悪風を矯めて行くやうにしなければならない、其處には互に識り、また互に参與して、平和といふ大きな望の為に働く事が必要でありませう。智者も学者もまた子供も一つになって、此目的の為に進みたいものであります。我婦人矯風会も其為に働いて居るものであります。此度の旅も、此目的を達する為の路として、私は英國指して行くのでございます（『矢嶋楫子伝』）。

大会中の四月二四日が楫子の誕生日でした。ちょうどその日が萬國常置委員会であったので、一日繰り延べして、二五日の午後に、繁忙な議事の途中、三〇分間さいて、厳粛な祝会が行なわれました。楫子はロンドンで、自身が極東から土産として持参した日章旗の前で、「米寿」の祝いをしてもらったことになります。

久布白落実は、『廃娼ひとすじ』の中で、楫子がこの万国婦人矯風会ロンドン大会に出席する主目的は、英国の婦人参政権運動の現状視察であったと記しています。イギリスでの婦人参政権運動は、五〇年間の穏健な運動があたかもしびれを切らしたかのように急に激化していました。その理由を知るために、在英のガントレット恒子の縁故を頼って、はたして英国の婦人矯風会は本気なのか、自らの目で直に見てこようとの思いがあったということです。

3、第三渡航（楫子八八歳）

楫子は大正一〇（一九二一）年には二度も渡海しています。一度目は、五月三日から六月一一日までの四〇日間の満州・朝鮮巡回旅行で、同行者は楫子と次女・達子、栗塚龍子と久布白落実の四人で、その行程は大連・旅順・海城・奉天・長春でした。

二度目は、九月三〇日から翌一一（一九二二）年一月二一日までの一一〇余日間の渡米で、その目的は一九二一年一二月から翌年二月まで開催された「ワシントン会議」参加のためでした。

周知の通りワシントン会議での協議事項は、「四ヵ国条約」「九ヵ国条約」「海軍軍縮条約」の締結でした。日本はいずれの条約も調印、幣原喜重郎外相の平和外交、所謂「幣原外交」と言われる国際協調時代到来を象徴する会議でした。

楫子は直接ワシントン会議に招かれたわけではなく、謂わば「押しかけ女房」的なものでした。しかし、高齢の楫子が、何故このワシントン会議に出席しようと決意したのか。蘇峰は、楫子出発四日前の大正一〇年九月二六日夜、つぎのように記していました。

矢嶋老夫人は、八十八歳の昨年、世界一周の旅行をした。帰来間もなく、今春は四国、九州より満州、朝鮮に旅行した。其旅行は決して緩慢の遊ではなく、演説とか、講演とか、会議とか殆んど寸閑もなかった。而して今や復た米国に赴かんとするは、何故である乎。其語る所によれば、東洋の平和は、婦人が保持せねばならぬ。自分は此重大なる責任を思ふが故に、最後の御奉公として米国に赴き、米国の婦人達に訴へて見たいと思ふのだ。餞別も無用だ。随行員も無用だ。自分は自分で出来得る丈けの事を為すのであると。

老夫人の此の決心は、長く久しく思案の上ではなく、米国より帰朝したる人の談話を聞き、殆んど、即時決したのであった。姑く種々の理屈を抜きにして、若し常識を以て断行せん乎、親戚たる我等は之れを諫止するも、之れに奨順すべきではあるまい。然も予は熟慮の上、之れを賛成した。そは吾母が若し存在ならば、必らず然かすべきを知って居たからだ。それに加へて強情なる吾が叔母は、とても一旦言ひ出したことは、止ても止る可きでない事を知って居たからだ。それに斯く迄の大決心は、其事の成否如何に拘らず、大決心其物が、一の偉大なる教訓であると信じたからである。

予は矢嶋老夫人の心事を忖度するに、其の最善の死處を求めてゐるのであるに相違ない。（中略）予は吾が叔母に語った。御身の天国に赴くには、何處からでも差支あるまい。併し米国経由でなく、我が日本から真直に旅立して欲しいと。希くは上天の祝福あれ（『矢嶋楫子伝』蘇峰学人「矢嶋夫人の行を送る」）。

同伴者は野田大塊と守屋東でした。楫子の渡米の様子は、第一信（一九二一年一〇月一四日夜）以降、第二信は一一月七日と、一行の進みと共に、守田東の通信が次々に日本に送られました。詳しくは『矢嶋楫子伝』の該当部分を読んでください。

守屋東が後日病床の楫子に付き添いながら書いた「平和の旅に従うて（一）」で、楫子とハーディング米大統領の面会について書いています。一一月七日、米国婦人矯風会・万国婦人矯風会会頭コルドン女史は、楫子をハーディング米大統領に「国賓マダム矢嶋」と紹介、楫子の面会時間は一五分間、陸軍大臣・加藤友三郎が自分の面会時間を割いて作り出したものでした。

楫子は日本婦人一万人余の「平和を愛する人々」の署名を持参し、さらに用意していたつぎのような「米国ハーディング大統領に捧呈した手紙」を差し出しています。楫子の渡米の目的と覚悟を察するに十分です。

敬愛する米国合衆国大統領ハーディング閣下

私は基督教を信ずる日本の一婦人として、平和を愛する日本婦人を代表して、此度貴国を御訪問いたしました。其理由は、

一、此度平和を此世界に実現したいといふ理想の下に開かれる、ワシントン会議を中心にして参集される、各国の婦人団體の信仰を同うする人々と、祈りたいためでございます。

二、閣下が日本に御出しになった御案内状は、実に基督教信仰の立場から、御認めになったものと認めますから、基礎が一層固くなる為め。

三、日本の代表者は、心正しく神を敬ふ人々でありますが、私共の如く、基督信者ではありませんか

ら、是非日本の代表者が、信仰を持つ閣下並に、其他の方々と、同じ心になって、打ちとけて協議さるゝ事の出来る為め。
四、世界各国の代表者の為め。
五、神は心を尽し、精神を尽して祈り求むる時は、必ず聴き給ふ事を信じますから。
六、何處で祈っても同じ事でありませうが、各国の心を一つにするものが、一つ處に集って祈り求むることは、大なる力であることを信じますから。只々これだけで御座います。

此度の大会を以て、世界の戦争史の最後の幕を閉づるものであるやうに、祈って居ります。私は日本を出る時、僅か二週間の時でしたが、平和を愛する日本婦人の調印を求めました處が、一萬人餘の多数を得ました。これを今閣下に捧げます。

幸ひ貴国に参りましてから一ケ月、豫てから敬愛して居ります婦人矯風会本部のミス・ゴルドンを始め貴国の各婦人団體が、一つ心になって祈ることを約束して下さいました事で、益々私が貴国を御訪問いたしました事を感謝し、希望に満ちて居る次第であります。

神の御指導の下に、此世界平和のために、御尽力下さる閣下の上に、一層神の御祝福を祈り、且つ今回のワシントン会議が、世界の歴史の上に、神に喜ばるゝものであらんことを、祈ってやまぬものであります。

最後に今一言申上げる事を許して頂きます。凡て後にあるものを忘れ、前に向って進み、世界平和のために、御尽力下さる事を、感謝を以て希望し祈るものであります（『矢嶋楫子伝』）。

十、楫子の死

多磨霊園の「矢嶋楫子」墓碑

楫子は自らを日本基督教婦人矯風会と真の日本キリスト教者の代表としての自負を以てワシントン会議に参加しました。渡米の全日程を終えた楫子は、行き帰り共に船酔い一つせず、大正一一（一九二二）年一月二一日に無事帰国しました。その直後大病を患いましたが、翌一二（一九二三）年には恢復しました。

その年の七月二四日に、すでに見た如く、徳冨蘆花夫妻が楫子の「不義」の懺悔を迫ると、『婦人公論』に発表しました。また、九月一日の関東大震災では日本基督教婦人矯風会の新町事務所が焼失、楫子自身も被災しましたが、命に別状はありませんでした。その後、楫子は大久保に移りましたが、その大半は病床にありました。大正一二年という年は、楫子にとって、このように「トリプル・パンチ」の試練の年となりました。そして同一四（一九二五）年六月一六日午前一時一〇分永眠、享年九三歳。六月二六日に葬儀。叙勲五等・従五位が贈られました。

おわりに

矢嶋楫子ほど前半生と後半生の生き方が明確に分けることのできる人物はいないと、両半生の一八〇度の違いを強く感じながら執筆してきました。

楫子の活動の場は、日本からやがて世界に拡大していきました。渡米・渡英など三度の洋行での楫子は、外国に於いての行動力といい、存在感といい、まったく国際的に遜色のないもので、諸外国と充分伍していける女性でした。

この背景には、老齢の楫子の真のキリスト教者としての覚悟、それに裏打ちされた「天国は日本からでも米国からでも距離は同じでしょう」という言葉に現れた神への信仰と絶対的な信頼、そして安堵感があったのではないでしょうか。当時の万国婦人矯風会の会員は、そんな楫子をきっと驚きの目で見ていたことでしょう。

特に第三回目の渡米とワシントン会議への参加の目的は、ハーディング米大統領への手紙に託された「此度の大会を以て、世界の戦争史の最後の幕を閉づるものであるやうに、祈って居ります」の文言にありました。

楫子らの万国婦人矯風会は、世界平和に貢献しようとする世界女性の存在とその力を、男性で構成されたワシントン会議の同じ場で示威した行動の意義は大きいものでした。

前述したワシントン会議後の平和外交と国際協調時代の到来の背景には、これらの万国婦人矯風会や楫子に代表される女性たちの存在を無視できないのではないか。そう考えると、従来のワシントン会議についての再考の必要を感じます。

そんな楫子の後半生に密着し、余すところなく後世に書き残そうとした久布白落実もまた稀有の存在でした。もし落実が『矢嶋楫子伝』の執筆を思い立たなかったら、楫子の生き様や業績について、これほど克明に知ることはできませんでした。この久布白落実は、女性思想史の上で十分位置づけできる人物であったと再確認しています。

その落実は『廃娼ひとすじ』の中で「先生の風貌は女性型というよりもむしろ堂々と押し出す男型で、顔面から額、全体にくっきりとしたものがあった」と語っていますが、言い得て妙です。確かに老齢は、楫子を「堂々と押し出す男型」に作り変えてしまい、楫子の発想・思想・行動などは、そのすべてが女性的ではない、むしろ女性としての強固な意志（アイデンティティ）を持つ中性的な「ジェンダー・フリー」の存在そのものでした。

矢嶋楫子についてはこれで終りたいと思います。他の姉たちの二倍以上の紙数を費やしてしまいました。最近この楫子に関して、斉藤省三著『矢嶋楫子の生涯と時代の流れ』（熊日新書　二〇一四年）や中尾冨枝著『矢嶋楫子姉妹とその周辺』（熊日出版　二〇一七年）が上梓されています。『矢嶋楫子伝』『廃娼ひとすじ』などと読み比べられたら、その違いがわかってより面白いと思います。

横《よこ》井《い》玉《たま》子《こ》

私立女子美術学校創立者

はじめに

横井玉子
（くまもと文学・歴史館所蔵）

横井玉子は、矢嶋楫子との関係は久布白落実には及びませんが、それなりに深い関わりがありました。例えば、女子学院の教師でしたし、東京基督教婦人矯風会の運動を主となって支えた人物の一人でした。また、これから紹介する「私立女子美術学校」（現・女子美術大学の前身）の創立者でもありました。

横井玉子は、熊本県の「平成六（一九九四）年度文化功労者」（教育）の一人として表彰されていますが、私はその時、横井玉子の業績について執筆する機会があり、翌七年には故・田辺哲夫氏の好意により、『歴史玉名』第二〇号（一九九五年冬季号）に、拙論「横井玉子」を掲載させてもらいました。従来、女子美術大学では佐藤志津を創始者としていましたが、この拙論によって、大学自らが横井玉子を創始者に変更する契機になり、現在に到っています。

なお、山崎光夫氏からその著『二つの星―横井玉子と佐藤志津・女子美術大学建学への道』（講談社　二〇一〇年）の取材を受けた時、前の拙論「横井玉子」を贈呈しましたところ、その著には拙論に依拠した場面が少なからず記載されています。また、逆にこの「横井玉子」を書くに当って、山崎氏の資料の幾つかを参考にさせてもらいました。

一、原玉子（横井玉子）の前半生

原玉子の出自

原玉子（タマ）は、安政二（一八五五）年に江戸築地鉄砲洲の肥後高瀬藩邸で、原三右衛門尹胤《これたね》（後に生実《まきたね》）・関《せき》夫婦の次女として生まれました。横井小楠曾孫の横井和子氏提供の「除籍簿」や「墓籍台帳」によれば、その一年前の嘉永七（一八五四）年九月一二日の生まれとなっていて、戸籍の本名は「タマ」、通称「玉子」でした。

松村政三郎氏が昭和四三（一九六八）年に作成した「原家を中心とした家系図」（くまもと文学・歴史館蔵）などによれば、原家は代々肥後高瀬藩の家老職の家柄で知行二八〇石取、参政兼奉行職・砲術師範の職にありました。『熊本藩年表稿』によれば、明治二（一八六九）年三月には、熊本藩は藩制を改め、家老を執政、中老を副執政、奉行を参政としています。

「原家を中心とした家系図」では、初代は原能登守で、千葉氏の一族・下総国千葉郡上野城主で、二代目から六代までは省略され、玉子の父・尹胤は小田原藩士・堀江氏の出で、初め原家の養子となり、後に入家して七代目を相続しています。その尹胤は、明治になって男爵の位を辞退したという気骨のある人物でした。松村氏は「一女玉を横井小楠の甥に嫁した事は進歩主義者たることを実証する」ものとしています。玉子には六人の兄・姉妹がいました。

原家の親戚筋を見ると、次兄・等照《ともてる》の長男には英文学者・翻訳家・作家・

原家系図

初代 原能登守 ―― 二代 美濃守虎胤（号・清石） ―― 三代 弥左衛門（号・医朴） ―― 四代 尉右衛門尹清 ――

―― 五代 □□ ―― 六代 尹信 ―― 七代 三右衛門尹胤

三右衛門尹胤 ＝ 関

- 尹達（コレタツ・マサミチ）　浅野セメント社長執事
- 等照（トモテル）　細川藩戸川氏養子・文学者
- 武（タケ）　北白川宮老女、松岡の局
- 祚胤（トミタネ）　三郎、弟・四郎と双生児
- 四郎　陸軍中将、上司と衝突し自刃
- 玉（タマ）　横井小楠甥・左平太と結婚、私立女子美術学校創立
- 錠

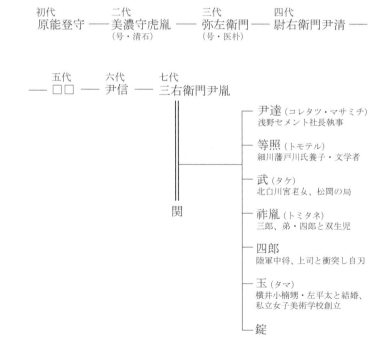

慶応大学教授の戸川秋骨（本名・明三）がいて、長姉・武《たけ》の長男は医者（泌尿器科）で俳人の大野洒竹《しゃちく》（本名・豊太）、また三男・祚胤《とみたね》の長女・ミネは、竹崎茶堂・順子の孫・八十雄（大江高等女学校長）夫人になっています。

原玉子の誕生から一五歳までの江戸の肥後高瀬藩邸での関係資料は今のところ見つかっていませんが、家老職の娘として、種々の教育と習い事をしながら、なに不自由ない生活であったことは確かでしょう。前掲山崎氏の『二つの星』には、同じ鉄砲洲に住んでいた福沢諭吉と一一歳頃の玉子との出会いが描かれていて、小説上のフィクションと一概にいえないような記述ですが、現在のところ裏付けるだけの資料を持ち合わせていません。

また、長姉の武《たけ》は、後に北白川家の老女となり「松岡の局」と称された女性で、質実で優美な性格であり、その妹・玉子は、生来才気にたけた覇気のある性格であったようです。高瀬町の町家に居を移した玉子は、その慌ただしい生活環境の中でも「婦芸」への関心は強く、宮内宇吉に日本裁縫、井上長次郎に日本料理を学んだといいます（『二つの星』）。

二、横井左平太（時治）・大平兄弟の渡米と帰国

1、横井左平太・大平兄弟の「西洋渡」（留学）

原玉子が生まれた嘉永七（一八五四）年七月、横井小楠の兄・横井時明が死去、小楠は幼少の二甥・左平

太（一〇歳）、大平（五歳）の後見人（順養子）となり、九月には兄の知行（一五〇石）・役職（番方）などの家督を相続することになりましたが、番方の役職は非番のままでした。この左平太が玉子の夫となります。

小楠は幕末に尊王開国を唱えた肥後実学連のリーダー的存在でした。肥後藩では実学思想家で開明的な開国論者であったがゆえに用いられず、かえって疎まれた存在でした。しかし、越前藩主・松平春嶽は、小楠の開国思想と「小楠実学」に依拠した政治・経済理論とその施策能力を非常に高く評価し、安政五（一八五八）年には越前藩に招聘しました。

その後、小楠は文久二（一八六二）年の「士道忘却事件」により、沼山津の四時軒で閉居を余儀なくされました。元治元（一八六四）年二月、坂本龍馬から神戸海軍操練所の設立の計画を聞き、それに刺激された小楠は、海軍設置の重要性をまとめた『海軍問答書』を勝海舟に献策、四月に左平太・大平らを海舟の神戸海軍操練所に入塾させました。

慶応元（一八六五）年、長崎の宣教師フルベッキのもとにいた左平太・大平が、小楠に「西洋渡」（留学）の希望を伝えてきた時、小楠は英学の読み書き・会話の必要性を強調した書翰を送っています（山崎正董編『横井小楠』遺稿編　小楠書翰一六四）。

そして、同二（一八六六）年四月二八日、フルベッキの仲介で、左平太（二二歳　変名・伊勢佐太郎）と大平（一七歳　変名・沼川三郎）は、アメリカへ密出航することになります。小楠の有名な送別の漢語「堯舜孔子の道を明らかにし　西洋器械の術を尽くす　なんぞ富国に止まらん　なんぞ強兵に止まらん　大義を四海に布かんのみ」は、それを機に詠じ、渡米直前の二甥に贈ったことになっています。滞米中の二人は航海・法律・政治を学び、同三（一八六七）年四月頃には、二人とも肥後藩公認の留学生として認められています。

渡米一年目の伊勢佐太郎（横井左平太） ラトガースカレッジ・グラマースクール所蔵

2、「肥後の維新」

左平太・大平の滞米中の一八六八年、日本では明治維新が起こりました。小楠は召命され、明治新政府の「参与」として太政官の中枢にいましたが、明治二（一八六九）年一月五日の白昼、退朝途中に寺町通丸太町で、十津川郷士らに襲撃・暗殺されました。

明治三（一八七〇）年五月、細川護久が熊本藩知事となり、その七月にはいわゆる「肥後の維新」（藩政改革）を実施しました。その実施案は小楠門弟の徳富一敬や竹崎茶堂によって練り上げられ、実学党政権が始動することになりました。しかし、明治政府は、あまりにも実学的な政策に驚き、中央集権化の方針に反するものとして県政から一掃してしまいました。

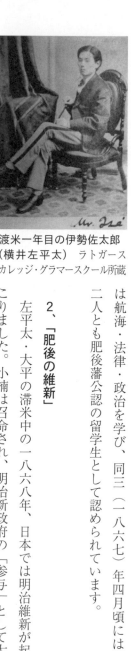

3、「熊本洋学校」の開校

小楠が暗殺された明治二（一八六九）年の暮れ、横井大平は肺患のために一人米国から帰国、その後病魔と闘いながら、「熊本洋学校」の開校に岩男俊貞と共に尽力、同四（一八七一）年八月には、アメリカ退役軍人L．L．ジェーンズを招聘して、熊本洋学校の開校に漕ぎ着けました。しかし、大平は九月一日の熊本洋学校開校の二月前に二三歳の若さで死去しました。

『肥後高瀬藩史』によれば、高瀬藩家中より熊本洋学校に入学したのには、阪井貞保・両角《もろずみ》政之・三友雄・鈴木万・米野信実・伊勢某の六人でした。明治八（一八七五）年七月の「熊本洋学校生徒名簿」（「白川新聞」第三七号附録）には、明治六（一八七三）年九月入学の三友雄、翌七年九月入学の阪井禎甫（阪井貞保と同一人物と推定）の二名を見出すことができますが、両角政之・鈴木万、それに「伊勢某」の名は見当たりません。この「伊勢某」は「伊勢タマ」のことで、横井左平太（変名・伊勢佐太郎）と結婚した玉子と思われます。

三、横井（伊勢姓）左平太と玉子の結婚・死別

1、左平太の縁談話

左平太と玉子の結婚の経緯は不詳なところが多いのですが、玉子との縁談の前に、つぎのようなエピソードがあったことを紹介しておきます。

明治元年五月一〇日付の宿許宛の小楠書翰一九九は、京都に召命されたばかりの小楠が、滞米中の左平太に「一寸立帰り」（一度帰国せよ）を求めた文言に続いて、「新堀（下津）むすめ」のことを、久馬（休也の嫡男）・山形（典次郎、休也の弟）に相談、「存寄り」（意見）なく「至極同意」したこと、隠居（休也）夫婦も「子細」（差支え）あるはずがなく、「都合次第」では「いつ何時」でも「呼び取り」（呼び迎える）云々、即ち左平太の縁談話について、宿許でも「相談」されたいと書き送っています。

しかし、小楠も六月には「淋疾」（腎臓または尿路結核）で重篤となり、さらに明治二年正月には暗殺事件が起こり、また左平太自身の一時帰国もままならなかったこともあり、この縁談話は立切れになったと推測されます。

2、左平太と玉子の結婚

左平太は帰朝の命を受け、明治四（一八七一）年一〇月九日、紐育（ニューヨーク）を出発、太平洋横断航路で、一一月一九日に帰朝しました。暗殺された叔父・小楠に替って家督を相続するためでした。それは大平がL. L. ジェーンズを招聘し、日本最初の「男女共学」を実施した熊本洋学校が開校された明治四（一八七一）年九月一日の約二ヵ月半後のことでした。

左平太（二八歳）と原タマ（一九歳）は、左平太の帰国中（明治四年一一月から明治五年七月までの間）に結婚しています。それは『肥後高瀬藩史』の「伊勢某」でわかりますが、肝心の結婚の経緯はよくわかっていません。

山崎氏は『二つの星』の中で、玉子の父・原尹胤と面識のあった木下初太郎から、その実弟で小楠の門弟・竹崎律次郎、そして熊本洋学校に出入りしていた左平太という想定のもと、二人の出会いと結婚を繋いでいます。左平太の熊本洋学校への出入りは十分考えられます。

確かに熊本洋学校には、明治五（一八七二）年一一月に徳富初子（徳富蘇峰・蘆花の姉、湯浅治郎夫人）、同八年に横井みや子（小楠の娘、海老名弾正夫人）が入学していますが、玉子は「伊勢某」の名で、すでに在学していたと思われます。

おそらく徳富久子は息子・猪一郎（蘇峰）や四女・初子の入学の手続きで熊本洋学校に出入りした時、原玉子が熊本洋学校の開校と同時に入学していたのを知り、世話焼きの久子が、帰国していた左平太の相手に、玉子との縁談話を切り出したのかもしれません。

何しろ久子と言えば、横井小楠とつせ子の縁談話を積極的に進めて、ついに結婚させたこともあり、左平太と玉子の縁談話の切り出しから挙式までもっていったとしても不思議ではないと思われます。

勿論、左平太と玉子の結婚には、当時としては原玉子の父・尹胤と母・関や親戚の許可が必要であり、父・尹胤は前述のように男爵を辞退したほどの気骨ある進歩主義者でしたので、仮に小楠が暗殺されたとはいえ、小楠の甥であればと、二人の結婚を許したものと思われます。

「伊勢某」（横井玉子）は、左平太との結婚後も、左平太が明治五年七月八日に再遊学した後も、徳富初子や横井みや子と一緒に熊本洋学校に在籍し、L. L. ジェーンズに英語、ハリエット夫人には頼み込んで、家庭で洋裁・西洋料理を教わっていたようです。その在学の期間は不詳ですが、おそらく同八年八月頃まで在籍し、九月には帰国した夫・左平太の看病のために、姑・きよ（清子）と一緒に上京したと思われます。

3、結婚後の玉子（伊勢タマ）

明治六（一八七三）年一〇月二〇日付の宿許への左平太書翰によれば、再遊学した左平太は、「華盛頓」（ワシントン）の「コロンヒアンの大学校」（コロンビア大学）で、「海軍法律科」の課業を勉学しています。

後に残った伊勢タマ（横井玉子）は、横井一家と熊本城下の古城堀端の家に同居していました。それは同書翰の宛名が「御母上様・お津せ様・お多満殿（玉子）・時雄殿・お宮殿」と五名の連名からわかります。

夫・左平太の再渡米中の明治六年から八年の二年間、玉子は熊本の婚家・横井家に留まり、姑・きよ（清子、小楠の兄・時明妻、至誠院）の面倒をよく見、この間、横井つせ子（小楠の妻）や竹崎順子（茶堂の妻、熊本女学校創設者）からも、多くの薫育と感化を受けています。

生来の才気と覇気で「婦芸」への関心が強かった玉子は、つせ子から裁縫・料理・茶道・作法などのあらゆる「婦芸」を修得しようと心掛けていたといいます。その後も「婦芸」に一層磨きを掛け、後述するように、矢嶋楫子の女子学院では、礼式・裁縫・洋画・割烹の四科目を一人で担当するほどの実力を身に着けていました。

4、夫・左平太との死別

ところが、左平太は「コロンヒアンの大学校」（コロンビア大学）で「海軍法律科」の勉学中に帰国を命じられ、明治七（一八七四）年五月一三日に帰国しています。その後、左平太は在熊し、玉子と一緒に住んだかどうかは不詳ですが、翌八（一八七五）年六月には元老院権少書記官に任ぜられ、九月には正七位に叙せられています。

その左平太は滞米中に弟・大平を看病するうち、自身も肺患に感染していました。左平太の叙位の九月に、玉子は姑・きよ（清子）と一緒に、夫・左平太の看病のために上京、東京での生活はわずか二〇日ほどで、一〇月三日に肺結核で死去しました。左平太三一歳、玉子二二歳でした。

谷中霊園には、明治一〇（一八七七）年一〇月に、元田永孚撰文の「伊勢君墓」（墓碑銘）が横井時雄によって建立されました。この年には玉子の父・尹胤は依願隠居、嫡子・尹達《まさみち》（またはこれたつ）が家督を相続、一二月頃には原一家は高瀬町から再び上京しています。

四、横井玉子の後半生

1、玉子の上京

横井玉子の後半生は、明治八（一八七五）年一〇月の夫・左平太との死別を機に、東京で始まりました。翌九（一八七六）年九月には、L.L.ジェーンズが離熊し、熊本洋学校が閉鎖されました。同年には、玉子の長姉・大野武一家（戸主・大野東は高瀬藩士一〇〇石取）が、翌一〇（一八七七）年の西南戦争の年には、玉子の次兄・原等照が養子になっていた戸川一家も上京してきました。

明治五（一八七二）年には、玉子の義母・つせ子の妹・矢嶋楫子はすでに上京し、同六年には桜井小学校に勤務していました。そしてこの頃、米国長老教会経営の新栄《しんさかえ》女学校の舎監兼教師として勤務、その後の明治一三（一八八〇）年には、同じ長老教会系の桜井女学校に転勤し、その校長となっていました。

2、楫子・玉子の受洗

明治一二（一八七九）年に、二六歳の玉子は明治七年六月に来日していた宣教師ワデルにより、桜田備前町芝教会で受洗、ワデル夫人ジェーンから洋裁を学んでいます。一一月九日には、楫子も築地新栄教会でタムソン博士により受洗しています。

玉子が受洗した理由には、夫・左平太の死別や熊本洋学校でのジェーンズ夫妻によるキリスト教との出会いがあったのかもしれません。さらに東京では玉子の周辺に矢嶋楫子のような、キリスト教に基づいて行動する女性が多かったことも、ごく自然に受洗しようと思った理由かもしれません。

3、資格修得への執念

すでに見たように、玉子は左平太の再渡米中の熊本で、横井つせ子や竹崎順子の薫育と感化を受けていました。特につせ子からは裁縫・料理・茶道・作法などの「婦芸」を修得、また熊本洋学校在籍中にはハリエット夫人から洋裁・西洋料理を教わっていました。

その後二〇代後半の玉子は、明治一二（一八七九）年には宣教師ワデル夫人ジェーンから洋裁を学び、明治一四（一八八一）年に小笠原家の高等女礼式を修得しています。その後も、玉子はこれらの「婦芸」に一層の磨きを掛け、免許や資格を修得することに、ますます執念を燃やし続けました。

玉子にとって「婦芸」とは和・洋の区別はありませんでした。その技術を端的に物語るのが、明治三四（一九〇一）年発行の『婦人新報』五〇号に掲載した「女性改良服」の女学生服のデザイン画です（左図）。

その情熱は、玉子が三〇歳過ぎてからも衰えることはなく、明治一七（一八八四）年には吉島滝音から琴の免許を修得、明治一九（一八八六）年には東京師範で高等裁縫・高等女礼式（作法）の教授資格試験に合格しています。また同二二（一八八九）年、三六歳で古流好静庵について茶道・華道を修得しています。

このように「婦芸」に精進した玉子は、女子学院では独りで礼式・裁縫・洋画・割烹の四科目を担当していました。

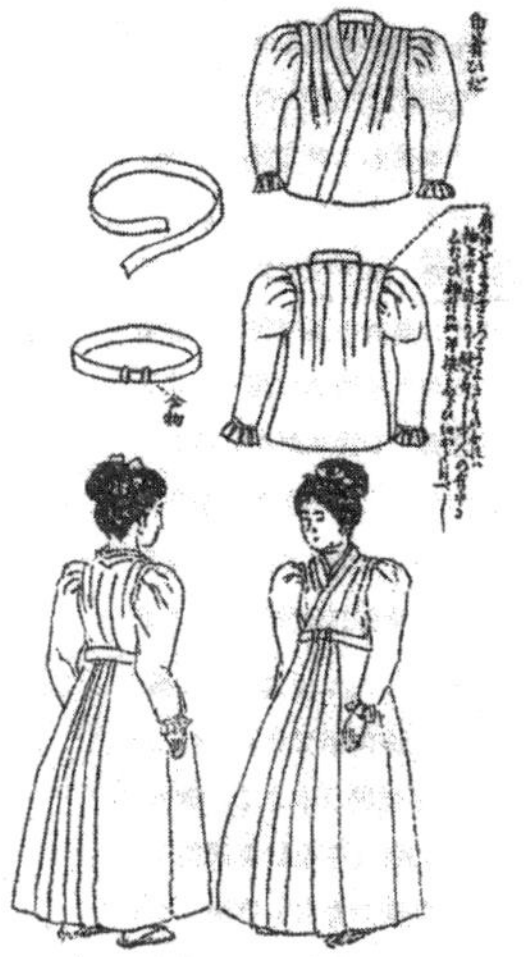

〈玉子による学生服デザイン画〉
『婦人新報』50号所収

「女性改良服」
（佐藤善一『女子高等教育の先駆者—横井玉子研究（一）』

4、女子教育への関心

明治一八（一八八五）年、玉子は、芝区公立鞆小学校の助教として礼式と裁縫を教えるかたわら、明治七年開校の築地の海岸女学校（同一〇年「青山学院」に改称）の教師をしています。

また、矢嶋楫子に紹介されたミッション系の新栄女学校では、一〇月から事務監督として勤務し、さらに礼式・裁縫の教師と舎監も兼任するなど、一人で何役もこなしていました。

明治一九（一八八六）年、三三歳の玉子は洋画や日本画などへの関心を強め、油絵や水彩画を本多錦吉郎・浅井忠に教わっています。この時すでに玉子の脳裏には女子教育の有効な方法として「美術」が浮上、やがて「私立女子美術学校」へと発展していく核が生まれていました。

五、矢嶋楫子・横井玉子の二人三脚

1、原家は「高等下宿」

明治一八（一八八五）年の『熊本縣公文類纂』によれば、東京での原尹達一家は「芝区愛宕下町」、戸川等照一家は「西久保田」、大野東一家は「本郷区湯嶌新花町」に住んでいました。この頃玉子は、原家即ち玉子の実母・戸川秋骨の祖母・関《せき》の家に住み、おそらく姑・きよも一緒であったと思われます。大野家では、長姉・武がすでに北白川家の「松岡の局」となって不在でした。また、戸川家は当時貧困であったので、玉子は戸川秋骨とその従姉妹三人も同居させて世話をしていました。玉子は心底から面倒みのいい叔母さんで、秋骨に多大な影響を与えた逸話があります。

同二一（一八八八）年、当時一九歳だった秋骨が、念願の第一高等中学校の入試に失敗して失意のどん底にあった九月、玉子が秋骨を励まして、明治学院普通部本科二年へ入学できるよう仲介の労をとったことが、戸川秋骨と島崎藤村・馬場孤蝶らとの親交の契機となりました。また、朝鮮の志士・金玉均らが「高等下宿」と称して原家に寄宿していたことなど、この間の玉子のことは島崎藤村の『桜の実の熟する時』に描かれています。

2、東京基督教婦人矯風会

明治一八（一八八五）年頃から、玉子の矢嶋楫子や荒井桐月らとの交流が本格化します。翌一九年六月、矢嶋楫子はレヴィット女史の来日に接して、一二月に佐々城豊寿・湯浅初子・海老名みや子らと「東京基督教婦人矯風会」を結成、その会員となり、本格的な女性運動家としての活動を始めます。

この東京基督教婦人矯風会は、廃娼・禁酒禁煙・一夫一婦制の確立を目的にした組織でした。同二一（一八八八）年には、玉子はこの東京基督教婦人矯風会の役員に選出され、楫子らと共に行動することになります。

小楠二〇年忌の横井家家族及び親族（冨重写真館提供）
前列左から海老名みやこ、一人おいて横井小楠夫人（つせ子）、後列左から矢嶋楫子、小崎弘道、横井時雄、時雄夫人（トヨ子）、海老名弾正、横井玉子、最前列は寿賀

3、小楠二〇年忌

明治二二（一八八九）年に、夫・左平太の叔父・小楠の二〇年忌が行なわれました。明治二（一八六九）年正月五日の小楠暗殺からまる二〇年目に、横井家の家族および親族が熊本に集まり、神式で行なわれました。

記念写真では、横井時雄が小楠の肖像画を持ち、つせ子（小楠夫人）・トヨ（時雄の後妻）・海老名弾正・みやこ・横井玉子・寿賀・矢嶋楫子・小崎弘道らが写っていますが、玉子の姑・きよの姿は見えません。きよはすでに七九歳の高齢で、東京に止まり来熊しなかったと思われます。写真の後列右端には玉子がいて、横井家の一員になりきっていることがわかります。

4、「女子学院」開校と運営

明治二三（一八九〇）年九月には、楫子が校長の桜井女学校と玉子が勤務していた新栄女学校を合併して、新しい女子教育機関として「女子学院」が設立・開校されました。

女子学院の初代院長・矢嶋楫子は、同二六（一八九三）年四月「日本基督教婦人矯風会」の結成と同時に会頭に就任、多忙な毎日が始まりました。そのため実質的な学校運営は、幹事兼舎監の横井玉子の双肩にかかっていました。矢嶋楫子は女子教育への二人三脚のよきパートナーとして、才気と覇気を併せ持つ玉子に白羽の矢を立てていました。

玉子は、多事多端な勤務の中でも教壇に立ち、礼式・裁縫・洋画・割烹の四科目を担当するなど、まさしく学校経営にその天分を発揮しました。加えて裁縫書などを出版するなど、玉子の女子教育への思い入れと実行力には感心するばかりです。

久布白落実は『矢嶋楫子伝』の中で、「グラハム部には、あの熊本の横井左平太の妻であった玉子女史が、當時舎監として納まって居られた。餘程多能の人であったので、後年此婦人が、女子美術学校創立の為め、学校を去られた時、その代りの教師は三人になった。即ち裁縫・作法・図画、それぞれに教師が出来たといはれた程だった」と記した程です。

この年の一月四日、玉子の姑・きよは老衰と急性胃カタルで死去、享年八〇歳でした。

5、第一回帝国議会

明治二二（一八八九）年二月、「大日本帝国憲法」が発布され、翌二三年一一月に第一回帝国議会が開催されました。いままで全国各地でくりひろげられていた自由民権運動は、その論戦の場を帝国議会へ移しました。自由民権のはなばなしい運動が、表面的に消沈していったのに反比例するかのように、女性運動は次第に盛んになって行きました。

明治35年の卒業式の卒業生と教師
（『目で見る女子学院の歴史』より）
前列中央が矢嶋楫子、その後が横井玉子

明治二三（一八九〇）年一〇月、玉子は東京基督教婦人矯風会会員として、義叔母・矢嶋楫子を助けて「婦人の議会傍聴禁止に対する反対」運動を行ない、「大成会」宛の抗議文に名を連ねていました。その有志惣代には矢嶋楫子・横井玉子の他、湯浅初子・徳富久子・徳富静子らの名が見えます。この運動により一二月には議会傍聴の許可を獲得していました。

6、矢嶋楫子・横井玉子の二人三脚

横井玉子（タマ）は、明治二五（一八九二）年一二月から翌年にかけて、東京基督教婦人矯風会副会頭の職にありました。つぎの「刑法及民法改正ノ請願」（第六九八号）は、明治二五（一八九二）年一二月六日に、横井玉子を代表に三三八人が、衆議院に「一夫一婦制」を人倫とし、「姦通罪」を両性の配偶者に拡大適用する請願をしたものです。その全文を紹介しておきますので精読され、その趣旨を読み取ってください。

刑法及民法改正ノ請願

東京市本郷区東竹町寄留熊本県士族
女学校舎監　横井タマ　外三三八名
紹介議員　江原素六君

請願ノ趣旨
一夫一妻ハ人倫ノ大本ナリ。然ルニ世間往々一夫ニシテ、数妻ヲ蓄フ者アリ。是人倫ノ本旨ヲ破ルモノナリ。之ヲ救済センニハ、刑法中有夫ノ婦、姦通シタル者ヲ罰スルノミニ止メス、有妻ノ男子他ノ婦女ニ姦通セシ者ヲモ、併セテ之ヲ罰シテ矯正ス可シ。而シテ民法中ニ姦通トハ、有妻ノ男子、他ノ婦女ニ通シ、有夫ノ婦女、他ノ男子ニ通スルヲ姦通トストノ条項ヲ設ケ、又男子ニシテ、妾ヲ蓄へ、妓ニ接スルヲ姦通ト為シ、又姦通スル者ハ、其配偶者ノ一方ハ、裁判所ニ訴へ、相当ノ償金ヲ請求スルヲ得セシメ、又姦通ノ配偶者ハ、離婚ヲ請求スル事ヲ得ル等ノ條項ヲ設ク可シト云ニ在リ。

この請願は却下されましたが、この運動は翌年にかけて行なわれ、その後一層の展開を見せることになります。同二六（一八九三）年四月の日本基督教婦人矯風会結成後、矢嶋楫子（六〇歳）は会頭として廃娼運動に奔走しますが、玉子自身も会員として楫子を助けて、いっしょに街頭に立ったことでしょう。それは日清戦争開始の前年のことでした。

六、横井玉子の決断

1、実学教育の模索

当時の「国民新聞」は日本基督教婦人矯風会会員の玉子について、「毫も世の所謂女権家の風なし」と評し、その理由を玉子の「資性純良、真摯謙和自ら居る。身を忘れて人の為に尽くし、（中略）温容雅義凡ての人に敬愛」されるような性格のためとしています。

しかし、当の玉子自身は、女性の権利向上がただ単なる良妻賢母的な女子教育や婦人権拡大の政治闘争だけで達せられるものではないと思っていて、その他にもっと実学的な教育方法を選択肢として模索していました。

明治三二（一八九九）年二月の「高等女学校令」は、良妻賢母主義に基づく女子教育を制度的に確立しようと各道府県での設置を規定したものでした。また、八月公布の「私立学校令」は、「第九条　私立学校ノ設備・授業及其ノ他ノ事項ニシテ、教育上有害ナリト認メタルトキハ、監督官庁ハ之カ変更ヲ命スルコトヲ得」（国民教育研究所編『近代日本教育小史』〈草土文化　一九七三年〉）と規定し、外国人経営の学校監督の強化と統合を目的としていました。

2、「訓令第十二号」

また、同年八月には同時に「訓令第十二号」が発令され、「一般ノ教育ヲシテ宗教外ニ特立セシムルノ件」では、「一般ノ教育ヲシテ宗教外ニ特立セシムルハ、学政上最必要トス。官立公立学校及学科課程ニ関シ、法令ノ規定アル学校ニ於テハ、課程外タリトモ、宗教上ノ教育ヲ施シ、又ハ宗教上ノ儀式ヲ行フコトヲ許ササルヘシ」(同上)と、明確に宗教教育を規制・禁止していました。

この「訓令第十二号」によって、わが国の学校における宗教教育は強い統制措置が講じられることになり、専門学校と各種学校を除くすべての学校では宗教教育が全面的に禁止されたため、特に当時普及し始めていたキリスト教主義の中学校・高等女学校では直接影響を受け、キリスト教主義を断念するか、各種学校に改編せざるを得なくなりました。

矢嶋楫子はこの「訓令第十二号」に抗議して、「私立桜井小学校廃業届」を出したことは有名です。しかし、玉子はこの「高等女学校令」や「私立学校令」を、逆に好機到来ととらえ、すべてを投げうって、このチャンスを物にすることを決意しました。

すでに明治一三(一八八〇)年に「京都市画学校」、同二一(一八八八)年には「東京美術学校」が創立されていましたが、いずれも男子のための美術教育機関であり、女子の入学は許可されていませんでした。明治一九(一八八六)年以来、玉子の脳裏を占めていたのは、女子のための美術教育機関の設立でした。

明治三三（一九〇〇）年七月、玉子を受洗した宣教師ワデルが帰国、このことやキリスト教教育を禁止した「訓令第十二号」の公布は、九月に玉子をして女子学院の辞職を決断させる重要な契機になったのです。それからの玉子は、美術を通して女性の社会的地位の向上と自立のための女子教育機関の設立に邁進することになります。

七、「私立女子美術学校」の創立

1、「私立女子美術学校」設立の趣旨書

横井玉子は、ついに明治三三（一九〇〇）年一〇月三〇日、前田子爵邸（本郷区弓町二‐一）の桜林に「女子美術学校」（正式には「私立」を付す）を創立しました。玉子四七歳の時でした。発起人は、藤田文蔵・横井玉子・谷口鉄太郎・田中晋で、その女子美術学校設立の趣旨はつぎの通りでした。

女子美術学校設立ノ趣旨

夫れ一国の美術は其国国民の文明・知識・信仰・趣味の程度を説明するに足るものなれば、其進歩・発達が一国文明の進歩・発達に相伴随するや論なく、其製作品の如何が国風の涵成に尠《すく》なからざる影響を与ふるやはいふ迄もなし。

我日本は往古より美術国と称せられ、今日に於ても、漸次進歩の域に向はんとす。而して今後に於

て、時勢の推移・文明の増進と共に、倍々美術の発展・進歩に努めざる可らざるや、多言を須《もち》ゐずして明なり。

然りと雖も今日我国に於ける美術教育の情体如何を察するに、其範囲は狭く男子のみに限られたる観を呈し、女子の美術教育に至りては未だ殆んど顧みられざるの風なきに非ず。是れ誠に慨すべきことに非らずや。

夫れ女子には自ら美術的の性情を備ふるものあり。素より女子の美術的技能を以て男子に優れりとするものに非らずと雖も、女子には女子特得の技能を有するは蓋し否《いな》む可らず。故に女子に向て美術的教育を授け、其特長を発揮せしめ、其特能を完ふせしむるは今日の急務にあらずや。

吾人同志聊か茲に見る所あり。今日新に女子美術学校を設立し、女子美術教育の不足を補はんと期す。而して其の目的とする所は先づ女子に向て美術教育を施し、彼等をして其学習せし所を以て、彼等の工芸・手工、其の他日常の業務上に適応せしめ、因て以て彼等が自活の道を講じ得るに資し、従て彼等の社会に於ける位置を漸次高進せしめ、次には女子師範学校、其の他各種の女学校に於ける美術教師を養成して、今日の不足に応ぜしめんとするにあり。大方の君子、吾人の微志のある所を諒とし賛助を与へらるれば、幸甚しといふべし。

明治三十三年十月

（『二つの星』）

2、私立女子美術学校の開校

明治三四（一九〇一）年四月一日、当時四八歳の玉子はついに女子美術学校を開校しました。初代校長は藤田文蔵（前東京美術学校教授・牛込教会長老）、職員一六名でのスタートでした。玉子は舎監として、校舎の一隅に実母・セキと同居することになります。

随時入学制を採用しましたが、入学生が増えず、経営はすぐに行きづまり、その上、大口の出資者で会計担当の谷口・田中両発起人による不正経理が発覚、一一月には手を引くハプニングが起こりました。女子美術学校の船出は、喜ぶのも束の間すぐに座礁の危険に遭遇してしまい、このままでは玉子の長年の夢は水泡に帰してしまうことになり、玉子の才気と覇気が本物かどうかを試されることとなりました。玉子はすでに在校生もいる女子美術学校の存在を、内外に知らせることも重要な仕事として、開校早々の明治三四年には、女子美術協会主催の第一回展覧会を開催しました。

また、その一方で藤田文蔵と玉子は、つぎのような連名の誓約書を、佐藤志津（静子）に提出しました。

誓約書

拙者等女子美術学校創立発起人トナリ、辛苦経営罷在候處、今般都合ニ依リ、生等一同発起人タル事ヲ辞任シ、発起人タルノ権理ヲ貴殿ニ一任致候。然レドモ生等本校ノ関係ヲ絶チ、脱退候儀ニハ無之、貴殿ノ御指導ノ下ニ誠實ヲ尽シ、何時迄モ本校ノ為ニ勤勉可致候。此段誓約致候也。

女子美術学校校舎（『女子美術大学八十年史』より）

明治三十四年十一月十日　　　藤田文蔵
横井玉
佐藤静子様
（『二つの星』）

順天堂病院・佐藤進夫人・静子が、この誓約書の条件、即ち女子美術学校の校主として資金と経営を引き受け、学校運営は藤田文蔵と横井玉子に任せる方式で、翌三五（一九〇二）年から実動し始めました。

女子美術学校は閉校のピンチを切り抜け、三月には第一回卒業式（卒業生一四名）を、菊池大麓文部大臣の臨席のもとで挙行しました。ついで一一月には、第二回卒業式（卒業生七名）を行ない、さらに翌三六年三月には第三回卒業式（卒業生四三名）を、桂太郎首相夫妻・清浦奎吾司法大臣の臨席のもとで挙行しています。

明治三六（一九〇三）年になると、女子美術学校の校長は藤田文蔵、幹事兼教授は磯野吉雄、教務兼教授は谷紀三郎の体制が出来上がり、教科は日本画・西洋画・彫刻・蒔絵・編物・造花・裁縫・刺繍を設け、本科・分科にも高等科・普通科・選科と一層充実させました。

八、横井玉子の葬儀と追悼

1、横井玉子の死

明治三四（一九〇一）年四月一日、四八歳の玉子は女子美術学校の創立・開校に漕ぎ着けました。玉子は創立者でありながら舎監を受け持ち、校舎の一隅で実母・原セキといっしょに生活し、その間も病魔は玉子の身体を容赦なく侵し続けていました。そのことは玉子自身が一番よくわかっていました。そして、明治三六（一九〇三）年一月四日に、横井玉子は死去、死因は胃癌、享年五〇歳でした。

明治三六年一月六日付の「国民新聞」は、つぎの「横井玉子追想記」を掲載しています。

（女子美術学校の創立は）蓋し女史畢生の希望を実にしたるものにして、即ち病を押して其の舎監となり、身体の自由を失ふまで親しく校務を見、又校生を監督することに努めたり。昨冬病革まるや、友人医学博士佐藤進氏夫妻、己が医院に迎へ招じて看護・療養、手の至らざるなく、女史亦従容静かに後図を画し、遺言して屍体を解剖に付し、遺骨は教授用として美術学校内に存置す可きことを以てす。解剖の事は意を受け、之を執り行ふ事としたれども、遺骨存置に至っては情の忍ぶべからざるものあるを以て、曲げて天王寺畔故時治（左平太）氏の墓側に葬むることとなしたりと（『二つの星』）。

校葬を含め通夜は一月八日までの四日間執行されました。「墓籍台帳」によれば、埋葬は「同九日午前十一

横井左平太の墓（右）と横井玉子・清子の墓（左）
伊勢君墓は横井時雄の建立、横井玉子・清子の墓は横井和子氏によって改修された。（横井和子氏提供）

時」に行なわれています。谷中斎場でのキリスト教式による盛大な葬儀では、巖本善治・徳冨蘆花・海老名弾正らの名士および日本基督教婦人矯風会の潮田千勢（この時期、潮田が会頭。数ヵ月後死去）らが哀悼演説を行ない、二〇〇余名の女子美術学校の女学生らが参加しました。

2、横井清子墓・横井玉子墓

横井玉子の遺骨は谷中霊園の「伊勢君墓」側に葬られました。その後、横井時雄が玉子の墓を建立する時、姑・きよの墓を玉子の墓と一緒にして、一つの墓石に連記しました。

その後、「横井清子墓・横井玉子墓」の風化が進み、痛みも激しかったので、平成五（一九九三）年七月に横井和子氏によって改修がなされ、その際「明治卅三年十月　私立女子美術学校設立者」の銘が追記されています。

九、その後の女子美術学校

1、女子美術学校から女子美術大学へ

玉子亡き後の女子美術学校は、翌三七（一九〇四）年、日露開戦の年に、藤田文蔵校長が退任し、佐藤

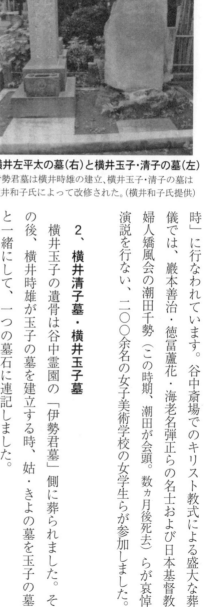

静子が二代目校長に就任、以後佐藤静子の二〇数年間の尽力により、女子美術学校の基礎が確立しました。その後、昭和四（一九二九）年には女子美術専門学校、同二四（一九四九）年には女子美術大学（「女子美術短期大学」併設）となって、現在に至っています。この間、洋画では森田元子・三岸節子・丸木俊、日本画では堀文子、造形美術では多田美波などの著名な女流画家を輩出、その他にも女子美術大学出身の多彩な女優も数多く活躍しています。

2、横井玉子と佐藤志津の胸像

現在の女子美術大学の杉並校内には、横井玉子と佐藤志津の胸像が建っています。佐藤志津の胸像は、昭和一九（一九四四）年に創立六〇周年記念のモニュメントとして建立されましたが、横井玉子の胸像は、平成一六（二〇〇四）年の創立一〇〇周年記念に製作・建立されました。

おわりにかえて

1、女子教育功労叙勲者

大正五（一九一六）年一一月一〇日、佐藤静子（千葉出身）は、明治三三年に横井玉子（熊本出身）が創立した女子美術学校運営の功績によって、東京での女子教育功労叙勲者に選ばれ、勲六等宝冠章を授与されています。

同日の叙勲者には、明治二三年、女子学院の創立者・矢嶋楫子（熊本出身）、明治三三年、女子英学塾（津田塾大学の前身）の創立者・津田梅子（東京出身）、そして明治三六年、女子商業学校（嘉悦学園の前身）の創立者・嘉悦孝子（熊本出身）などがいました。

東京での女子教育功労者として熊本出身の女性が多いことに驚かされます。女子教育の方針には差異はあるにせよ、熊本女性の女子教育にかけた並々ならぬ情熱が感じられます。

2、横井玉子と熊本

すでに見たように、評論家・大宅壮一は『婦人公論』（昭和三四（一九五九）年二月号）で「熊本の猛婦」として、竹崎順子・矢嶋楫子・嘉悦孝子・久布白落実・河口愛子・高群逸枝らの名を上げていました。

これまで見てきた横井玉子の生涯は、大宅壮一の「熊本の猛婦」の中に加えても、まったく遜色のない女性であると思います。

確かに玉子は生来の才気と覇気の持ち主でしたが、一面では肥後高瀬藩家老の娘として「お嬢さん育ち」でした。その玉子が左平太と結婚したのを機に、熊本で惣庄屋の家柄に育った矢嶋四賢婦人と共に生活する中で、「技芸」修得が自らを満足させるだけのものでなく、他の多くの女性たちに、修得した「技芸」を指導することに喜びと生甲斐を見出し、それを実行したいとの思いが意識化してきたと思われます。

そして玉子は、自らの教育目的を「女性の社会的自立」にまで昇華した結果が私立女子美術学校の創立であり、玉子が生涯をかけた、最大の贈物でした。

徳《とく》冨《とみ》愛《あい》子《こ》

徳冨蘆花の妻

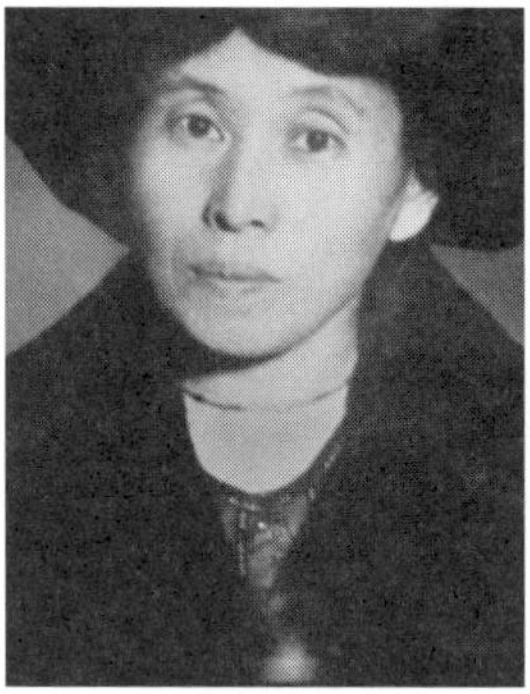

徳冨愛子

はじめに

熊本県菊池市にあった「菊池夢美術館」（現・菊池観光交流館）の常設コーナーに、徳冨蘆花の妻・徳冨愛子に関する数点の遺品や書画の展示と大きな「徳冨愛子年譜」（愛子夫人年表）が掲示されています。この「年譜」は若干訂正すべき個所はありますが、実によくできていて、作成者（元菊池市文化財保護委員・中尾康幸氏）の蘊蓄が垣間見られます。

ここでは、この「年譜」と本田節子著『蘆花と愛子の菊池』（菊池市教育委員会　二〇〇一年）、福田清人・岡本正臣共著『徳冨蘆花―人と作品―』（清水書院　一九六九年）を基に、私の調べた徳冨蘆花と愛子を「徳冨愛子四話」として紹介したいと思います。

【熊本時代】

肥後細川藩の永青文庫『町在』（嘉永七（一八五四）年）によれば、愛子の父・弥平次の兄・原田熊太郎は、一年前の嘉永六年六月のペリーの浦賀来航による肥後藩の「御備場（本牧警備）御用」として、菊池在住の原田・木下・今坂・後藤・前田・永田・益田諸氏らと一緒に、寸志銭一貫五〇〇目を差出し、御郡代直触別席に進席しています。

その原田家の出自は南朝・菊池氏の末裔で、熊本県菊池郡隈府中町（現・菊池市）で代々酒造業を営んでいました。

徳富愛子（旧姓・原田）の本名は藍で、父・原田弥平次と母・鹿子（後妻、生家・林氏）の間に明治七（一八七四）年七月一八日に生まれました。

徳富愛子の生誕地

明治一四（一八八一）年、愛子は七歳で小学校に入学、同一七（一八八四）年、愛子一〇歳の秋、原田一家は熊本に移住、愛子は熊本師範付属小学校に転入、同二一年、愛子（一四歳）はマラリア熱に罹りましたが、翌年四月には卒業しました。

一方、夫となる徳富健次郎は明治元（一八六八）年一〇月二五日（戸籍では二〇日）、葦北郡水俣手永（現・水俣市）在住の父・徳富一敬、母・久子（生家・矢嶋氏、矢嶋四賢婦人の一人）の間に生まれ、後に自分の歳を『み、ずのたはこと』の中で「余は明治の齢を吾齢と思い馴れ、明治と同年だと誇りもし、耻ぢもした」と言っています。五歳上に兄・猪一郎（蘇峰）がいました。

明治三（一八七〇）年、父・一敬の熊本藩庁への奉職を機に、徳富一家は託麻郡大江村（現・熊本市中央区大江）に転居しました。同七（一八七四）年は健次郎（蘆花）の本山小学校入学、その七月は原田愛子が生まれた年でした。

明治一〇年代は健次郎（蘆花）の多感な青春時代で、キリスト教に接し、また同志社英学校に在学中、山本覚馬の愛嬢・久栄と恋愛、そして訣別など失意のどん底を経験しています。そして、明治二一（一八八八）年、健次郎（蘆花）は熊本英学校で二月から翌年五月まで教鞭をとっています。その女子部（付属女学校）に、愛子（一四歳）が通い、一時授業を受けていますが、お互いに記憶していません。健次郎（以下、蘆花とす）は校内雑誌で初めて「蘆花逸生」の筆名（ペンネーム）を用いています。

一、蘆花と愛子の結婚

【上京・赤坂時代】

兄・猪一郎（以下、蘇峰とす）は明治一九（一八八六）年一二月に徳富一家と上京、明治二〇年二月には「平民主義」を標榜して民友社を設立、『国民之友』の創刊、さらに二三（一八九〇）年二月には国民新聞社を創設し、「国民新聞」を創刊しました。

蘆花は明治二二（一八八九）年五月、熊本英学校を辞して上京、兄・蘇峰の経営する民友社に入社しました。一方、愛子は、同年四月二日に熊本師範付属小学校を卒業、翌二三年一月には新設の東京女子高等師範学校（現・お茶の水女子大学）の入学試験を受け合格、同年三月二四日、愛子（一六歳）は父・弥平次に連れられて上京、四月五日に東京女子高等師範学校に入学しました。

明治二五（一八九二）年秋、愛子（一八歳）と蘆花の縁談話が起りました。翌二六（一八九三）年七月二〇日には山本久栄（二三歳）が死去。愛子（一九歳）は三年生の夏休みに兄・原田良八に連れられて逗子に避暑、偶然同じ邸内の貸別荘に滞在中の徳富一家と懇意になり、蘆花の母・久子や兄の蘇峰との間で、蘆花と愛子の縁談話に発展します。

明治二七（一八九四）年一月中旬の日曜日、愛子は蘆花と二重橋前で遇然に出会い、三月二五日、愛子（二〇歳）は東京女子高等師範学校を卒業、四月一六日に東京市日本橋区の有馬小学校訓導に奉職します。同四月に蘆花は父・一敬から田畑一町歩と紡績株一〇〇〇円分の分与を受けています。

その五月五日、二人の結婚式は蘆花の両親、兄・蘇峰夫婦の住む赤坂氷川町の借家で挙げ、新婚生活もその借家二

原田家系譜

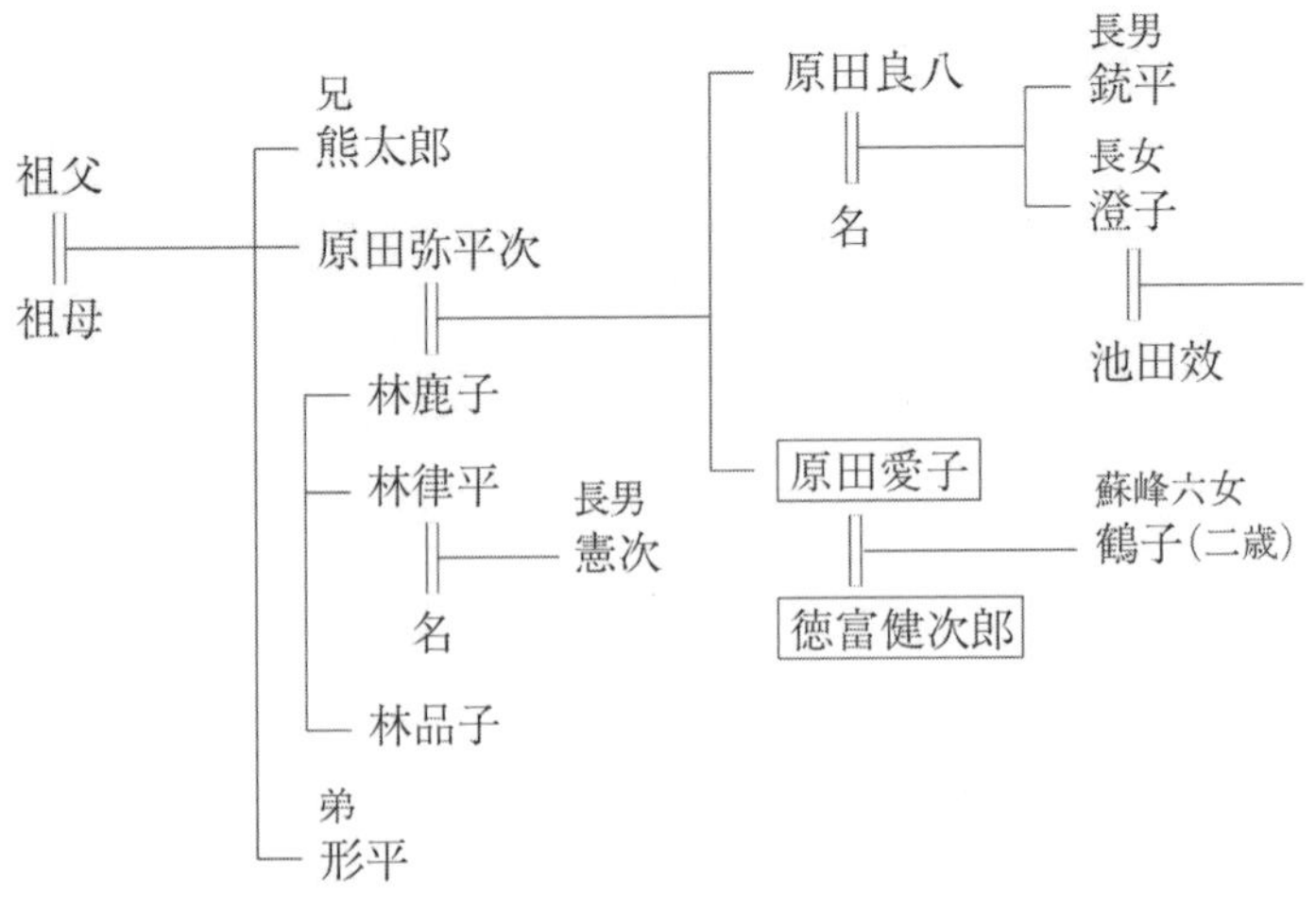

階でスタートしました。七月には氷川町の同じ勝海舟邸内の借家に引越し、独立世帯を持ちましたが、この二人の家庭生活に原田家から抗議が出ています。

明治二八（一八九五）年一月、愛子（二一歳）の両親がチフスに罹り、愛子は見舞いに故郷へ帰り看病しましたが、両親や異母兄が相次いで亡くなり、蘆花は間にあいませんでした。二月、感染した愛子も熊本病院に入院、蘆花は看病のために四月まで滞在しました。

四月一日、愛子は有馬小学校の訓導を退職しました。その六月以降、「蘭芳」・「黄花（菊花で菊池の意）女史」の名で、『家庭雑誌』に家庭的読物や翻訳など寄稿し始めています。

結婚記念写真

【逗子時代】

明治三〇（一八九七）年一月に、愛子（二三歳）と蘆花は逗子「柳屋」の貸間に移り、二人だけの生活を始めましたが、愛子は子供が授からない寂しさから、蘆花のいない夜、ふと暗い海を見つめ、死を思い詰めたこともあったといいます。

明治三一（一八九八）年五月、愛子（二四歳）は初めて夫婦で伊香保温泉に静養、以後、夫婦での伊香保湯治は一〇回に及びます。八月、二回目の逗子「柳屋」で、療養中の福家《ふけ》安子（大山巌陸軍大将副官の未亡人）から、蘆花夫妻は大山家の内情や長女・信子への夫・三島弥太郎の母からのいじめと離縁、その三年後の死などの身の上話を聞く機会を得ます。
それがヒントとなり、国民新聞に一一月二九日から翌三二年五月二四日まで、小説「不如帰」を連載、大好評で文豪の名声を確固たるものにします。この作品の中の「浪子」は蘆花夫妻が生まれてくる子のために用意していた名前でした。「浪子」の着衣や女言葉などは、愛子がしばしば助言し、武男宛の「浪子」の恋文は愛子が直接書いたと言われています。

『不如帰』の挿絵「浪子」

この『不如帰』（民友社）の単行本には、明治三二（一八九九）年、山梨に旅行中、愛子（二五歳）の助言により「浪子」の挿絵を入れることを決め、旧知の黒田清輝画伯に依頼、年末完成し、翌三三年一月の刊行本に挿入、『不如帰』はロングセラーとなりました。
その直後、蘆花は同年三月二三日から翌三四年三月二一日まで「思出の記」を連載、後述するように、特に「妻籠の里」（隈府町）の情景描写は、多くの研究者同様、私も愛子自身が書いたのではないかと推測しています。私がそう思う根拠の幾つかを「思出の記」の中から具体的に拾い上げて見たいと思います。

「徳富愛子四話」(1)―「思出の記」と愛子の隈府素描

徳冨蘆花の自伝風小説「思出の記」一の巻で、主人公・菊池慎太郎は「僕の故郷は九州、九州の一寸真中で、海遠い地方」の「妻籠の里」（隈府町）を「揺籃の地」として育ったと紹介しています。

その「妻籠の里」の情景として、東の鞍を乗り捨てたような「高鞍山」〔鞍岳〕をあげ、その形状と山肌の四季の表情、雲がかかると雨、雲が切れると晴れ、「故郷の気象台」だと記しています。

この「思出の記」の固有名詞を、それぞれ〔　〕のように菊池周辺の地名で置き換えてみますと、蘆花は隈府町および周辺の情景を丹念に描いていることがハッキリします。

また、この地方の夕立の凄さを「鳴る、光る、降る、吹く」と端的に表現し、夕立が上ると、「高鞍山」の頂上から谷にかけてすばらしい虹がかかると記しています。この地域の雷鳴と落雷の多さはただものではなく、かなり気丈な者でさえ、瞬間的に本能的に耳を塞ぐと記しています。

さらに蘆花は「水はよくて、米がよい。因（そこ）で田舎のくせに酒家が多い。僕の家も造酒家で、加之《しかも》妻籠第一の豪家であった。素性を云へば、南朝の忠臣の其また忠臣で、店には酒樽を並べても、奥には歴《れっき》と刀剣《かたな》を飾ってある」とし、「家の柱が無暗《むやみ》に大きくて部屋が薄暗かった事や、破風の所に鳩の像《かたち》を高彫にしてあった事や、裏の方が馬鹿に広くて倉庫《くら》が幾箇《いくつ》もあった事や、其一の倉庫には何時も米俵が山程積むであった事や…」と描写しています。

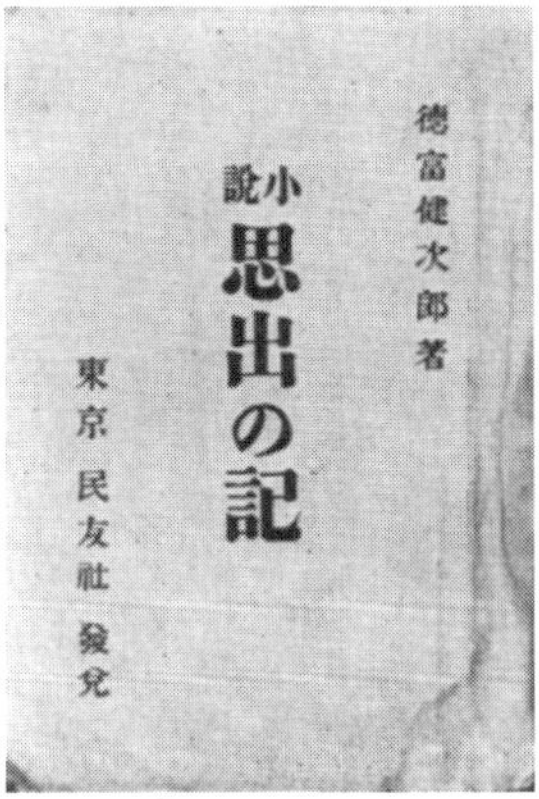

『思出の記』

これは妻・愛子の「菊池川かは水清きふるさとの稲穂おもへは人のなつかし」の短歌に一致し、また酒蔵の描写は実家であった隈府中町の酒造業・原田家の情景そのものであったに違いありません。いまは近くに「蘆花夫人徳富愛子生誕之地」の標柱が立っています。

「高鞍山」〔鞍岳〕の遠景

「妻籠の里」である隈府の歴史は、南北朝から戦国時代まで、菊池氏の根拠地として栄えた城下町でした。しかし、天正一五（一五八七）年の肥後国衆一揆直後に守山城は破却されましたが、菊池氏滅亡後、旧家臣たちの多くが菊池地方の豪商・豪農となっています。この菊池氏の城下に根を下ろした豪商たちは、隈府町を維持する町衆的な組織を構成し、この町の指導的な役割を担い、その発展に尽しましたので、江戸時代は「在町」（農村地域にある町）として栄えました。

ある古記録には「菊池家の府城跡にして市戸数百余、繁栄の地なり」と記され、『河原手永手鑑』によると、江戸後期の文化・文政年間には、高七〇二石、竈二七〇、人口一〇五七人の肥後藩内有数の在町でした。原田家もこの「隈府町」の豪商一家であったと思われます。

「徳富愛子四話」(2)ー愛子にしか描けない「思出の記」の冒頭

もう一〇年も前のことになりますが、二〇〇八年五月三〇日に「日本経済新聞」記者の足立則夫氏が、土曜連載の「文学周遊」の取材に来菊された時、愛子に詳しい中原英氏に同行をお願いし、菊池城山公園の蘆花文学碑や愛子の遺髪塚、菊の城酒造を案内、最後に愛子の親族筋にあたる原田浩氏宅にもお邪魔して、案内は終りました。

六月七日夕刊の「文学周遊」（一一六）に、徳冨蘆花の「思出の記」に関する記事が鞍岳の遠景写真と共に掲載されました。

菊池慎太郎は妻籠の里に生まれる。十一歳で一家は破産し、父親も失う。やけになった少年は学校も落第。母親は少年を墓地に連れ出し、「悔しいと思わんか」と短刀を突きつける。少年は困難を次々乗りこえ、文士になり、世間にも知られるようになる。良き母、良き妻、良き友に恵まれ、故郷に凱旋する――。

蘆花文学碑

故郷の地名、妻籠は、熊本県北部の隈府（現在の菊池市）つまり英語のWifeをもじったもので、蘆花の妻、愛子が生まれ十歳まで過ごした場所だ。新聞に連載し始めた明治三十三年（一九〇〇年）、蘆花はまだ訪ねていない。

菊池公園の一郭にある徳冨蘆花記念碑と愛子遺髪塚。そこからの景色が『思出の記』冒頭の情景描写とピタリ重なる。菊池市社会教育委員の堤克彦さんは言う。「子どもの目でみた隈府の光景がそのまま描かれている。愛子の話を、蘆花がそのまま文字にしたのでしょう」

愛子の遺髪塚

この記事の話は、原田浩氏のお宅でのことでした。足立氏を案内していた私の脳裏に、ふと徳冨蘆花の「思出の記」冒頭の「この凡庸な頭に、『吾』と云ふもののぼんやり宿ったのは、左様、先づ十一の年。（中略）併し兎に角十一歳は、僕にとって記憶すべき年であった。其年の春に父は一家を破産し、其年の秋に、僕は父を喪《なくな》ったのである」の部分が浮かんでいました。

これまでずっと頭の隅に引っかかっていたのは、文章の中で、なぜ主人公・菊池慎太郎の「記憶すべき年」が「十一歳」なのか、いまの小学五年生頃の記憶として、なぜ「妻籠の里」（隈府町）の風景描写がなされているのかということでした。

蘆花の妻・愛子は、明治七（一八七四）年七月に菊池の隈府（妻籠の里）に生まれ、明治一四（一八八一）年に七歳で小学校に入学、同一七（一八八四）年、愛子一〇歳の秋、原田一家が熊本に転住するまでの一〇年間、住んでいたことに注目しました。このことから、蘆花は主人公・菊池慎太郎の記憶を一一歳に設定したのではないかと推測していました。

蘆花は「思出の記」を国民新聞に連載し始めた明治三三（一九〇〇）年まで、一度も隈府を訪ねていません。ついでながら、蘆花夫妻が揃って隈府・山鹿を訪れたのは大正二（一九一三）年のことでした。

そこで再度「思出の記」の冒頭を読み直すと、そこに記された「妻籠の里」の情景は、蘆花の単なる小説上のフィクションにしては余りにも臨場感があり過ぎると思いました。実際、隈府に住んで生活した経験があり、周辺の自然や住人の生活を観察しながら育った者でなければ書けないような情景描写と確信するに到っていましたので、つい記者氏に口を滑らしてしまったのでした。

例えば「高鞍山《たかくらやま》」（鞍岳）への雲のかかり方の違いで、隈府の気象がわかることを、「故郷の気象臺」という子供らしい言葉で表していますが、こうしたユニークな表現は、どう考えても男性の蘆花の思いつく表現ではなく、少女・愛子の豊かでしなやかな童話的な感覚と思えて仕方がありませんでした。

つぎに「併し夕立！暑い、堪らぬと云ふ下から殷々《ごろごろ》と鳴出す。突然大氣が冷る。ふっと見ると、黒雲が最早《もう》高鞍山を七分通り呑むで居る。其がインキの散る様にずうと満天に浸染《にじ》むで来る。稲妻がきらり。夥しい雷鳴二つ三つ。冷たい風が颯《さつ》と吹て来ると、頓《やが》て大粒の雨がぽつり。耳を掩へた太郎作が未だ半町と逃延びぬ中に、鳴る、光る、降る、吹く、――世の終かと思ふ程の荒れ様。と思へば忽ちすうと明るくなって…」という表現の巧みさです。

永年菊池に住んだ者であれば、子供でなくとも、その雷光・雷鳴の凄さと恐ろしさを一度や二度は必ず体験していることでしょう。住民はこの描写が誇張でも何でもなく、正直な恐れであると、誰でもすぐに納得できます。

さらに酒蔵を持つ大家内部の様子は、幼少年期の遊び場であり、その暗い蔭に恐れながらも、好奇心と冒険心を駆り立てられ、あるいは強がりを十分試され、やがて探検者気取りを体験した者にしか書けない記憶であれば、少女・愛子以外にはいないでしょう。

以上のような「妻籠の里」〈隈府町〉の自然描写は、如何に蘆花が文豪であっても、一度も菊池地方の雷雨を経験していなかった蘆花には絶対に描けない文章です。この部分は愛子が一〇歳までに五感全体を通して感じ取った菊池隈府の自然現象と少女の見た情景でした。

大人になった愛子は、その記憶を少女の時に感じたままの表現で、懐かしく夫・蘆花に語ったに違いありません。愛子自身の筆という説もありますが、蘆花はそれをそのまま「思出の記」の一こまに拝借、ただ少女を同年齢の少年の記憶に変えただけだったのかもしれません。

同年齢にこだわるのは蘆花の実証主義的リアリズムの創作姿勢であり、地元に住んだ「十一歳」の菊池慎太郎も、愛子と同じように感じたことにしたのでしょう。このような視点で、この「思出の記」を読めば、なお一層面白いのではないかと思います。

二、蘆花の兄・蘇峰との訣別

【原宿時代】

明治三三（一九〇〇）年一〇月、蘆花・愛子（二六歳）は千駄ヶ谷村原宿の貸家に転居します。すでに見たように、この年に蘆花は小説『不如帰』や『自然と人生』を刊行、『不如帰』はロングセラーとなり、蘆花の文名も高まり、俸給生活から原稿生活にかわり、いよいよ執筆活動は本格化することになりました。

翌三四（一九〇一）年、愛子二七歳の時、蘆花は五月に『思出の記』を刊行、非常な売れ行きでした。一一月には広島・宮崎に行き、帰りに京都・若王子山の新島襄・山本久栄の墓に詣でました。そして、翌三五（一九〇二）年一月、愛子（二八歳）、蘆花は長編小説「黒潮《こくちょう》」を国民新聞で六月まで連載、一〇月には島崎藤村が信州小諸から来訪しています。一二月二三日から五回にわたって国民新聞に「霜枯日記」を連載、兄・蘇峰に無断で字句を削除され、大いに憤慨、二七日の国民新聞に「告別の辞」の掲載を決意しましたが、蘇峰の前で火中に投じ断念します。

明治三六（一九〇三）年一月には再び蘇峰に「告別の辞」を書きましたが、国民新聞への掲載を拒絶され、民友社からの餞別金一〇〇円を辞退します。それを機に、熊本郊外に持っていた畑五反余の売却金で、自宅（東京青山原宿一七八）に黒潮社を創立、二月には『黒潮』を自費出版します。

蘆花は『黒潮』巻頭に蘇峰への訣別の辞「経世の手段」を掲載、「君は帝国主義を執り、余は人道の大義を執り、自家の社会主義を執る」と断言するなど、当時の世論では大反響となりました。その一二月には堺利彦の訪問を受けるなど、蘆花は次第に社会主義者に親近感を抱くようになりますが、文章発表の機会は減少していきました。

明治三七（一九〇四）年二月一一日の日露開戦後、平民新聞は「非戦論号」を特集、蘆花も寄稿します。一方、蘆花の執筆活動は不振を極め、精神的苦悩が深まり、自然界に目を向け、水彩絵画に打ち込み、他に銀笛・琴・オルガンに慰めを求めています。そんな中で『NAMI-KO』（英訳「不如帰」）が刊行され、以後、各国語訳が出版されます。

明治三八（一九〇五）年一月中旬に、蘆花は九州・桜島に旅行、熊本に回り、三月五日には蘆花が最も信頼していた竹崎順子（八一歳）の重態を見舞い、ついでその死に接します。その後、大正一二年には長編『竹崎順子』を書きあげています。

また、この伯母・順子の死以後、蘆花には「心的変化」が起こり、すべてにやさしくなり、女子学院の矢島楫子を見舞い、また妻・愛子には故郷への墓参をさせています。

八月四日に蘆花夫妻は姪の河田春子（青山女学院生）を連れて、富士山に登りましたが、山頂近くで暴風雨にあい、蘆花はそのまま七日から一一日まで人事不省に陥り、五日後に目覚めるという「九死に一生」を体験します。蘆花はこの奇跡を「再生の自己発見」ととらえ、「懊悩」の精神革命が始まります。

一二月に社会主義雑誌への寄稿はしていますが、蘆花は妻への懺悔を始め、やたらに過去の非や蘇峰への三年間の疎隔を謝罪し、生活刷新のために、護身用の刀や短銃を破壊、これまで書いた感想類や日記類も焼却しています。また「心的革命」のために菜食主義者となり、原宿の借家を引き払い、「山に転居」の張り紙をして、逗子で越年します。

三、愛子の受洗、蘆花のトルストイ訪問

【青山時代】

明治三九（一九〇六）年一月には逗子で越年後、蘆花夫婦は伊香保にのぼり、聖書とトルストイの作品〝What to do?〟などの読書に明け暮れて、散策時には讃美歌を楽しんでいます。二月に蘆花は「蘆花」号

を止め、「徳冨健次郎」を宣言、一月〜三月には、愛子は明治三六年に朝鮮に移住した実兄・原田良八が伊香保まで訪ねてきて、帰途、大津で赤痢にかかったので見舞いに行き、さらに熊本・山鹿・菊池まで訪ねています。

三月になると、愛子の勧めもあって、蘆花はトルストイ訪問を決意し、伊香保を下山、帰京の途中で安中教会に立ち寄り、愛子が柏木義円牧師より受洗しました。四月四日、蘆花が単身聖地パレスチナ巡礼とトルストイ訪問の旅に横浜港を出港、愛子は逗子の「浪子不動」の建つ高台で、夫の船を見送っています。

その愛子はまもなく麻布鳥居坂の東洋英和女学校（カナダ系ミッションスクール）の特別入学（寄宿舎生活）をし、英語の勉強を始めています。愛子はここで十数歳も年下の村岡花子（『赤毛のアン』の翻訳者）と出会っています。蘆花の没後に再会しています。

蘆花は六月三〇日早朝に、ロシア国のヤスナヤ・ポリヤナにレオ（レフ）・トルストイを訪問、五日間の滞在中にトルストイの平和主義・農本思想に共鳴しています。そして、四年前の明治三五（一九〇二）年に開通したシベリア鉄道でウラジオストック―敦賀経由で、八月四日には帰国、翌五日には愛子の待つ逗子「老竜庵」に帰り着きました。

蘆花、トルストイを訪問

帰国後、蘆花夫妻は赤坂区青山高樹町の借家に入居し、黒潮社の表札を掲げ、個人雑誌月刊『黒潮』を創刊しています。九月には愛子が入院、一一月には霊南坂教会の小崎弘道牧師に聞いた千歳町粕谷（現・世田谷区粕谷）を訪ね、家屋取得を依頼しています。一二月上旬には青山学院で「眼を開け」、第一高等学校で「勝利の悲哀」を講演、一五日にはパレスチナ・トルストイ訪問記の『順礼紀行』（警醒社）を刊行しています。

四、蘆花の「謀叛論」講演

【粕谷時代】

明治四〇（一九〇七）年二月、蘆花夫妻は東京都北多摩郡千歳村粕谷三五六番地（現・世田谷区粕谷一丁目二〇番一号）に購入した農家に移住し、「美的百姓」を目指した半農生活を開始し、三月には最初の来訪者として矢嶋楫子を迎えます。四月には父・徳富一敬（八六歳）が海老名弾正により受洗しています。また、蘆花は個人雑誌月刊『黒潮』第三号を発行しますが、それ以降は休刊（廃刊）しています。

明治四一（一九〇八）年九月二八日、蘆花と愛子（三四歳）は蘇峰の六女・鶴子（二歳）を養女にしますが、入籍していません。

前述したように、愛子の出産・育児願望は非常に強く、一三歳だった一一年前の明治三〇（一八九七）年一月、蘆花夫妻が逗子「柳屋」の貸間に移って、二人だけの生活を始めた時からありました。

明治四三（一九一〇）年六月一日、幸徳秋水が相州湯河原で引致される「大逆事件」が起ります。八月には韓国併合が起りました。一〇月には、蘆花夫妻は母・久子のお供で、京都・奈良方面を旅しています。

一一月七日には一〇月二七日自邸を出たトルストイが一寒駅で死去（八二歳）しています。一二月二九日、大逆事件の予審が結審され、蘆花は被告の一人・大石誠之助の言った「嘘から出たマコト」の一言を銘記（心に刻む）します。また、蘆花は同志社校友となっています。

明治四四（一九一一）年一月一九日、蘆花は大逆事件の幸徳秋水ら二四名の死刑判決を知り、この死刑判決に激怒し、二一日、総理大臣に「桂太郎侯爵へ」の直訴文を、兄・蘇峰を介して届けようと試みますが失敗します。ついで一月二五日の昼前には「天皇陛下に願ひ奉る」を東京朝日新聞の池辺三山主筆宛に郵送します。蘆花としては、新聞紙上に掲載されれば、天皇もきっと読むチャンスが出てくるだろうとの思いがありました。

蘆花は「我々の脈管には、自然に勤王の血が流れてゐる。僕は天皇陛下が大好きである」と言い切るほど、明治天皇への親愛的な崇拝の情を持っていました。また、明治天皇を「天に逼る誠」・「元首としての堅実の向上心」・「立派な御心掛」を持つ「日本男児の標本たる御方」と本気で思っていましたので、そんな天皇への期待が大きかったのも事実です。

しかし、幸徳ら一二名の死刑執行は、二四日、即ち蘆花の新聞掲載依頼の前日に行なわれてしまっていました。

二月一日、蘆花は第一高等学校弁論部の集会で「謀叛論」と題し、大逆事件の被告弁護の講演をします。これが原因で、第一高等学校の弁論

徳冨蘆花

部長・畔柳都太郎、校長・新渡戸稲造の譴責問題が起り、また蘆花は依頼原稿の取り消しが相継ぎます。

そんな中で、四月には世田谷烏山の古家を移築し、幸徳秋水を記念した「秋水書院」を建設するなど、蘆花が如何に大逆事件の死刑執行に憤激し、一高での「謀叛論」の講演が如何に真剣であったかがわかります。

幸徳秋水

「徳富愛子四話」(3)－「愛子の日記」

徳冨蘆花と愛子について語る時、どうしても避けて通れないのが、明治四三（一九一〇）年六月に幸徳秋水ら無政府主義者が、明治天皇暗殺計画事件として検挙された大逆事件への苦悩でした。

この事件は、超スピードの非公開裁判で、翌四四年一月一八日に幸徳ら一二名の死刑判決、わずか六日後の二四日にはその執行が断行されてしまいました。今日の研究によると、この大逆事件は桂太郎内閣が無政府主義者を弾圧するためにデッチ上げた事件であったことが明らかになっています。

この年、蘆花は四四歳、愛子三七歳で、結婚して一七年目に当たりました。

蘆花と愛子は両人とも実によく日記を書いています。大逆事件について、夫・蘆花がどんな思いのうちに苦悩に苛まれていたかを知るには、妻・愛子の日記に頼らざるを得ません。もし愛子の日記がなかったら、蘆花の大逆事件での死刑執行、第一高等学校弁論部主催の講演での「謀叛論」に至る経緯はわからなかったでしょう。

明治四四（一九一一）年一月一八日に、秘密裏に審理されていた大審院の特別法廷で、幸徳秋水ら二四名の死刑、他の二人に有期刑の判決がありました。

一月十九日　曇　水
昼過ぎ新聞来る。書斎より吾夫、オーイとよびたもふに、何事ぞといそぎゆかんとすれば、つづけて二十四人も殺すそうだ！。書斎によれば、いつもいつも此の事につき語り、気をもみしが、何事ぞ二十四人の死刑宣告！！…

一月二十日　雪　木
きょうは終日、かの二十四人の事件につき、かたりくらす。食卓のしたにうづくまりて、おかめかきもちをやけば、吾夫も坐して卓の下にてとり給ふ。心は牢のみゆきて。

一月二十一日　晴　金
聖恩如海、十二名減刑の詔勅下る。吾夫は、また政府を利巧として、多分残りも今数日を経て下るべし。二度にするなるべし。一度に悉くゆるすは、寛に過ぐるように見ゆればと。されど、幸徳及び菅野のふたりは、若しくは大石の三名だけはどうもたすかりそうにもなし。ともかく兄君へ手紙認め、残り十二名の為、尽力したまわん事を乞い給ふ。

一月二十二日　美しう晴れたり　土

一高生二名、演説をこいに来る。丁度、悶々命乞いの為めにもと、謀叛論と題して約したまふ。

幸徳秋水ら一二名の死刑執行は、二十四日と二十五日にわけて実施されました。しかし、蘆花はそれを知らずに、二十五日の早朝から幸徳ら一二名の死刑執行停止の嘆願のために、「天皇陛下に願ひ奉る」の草案に取りかかっていました。そして、午後三時に配達された朝日新聞で、死刑執行済みのことを知りました。

一月二十五日

…どうしても天皇陛下に言上し奉る外はあらじ…。ともかく草し見んと、まだうすぐらきに書院の障子あけはなち、旭日のあたたかき光のそみて、水の筆をいそいそ走らし給ふ。

午後三時頃新聞来。オオイもう殺しちまったよ。みんな死んだよ、と叫び給ふに、驚き怪しみ書斎にかけ入れば、已に既に昨二十四日の午前八時より死刑執行！！！　何たるいそぎやうぞ。…。「朝日」報ずる臨終の模様など、吾夫折々声をのみつ読み給へば、きくわが胸も、さけんばかり。無念の涙とどめあえず。吾夫、もう泣くな、もう泣くなと、とどめ給へど、其御自身も泣き給えり。

この愛子の日記から、夫・蘆花の苦悩を聞きながら、愛子自身も同じ思いに打ちのめされている様子が、臨場感を以て、実によく伝わってきます。これが蘆花と愛子の大逆事件の死刑執行への率直で偽らざる悲嘆に暮れた真意でした。同時に当時の文化人に共通した憤りであったことも確かでした。

「徳富愛子四話」(4) ―蘆花の「謀叛論」

蘆花の「桂太郎侯爵へ」の直訴文と「天皇陛下に願ひ奉る」の新聞掲載の試みは二回とも功を奏しませんでした。ところがすでに愛子の日記にあったように、幸徳ら一二名の死刑判決が決定した翌日の二二日に、河上丈太郎（後の日本社会党委員長）が蘆花宅を訪ねて、第一高等学校弁論部主催の特別講演を依頼しました。蘆花は二つ返事で承諾しました。

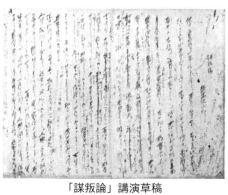

「謀叛論」講演草稿

河上の回顧談によれば、演題を聞かれた蘆花は、火鉢の灰の上に火箸で「謀叛論」と書いたということです。河上にはすぐに大逆事件のことだとわかりましたが、掲示には「題未定」として、講演直前にそれをはがして「謀叛論」にしたと言っています。

その講演内容は、幕末の吉田松陰と社会主義者・幸徳秋水は、日本の将来を憂えた先覚的な思想家としての類似性を指摘し、時代的な閉塞状態に風穴をあけた志士的な存在であったと見ていました。また、安政の大獄で無実の罪で刑死した松陰と幸徳秋水の処刑とを対比させて、両方とも当時の為政者に謀殺されたとしています。

また、天皇崇拝主義者の徳冨蘆花は、社会主義者・幸徳らも、「不心得」者ながらも天皇の赤子であり、天皇が助命をすれば、天皇の慈悲を広く国民にも世界にも知らしめるチャンスであったとしています。それなのに死刑執行を急いだ政府は、そのチャンスをも奪ってしまったと批判したのでした。

また、明治初期の政治家が忠臣であるのに比して、明治四〇年代の政治家は「博大な理想もなく信念もなく、人情に立つことも知らず、人格を敬することも知らず、謙虚に忠言を聞く度量もなく、月日と共に進む向上の心もなく、傲慢にして甚しく時勢に後れ」てしまっていると厳しく批判しました。

蘆花は、幸徳らが直接大逆事件に係わっていたと思っていましたが、その行為は天皇暗殺が目的ではなく、当時の政治家の時代閉塞を打破する試みであり、挑戦であったと考えていたようです。

そして、蘆花は「謀叛論」の講演の最後につぎのような「謀叛のすすめ」を、一高生の聴衆に訴えて締めくくっています。

「諸君、我々は生きねばならない。生きる為に常に謀叛しなければならぬ。自己に対して、また周囲に対して」「諸君、我々は人格を研くことを怠ってはならぬ」と。

蘆花における「謀叛」とは、「世界を流るゝ人情の大潮流」に乗り、「自由平等の新天地を夢み、身を献げて人類の為に尽さんとする志士」の心であり、人道主義者の真心を指していました。

詳しくは、拙論の「私論　徳冨蘆花」（熊本県高校社会科研究会『研究紀要』二六号　一九九六年三月刊）や「「謀叛論」に到る徳冨蘆花の重層的思想変遷」（熊本近代史研究会『大正デモクラシー期の体制変動と対抗』所収　熊本出版文化会館　一九九六年）を参照してください。

五、蘆花の死とその後の愛子

明治四五（一九一二）年七月三〇日に、明治天皇が崩御（五九歳）、大正天皇が即位しました。九月一五日の乃木希典夫妻の自殺は大きな衝撃をもたらし、蘆花自身も「明治の世は永遠に続く」と思っていましたので、かなりのショックでした。この年には蘆花は文章や作品の依頼も公表もありませんでした。

大正二（一九一三）年一月に憲政擁護・桂内閣弾劾の運動で、兄・蘇峰の国民新聞社は二度目の焼打ちに合い、桂内閣は総辞職します。国民新聞の発行部数は激減、蘇峰は緊急回復策として蘆花に連載小説を依頼します。三月には田園生活の随想集『みみずのたはこと』を刊行。蘆花は六月に受諾した小説「十年」を気が進まないと一一回で中止します。蘇峰はその打ち切り通告に激怒し、兄弟の溝は深まります。

九月二日～一一月三〇日、蘆花夫婦は鶴子・小笠原琴子を連れて、九州・満州・朝鮮・山陰を旅行しています。特に一〇月二六日には京城駅頭で蘇峰と再会した後は、蘆花の死の直前までの一五年間、絶交状態が続きます。しかし、国民新聞に紀行文「死の影に」を執筆しています。

大正三（一九一四）年五月五日、蘆花（四七歳）・愛子（四〇歳）の二一回目の結婚記念日から、蘆花は克明な「日記」を再開、昭和二（一九二七）年一月七日まで続きます。五月二一日、養女・鶴子を兄・蘇峰の下に返します。

五月二六日には父・一敬（九三歳）が死去、蘆花はその葬儀に参列せず、門前に「喪中面会御断り」の張り紙を出します。その後、蘆花は長く面会・文通を遮断、親族とも疎隔になります。蘇峰は怒って、死亡広告から蘆花の名を排除しています。

六月には、『中央公論』が「徳冨蘆花論」を特集、山路愛山・相馬御風・内田魯庵・徳田秋声・木下尚江・正宗白鳥・宮崎湖処子・後藤宙外・中村星湖・上司小剣などが執筆しています。八月に蘇峰は父・一敬の遺著『随感漫筆』を刊行、また第一次世界大戦（〜一九一八年一一月）が勃発します。蘆花は一二月一〇日に告白物第一作『黒い眼と茶色の目』（新橋堂）を刊行しています。

大正四（一九一五）年三月、愛子（四一歳）が大病で、六月までの長期入院、その後、七月まで伊香保で静養、その間、弓術を習っています。翌五年には蘆花の文章の発表はなく、脱「美的百姓」を宣言し、自ら邸内の畑で野良仕事をしています。

大正六（一九一七）年二月一五日、来日中の小レオ（レフ）・トルストイを粕谷の自邸に迎えています。三月には、蘆花は大正二（一九一三）年九月から一一月の九州・満州・朝鮮・山陰の紀行文『死の陰に』（大江書房）を刊行、四〜五月には伊香保静養、七月には九十九里浜で避暑生活をしています。一一月のロシア革命で世界初の社会主義ソヴィエト政権が樹立されました。

大正七（一九一八）年四月に『新春』（福永書店）を刊行、このように明治三九（一九〇六）年一二月のパレスチナ・トルストイ訪問記『順礼紀行』（警醒社）以来、民友社からの出版をしなくなり、五月には民友社から蘆花に印税が返却されました。

七月には、蘆花夫妻は長野赤倉・北陸・大阪・玉島・今治・有馬などを旅行、今治訪問は三三年ぶりでした。この年、粕谷の自邸を「恒春園」と名付けています。ロシア革命によりロマノフ王朝は滅亡、日本は赤化防止と称して八月にシベリヤ出兵をしています。

大正八（一九一九）年、蘆花はこの年を「新紀元第一年」とし、自分と愛子（四五歳）を「第二のアダムとイブ」と宣言して、一月二七日に横浜を出港します。世界一周の旅行中（翌年三月までの一年二ヵ月）はお互い「日子《ひこ》」・「日女《ひめ》」と自覚して呼び合っています。

旅行中の二月一八日には母・久子（九一歳）が死去。四月二一日、蘆花は「私の所望」を、ベルサイユ講和会議に参加している西園寺公望、ウィルソン米大統領、ロイド・ジョージ、ロンドンタイムス記者、日本時事新報社に送っています。八月には「国際連盟」が成立、また第一次世界大戦の戦後恐慌が起こっています。

大正九（一九二〇）年三月八日、無事に帰国すると、直ちに愛子（四六歳）の協力を得て、「日本から日本へ」の原稿執筆にかかり、翌一〇（一九二一）年三月には、共著『日本から日本へ』「東の巻」「西の巻」（金尾文淵堂）として刊行します。三月末より夫妻は執筆慰労のために伊豆・興津に滞在、それから京都・大阪・吉野など関西方面を旅行し、四月下旬には伊香保で静養しています。

大正一一（一九二二）年一月、蘆花は「自己改造の宣言」を読売新聞に発表します。一〜三月、蘆花夫妻は神戸須磨に横井時雄を見舞い、賀川豊彦に初めて会っています。その後に九州各地を講演しながら回り、朝鮮の群山在住の愛子の兄・原田良八の病気見舞い方々訪問しますが、上京して留守でした。帰途、京都・若王子に新島襄・山本久栄の墓参を行なっています。また、一〇月二八日に夫婦で矢嶋楫子に前半生の懺悔を勧めています。

大正一二（一九二三）年の秋、賀川豊彦が上京して、本所にセツルメント（善隣事業）を開きます。四月二三日には蘆花は母方の伯母の伝記『竹崎順子』（福永書店）を刊行します。九月一日には関東大震災、一二月には難波大輔の虎の門事件が起こっています。

大正一三（一九二四）年一月以後、蘆花は自分の執筆はすべて遺言と決めます。同月二六日、蘆花夫婦共著の「冨士」を起稿し、九月にはアメリカの排日移民法に憤激し、日米問題の評論集の編著『太平洋を中にして』を文化生活研究会から刊行し、一〇月には「難波大助の処分について」「死刑廃止」「死刑廃すべし」を執筆しています。

大正一四（一九二五）年五月に「五十年の生涯、全てを打ちあけよう」を読売新聞に発表し、同月一〇日に愛子との共著で、夫妻の半生の懺悔録『冨士』第一巻（福永書店）を刊行します。六月には矢嶋楫子（九二歳）の死去、その直後、蘆花は「二つの秘密を残して死んだ叔母の霊前に捧ぐ」（『婦人の国』）・「矢叔母の絶筆について」（『婦人公論』）で非難、問題となります。

大正一五・昭和元（一九二六）年二月一五日に『冨士』第二巻（福永書店）を刊行、六月には蘆花は長期間の執筆で疲労し、健康を損ねてしまい、愛子と一緒に市川・高尾山に遊びます。一二月には千葉県勝浦町東浜に転地療養、同月一五日に『冨士』第三巻の校正を済ませ、第四巻の目次を書いています。一二月二五日、大正天皇死去、昭和天皇が即位しました。

昭和二（一九二七）年一月七日、蘆花の日記はこの日をもって終ります。同月一五日『冨士』第三巻（福永書店）の刊行を、赤飯をたいて病床で祝っています。二一日に粕谷の自邸で正木俊二博士の診察を受け、心臓病と腎臓の痼疾と診断され、その後は佐々康平博士の診断を受けています。二月一四日、衝心症で危篤に陥り、都下の新聞は重態と報道しましたが、三月には蘇峰の懇切なる見舞いを謝絶、五月にやや快復し、知人・読者への礼状を書き、新聞に発表しています。七月一四日には愛子・医師・看護婦の付き添いで、一〇回目の伊香保行きを強行します。八月に再び重態に陥り、新聞に公表します。

九月一七日、蘆花は兄・蘇峰との会見を切望し、「お目にかかりたし直ちに御出を乞う」の至急電報を打ちます。蘇峰は翌一八日午前一一時過ぎに到着、床上に起座して、兄・蘇峰との再会・和解を赤飯で祝いました。

夕刻から病状が悪化、九時ごろ危篤状態、後事を蘇峰に託して、一〇時五五分永眠（満五八歳一〇ヵ月）。一九日夜、遺体は粕谷の自邸に運ばれ、九月二三日、青山会館で小崎弘道司式のキリスト教葬が行なわれ、参列者二〇〇〇余人。愛子の短歌「白雲にしばしへだての二つ岳ならぶは光り地にみつる時」と共に、恒春園のクヌギ林に埋葬されました。

愛子（五四歳）に残された大きな仕事は、昭和三年〜五年にかけての『蘆花全集』全二〇巻（定本）の刊行でした。また、愛子は蘆花に代わって、昭和三（一九二八）年二月一一日には『冨士』第四巻、昭和一〇（一九三五）年四月に『蘆花家信』、一二月に『書輸十年』を刊行しています。

昭和六（一九三一）年に、愛子（五七歳）は腸の手術をし、以後、日常生活に不自由の身となりました。昭和一二（一九三七）年、愛子（六三歳）は東京市に恒春園の敷地・家屋・家具・書籍など一切を寄贈、翌一三（一九三八）年二月には市立公園「蘆花恒春園」（現在は都立公園）として開園、同一四（一九三九）年の愛子（六四歳）は、三鷹市に「緑々荘」を新築・常住し、粕谷と往復する日々を送っています。

そして、昭和二二（一九四七）年二月二〇日、愛子は熱海寓居にて死去（満七二歳七ヵ月）。現地にて火葬に付され、二月二三日に恒春園の秋水書院において葬儀、蘆花の墓側に埋葬されました。

おわりにかえて―愛子の二短歌

愛子の年譜は蘆花の年譜があれば十分です。こんな年譜はなかなかないものです。蘆花と愛子は最後までいつも一緒で、まさしく比翼連理のおしどり夫婦の生涯でした。愛子は夫・蘆花の自由奔放な生き方に何一つ反対しませんでした。むしろ蘆花の自由意思を尊重するかのように、そんな蘆花の生き方を支えていました。だからといって、愛子は夫・蘆花のために自分を犠牲することは一つもありませんでした。妻・愛子のそんな態度や行動に、蘆花はどれだけ救われたことでしょう。ほとんど何の気遣いの必要もなく、ただ蘆花は自分に素直な生き方をひたすらしていればよかったのです。

蘆花もそんな愛子に最大限の尊敬をし、単なる妻としてではなく、むしろ同志だったからこそお互いに信頼し合える毎日を続けることができたに違いありません。だからこそ蘆花は本気で愛子の行動に尊敬と畏敬の念をもって接していたと思われます。

蘆花が今を時めく兄・蘇峰の社会的地位と立場に、自分から反目・離別し、さらに絶縁してでも、兄からの自立・独立・挑戦の姿勢を構え、蘆花のアイデンティティの主張を続けられた背景には、夫・蘆花のある面では大人気ない頑な態度を、愛子は決してそうは見ないで、一切何の非難もすることはなく、むしろ黙認し続けた暖かさがありました。

蘆花にとって、このような兄・蘇峰への反発の態度がとれたこと、蘆花らしい生涯を全うし得たことは、愛子という決して裏切らない強い味方の同志的存在があったからこそではないでしょうか。その思いが、蘆花の棺に添えた妻・愛子の「白雲にしばしへだての二つ岳ならぶは光り地にみつる時」の短歌が語ってくれています。

また、『思出の記』で見られたように、蘆花が何の躊躇もなく、愛子の故郷・菊池の熱い思いの自然描写をそのまま借用したり、あるいは愛子の描いた文章をそのまま取り入れたのも、蘆花にとっては何の問題もなく、自分と同じ範疇にあったからではないでしょうか。

蘆花と愛子は二人で別々に、「同じ一つの円を描く」ことが容易にできた夫婦だったと思います。その愛子の故郷への思いは、「菊池川かは水清きふるさとの稲穂おもへは人のなつかし」の短歌からも十分垣間見ることができます。

少々深読みかもしれませんが、前の短歌の「二つ岳」は当然蘆花と愛子の二人を指すのですが、この「二つ岳」は愛子の故郷・菊池にある「二岳」、即ち一つは「故郷の気象台」の「高鞍山」（鞍岳）、あと一つは「矢筈岳」（八方岳）を指していたのかもしれません。

菊池地方では、「八筈岳」には「筑紫（菊池）なる矢筈が岳の麓には鬼取りひしぐ武士ぞ住め」という菊池氏を称えた古歌があります。愛子は自らを「鞍岳」、夫・蘆花を「八方岳」になぞらえたかったのかもしれません。

久《く》布《ぶ》白《しろ》落《おち》実《み》

矢嶋楫子の名補佐

久布白落実
（『久布白落実著作集』）

はじめに

久布白落実（一八八二～一九七二）は、矢嶋楫子の日本基督教婦人矯風会の助っ人であり、その後継者で、楫子より一世代後に日本基督教婦人矯風会の会頭になり、女性解放運動を戦前から戦後に橋渡しするとともに廃娼運動を生涯の重要課題とし、「売春防止法」制定を実現させた活動家です。

なお本論では、学術著作集ライブラリー『久布白落実著作集』第六巻所収の自伝『廃娼ひとすじ』（日本図書センター　二〇〇九年）、山鹿市教育委員会『近代の山鹿を築いた人たち』（二〇一〇）「女性解放運動家・久布白落実」などを参考とし、また所収写真から掲載させてもらいました。

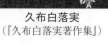

一、大久保落実時代

学術著作集ライブラリー『久布白落実著作集』第六巻所収の自伝『廃娼ひとすじ』によると、久布白落実は大久保真次郎と音羽の長女として、山鹿郡岩原村郷原（現・山鹿市鹿央町）に生まれました。

1、大久保家の家系

大久保家について、落実は『廃娼ひとすじ』の「生いたち」の最初に、「大久保の姓はこの土地では何軒かあった。すでに本家は村でも有数な物持ちで、家も邸もしっかりしている」と記していますので、肥後細川藩の永青文庫『町在』を調べ、初代から六代までの系図を作成してみました（大久保家系図「本家」参照）。

肥後藩山鹿郡中富手永の郷原村（現・岩原）に大久保家があり、初代・大久保理右衛門は宝暦一二（一七六二）年には中富手永会所詰となり、明和六（一七六九）年には病気免、回復後の安永五（一七七六）年以来郷原村庄屋で、かつ「郡代直触」の士分格、前掲の「大久保家系図」の家長は代々「郡代直触」で、郷原村周辺の村々の庄屋役を務めて、出百姓・田方免・零落救済や勧農など村方成立に数々の功績があり、また中富手永惣庄屋・服部典助は甥に当りました。

しかし、落実の父・真次郎の家は、「大久保家系図」の本家筋・善兵衛から分家した「新宅大久保家」でした。曽祖父が分家直後に死去、曽祖母が若後家となり、田畑は借金のかたに取られ、娘・タガと幼い息子を抱え、懸命に働きました（大久保家系図「分家」参照）。

大久保家系図

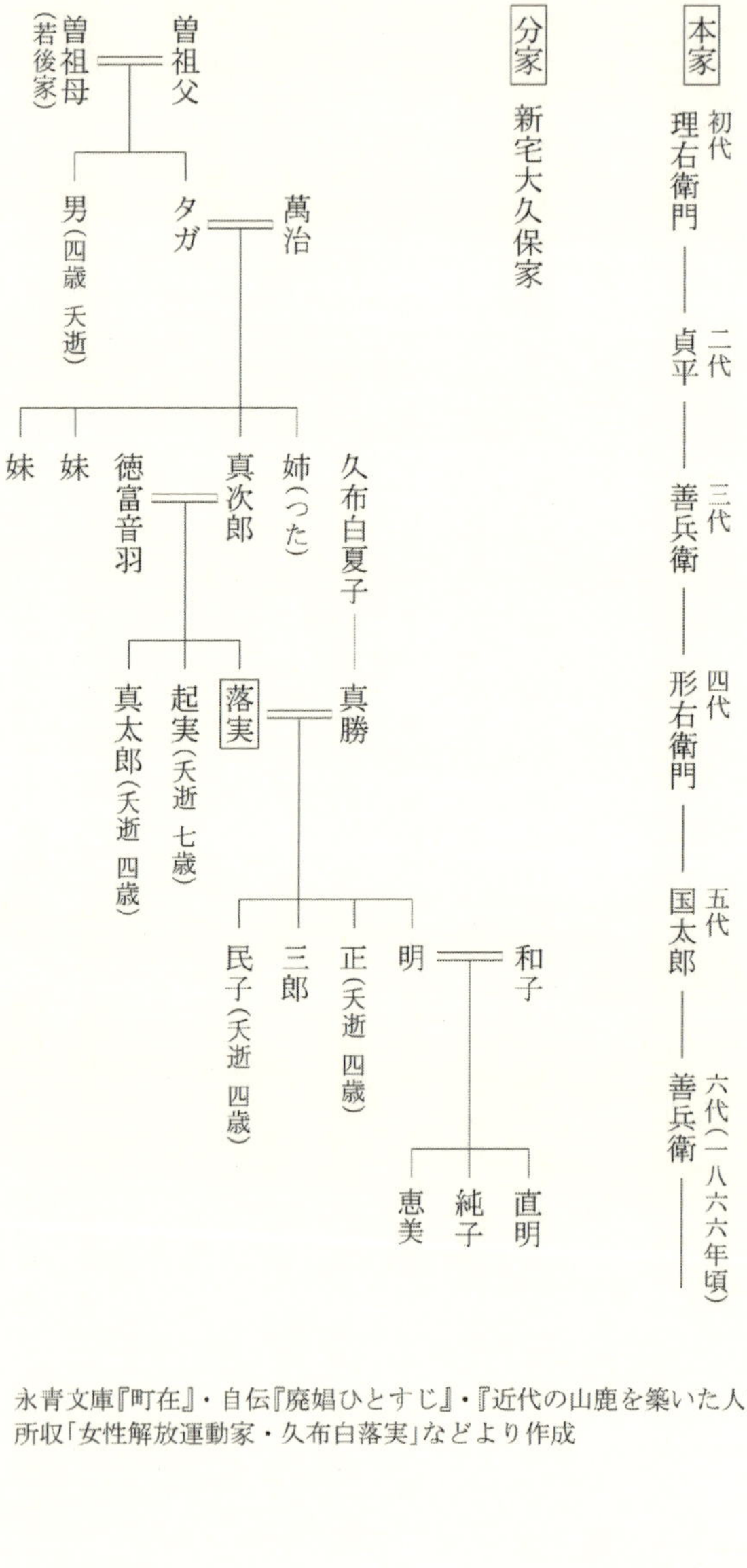

永青文庫『町在』・自伝『廃娼ひとすじ』・『近代の山鹿を築いた人たち』
所収「女性解放運動家・久布白落実」などより作成

そのタガに「村一番の働き者」の萬治が婿に入り、「新宅大久保家」の夫婦の専心な勤勉努力によって、少しずつ田畑を買い戻し、どうやら生活の基盤が整いました。そんな中で落実の父・真次郎が生まれました。

大久保真次郎は「私は畑の一枚や二枚は要りません。世界いっぱい欲しいから」といい、家を継いで土地に納まる心はなく、学問に興味を感じ、一六歳でマンスフェルトの熊本医学校に入学し、その後、東京帝国大学の前身、東京医学専門学校に北里柴三郎とともに入学しています。

一方、徳富音羽は徳富久子の三女、猪一郎（蘇峰）・健次郎（蘆花）の姉であり、母・久子は矢嶋楫子の姉にあたりました。音羽は嘉悦孝子と同様に、熊本県の殖産興業である緑川製糸場の模範女工として、その指導に当っていました。

2、真次郎・音羽の結婚と落実の誕生

真次郎の友人だった蘇峰が「どうだ、うちの姉は？　なかなかいいぞ」と、姉・音羽の写真を見せて取り持ったことから、明治一五（一八八二）年一月に、真次郎（二七歳）と音羽（二五歳）は結婚することになりました。

そして、同年一二月一六日に落実が生まれました。父親の真次郎は野望を抱きながら、なかなか日の目を見ず、母の音羽は日々の生活に四苦八苦で、落実の誕生を「親の手しばる敵同様」と言う有様でした。

そこに母・久子は当時一五歳の徳富健次郎（蘆花）に萩餅の重箱を持たせて、六里離れた郷原村まで届け

させました。

このような真次郎夫婦の生活が「落ち目」の時に生まれたことから、名前を「落実」と付けたといいます。このことで父・真次郎は、後に同志社英学校の創始者・新島襄（一八四三〜九〇）に厳しくたしなめられました。

苦しい大久保家の生活は、その後も続きました。音羽は歯を食いしばって、ただ一筋に働き通しました。そんな中でも、母の音羽は、落実（三歳）に分るはずのない『大学』や『論語』を唯一の教科書として素読などを教えていました。

父の真次郎が自分に合った仕事を見つけるために、実家を飛び出して、丸三年経った明治一八（一八八五）年、母・久子は熊本に里帰りした音羽に「どんなにあんたが働いても、人間力だけじゃいかんばい。神様のおらすけん」と言って、草葉町教会に連れて行き、音羽（二九歳）と落実（三歳）の母子は横井小楠の長男・横井時雄牧師から洗礼を受けました。

3、父・真次郎の改悛

落実は、「明治十九（一八八六）年という年は、私たちにとってはなにかと記念の多い年だ」として、妹・起実《おきみ》の誕生、東京基督教婦人矯風会の創立、蘇峰の出世作『将来之日本』の出版をあげていますが、また父・真次郎の改悛の年でもありました。

明治一八年には、真次郎の仕事先の尾道に借りていた三階建ての家に、音羽と落実はすでに移っていました。翌一九年正月、接客が一段落した四日、真次郎は音羽に「もうおれは酒は飲まぬ。お前の聖書を貸せ。昼めしはいらぬ」と、三日三晩引き籠った後、「おれが悪かった。断然改める」と宣言し、直ちに禁煙・禁酒を実行しました。そして、新島襄に手紙を書き、「一気呵成に己が道を進みはじめ」ました。

新島襄からは手紙と共に聖書・讃美歌・小冊子、それに伝道資金までを添え、尾道で伝道を開始するようとの指導を受けました。キリスト教伝道士になった真次郎は、音羽、落実、妹・起実（明治二五年死去）、弟・真太郎（明治二六年誕生）と共に、尾道・京都・秩父、群馬県の藤岡・高崎・前橋の教会と移りながら伝道活動を続けました。

学生時代の落実（1903 年ごろ）写真右
（『近代の山鹿を築いた人たち』）

京都では落実（七歳）は家族と一緒に新島襄邸を訪ね、妻の八重夫人にもあっています。また、秩父では落実は七歳～一二歳まで住み、その頃母・音羽と、①告げ口をしない、②しかけたことは必ず続ける、③自分で自分を奮起させるという三つの約束をしています。

その頃、小学校に通い始めたものの、ひどいはにかみで、教科書の音読も返事もできなかったのを、必死の力を奮ってやり遂げたと言っています。このように落実は自分の欠点や弱点を克服していきました。

ところが一三歳の落実が不眠症に罹り、来る日も来る日も夜眠れず、それを心配した両親は転地療養を勧め、その地は蘇峰が老父母のために隠宅として借りた逗子の「柳屋」でした。汽車で上野駅に着くと、

女子学院卒業当時の落実
（『近代の山鹿を築いた人たち』）

叔父の蘆花が迎えに来ていました。それから車で赤坂氷川町の勝海舟翁の隣家に行き、そこにはまだ新妻だった徳富愛子が「あら落実さん！」と駆け出して迎えてくれています。落実の周辺には音羽の弟たち蘇峰・蘆花がいて、何くれと面倒を見てくれる環境がありました。

4、落実の女子学院入学・卒業

明治二八（一八九五）年、落実（一四歳）は上州のキリスト者婦人たちによって建てられた前橋共愛女学校予科に編入しました。そこでは三年間キリスト教の基礎、高等教育、それに英語の授業があり、英語の嫌いな落実は正直に「えいごはきらいです。義務だから習います」と答え、山田恒子（後のガントレット夫人）に「笑わない可愛くない女学生」と呼ばれていたと回顧しています。

前橋共愛女学校予科を「諭旨退学」し、翌二九（一八九六）年正月に、落実（一五歳）は、大叔母・矢嶋楫子が院長の女子学院に転校しました。そこで初対面の楫子に「この人はあまり器量がよくないからつづくでしょう」と独り言のように言われたと記しています。

この楫子の独り言の背景には、女子学院がお嬢さん学校で、良縁があったら中途退学して、さっさと結婚してしまい、全科高等部を卒業する者がいなかったからでした。その落実は中学四年、高等科二年の丸六年半で女子学院を卒業しています。落実の他わずか六人で、落実は代表して答辞を読んだと記憶しています。

在学中の落実に強烈な影響を与えたのはジョン・R・モットの『隠密の祈りと聖書の研究』という小冊子でした。これを読んだ後、「はじめて聖書を本気で読むようになった」と言います。特に、永遠に朽ちざる霊魂のために一日二四時間のうち一時間でも三〇分でも聖書を読むこと、「青年よ、諸君の生涯は諸君の手にある」の呼びかけに感奮し、生涯献身の生活を送りたいと念願したと言います。

それを女子学院内で具体的に実行しようとし、最初はカンニング廃止運動をやっています。その女子学院には、すでに自治教育、即ち規則で縛らない教育方針があり、院長の楫子の有名な「あなた方は聖書をもっていられる。何も規則で縛る必要はありますまい」の言葉がありました。この女子学院での教育と生活は、これまでの落実自身を大きく成長させてくれたと感謝しています。

二、落実の渡米

1、ハワイの日本人教会

落実の父・真次郎の奮闘努力の結果、高崎教会の独立と樹立に成功していました。その後、真次郎は明治三四（一九〇一）年になると、ハワイ行きを言い出しましたが、いざ渡航という段階でミッション・ボードの対日本人牧師への渡航切符や船室などの差別的処遇に遭遇し、その渡航は八月以降に実現しました。

真次郎がハワイ行きを決心した背景には、明治元（一八六八）年以降、日本人のハワイ移民が始まり、

母・音羽、父・大久保真次郎、落実（1903年）
（『近代の山鹿を築いた人たち』）

この時期にはすでに一〇数万人の日本人が移住していたことでした。それらの日本人の信仰の拠り所としてホノルルには日本人教会があり、それに協力するためでした。

落実は明治三六（一九〇三）年に女子学院を卒業、その後両親が伝道していたハワイ行きを決行しますが、その過程で自身のトラホームの完治のために一ヵ月を要しました。渡航に際しては、矢嶋楫子や徳富蘇峰からすべてに対して「六割主義」などのアドバイスを受けています。

落実は六月某日、コレヤ丸で出航、初渡航の感想は「なんとひろい空、なんと広い海！」の一言でした。ハワイに到着した落実は両親の出迎えに「腹の底から涙がにじんできた」と言い、そこでは幼稚園に勤め、また家庭教師などをしています。

しかし、父・真次郎は、「ミッションとは、英語を教え、ただで茶を飲ませ、働き口の世話をするところの別名詞」で、「乞食製造所」というハワイの日本人教会のあり方に不満を持ち、「教会は果たしてキリストの精神に従って自給独立の決意ありや否や」と自問し、「キリストの教会は犠牲献身の実践場」と自答する強い意志と考えを持っていました。

また、真次郎は、日本を出る時から「日本人のさかんな海外発展の状況の力になりたいとの願いを持っていて、このままハワイに止まっていたら、本来の志を果たしえない」とも考えていました。さらに母・音羽の衰弱とアメリカ本土からの招聘とが一緒になったのを天意による契機ととらえ、アメリカ行きを決断しました。落実はそんな父を「いつも身を賭して宣教に当っている実際を目撃し、キリスト教なるものの真剣さを身をもって味わった」と言います。

真次郎と音羽のハワイ滞在は二ヵ年余、落実は一ヵ年でしたが、英語も多少実地鍛錬ができたと喜んでいます。六日かかってサンフランシスコに到着、真次郎牧師を待ち受けていたのは、彼を招聘しようとする青年たちの組（グループ）でした。一番熱心に「ぜひオークランドに来てほしい」というオークランド組の青年たちに同行することになります。そこには明治四三（一九一〇）年にシアトルで結婚する久布白直勝もいました。

2、「バークレー太平洋神学校」入学・卒業

明治三七（一九〇四）年、オークランドでの真次郎は種々の問題を抱えた教会の経営を任されましたが、大きいのは、①寄宿舎の問題、②夜学の経営、③伝道でした。また、牧師として日本人教会の樹立にも努力しました。

一方、落実（二三歳）は結婚を考えていましたが、その前に「もう一といきの勉強の欲」があり、両親もそれを拒みませんでした。そこで落実は、カルフォルニアのバークレー太平洋神学校に入学、やがて「スカラシップ」（奨学金一二ドル五〇セント）を貰い、予科から半年後に本科生となり正科を終え、同四二（一九〇九）年に卒業しています。その間、昼は学校、夜は教会の英語夜学を教え、その他父の通訳、母の手伝い、訪問、買い物などをこなした「何でも屋」でした。

3、アメリカでの日本人「醜業婦」の直接見聞

明治三九（一九〇六）年四月、サンフランシスコ大震災が起りました。落実の住むオークランドはその避難地となり、次第に避難者が殺到し始め、教会はその受け入れと炊き出しに奔走しました。

そんな中で避難してきた者たちの「支那ばくち」と「日本人醜窟」が問題となっていました。特に後者は国際連盟の婦女禁売委員会のジョンソン博士のグループも調査に入るほどのやかましい日本人の醜聞になっていたことは後で知ったと言います。

ある朝、オークランドの有名な牧師ブラウン氏が家にやって来て、「この町に日本人の醜業婦が来ているのを知っているか。私は視察に行きたいので、貴女が通訳してほしい」と頼まれ、警察署長のピーターソンの三人で現場に出向きました。

調査に通訳として立ち会った落実は、ブラウン氏が「米国ではいっさいの奴隷を禁止している。あなたが自由意志ではたらいているのなら仕方がないが、もしこの家にいたくないのなら、私が面倒をみてあげるがどうか」との自由廃業の勧告に対し、「私は自分の好きでしています。ご心配はいりません」と救済の手を拒むのを直接見聞しました。

落実は「この時ほど恥ずかしい思いをしたことがなかった。（中略）その時まで私は「日本婦人」なるものに尊敬と信頼をもっていた。（中略）女性として妻としてまた母としての日本婦人は、けっして世界の女性にも劣りはしない。ことにその貞操の点においては、大部分の日本婦人は己が身をもって、その貞操を守っている」と信じていたのでした。

ところが自分と同じ年齢ぐらいの女性から「これは私が好きこのんでやっているのです」という言葉を聞いて、「私は自分の立っている大地が崩れるような感に打たれた」といっています。

その後、地元のアメリカ人から「日本婦人は不道徳ではなく無道徳である。平気で売春をするというのは道徳を持たぬ人間のすることである」との非難を受けていました。落実の誇り高き日本人女性としての羞恥と無念さ、その落胆した様子が手に取るように伝わってきます。

この日本人売春宿調査の体験が、その後の落実の一生を決めることになりました。落実は、この背後には日本の社会も政府も公に売春を認め、前借でしばった不幸な女性たちを商品化し、また女性にだけ貞操を要求する日本人の貞操観念に原因すると考え、この根本の矯正なしには問題は解決しないとの考えに至っていました。

4、単身渡米の矢嶋楫子と落実の同行・通訳

矢嶋楫子は明治一九（一八八六）年以来、日本基督教婦人矯風会の会頭で、日本における禁酒・廃娼問題を標榜し、すでに二〇年間も運動を続けていました。アメリカのボストン市で開催される明治三九（一九〇六）年の万国矯風会第七回大会に、楫子（七三歳）は自費で参加する意志を表明、矯風会はそれを承認しました。楫子にとって最初の渡航でした。

自伝『廃娼ひとすじ』には「矢島女史と矯風会世界大会」の章を設け、落実が楫子の補佐役になる経緯や同行について詳細に書いています。

八月中頃、サンフランシスコ大震災で三分の二も破壊したサンフランシスコに上陸、やっと片付けが一段落した地元の多くの在米関係者に迎えられました。それからオークランドに約五〇日滞在、ボストン市までの往復は落実が同行することになりました。

楫子の目的の一つは、ボストン市での万国矯風会大会への出席であり、日本人女性は楫子と落実と大阪から参加した林歌子の三人でした。その後、米国のハートフォード、ニューヨークでの大会に参加して、ワシントンに着きました。

二つめの目的はルーズヴェルト大統領との面会でした。楫子はこの時、日露戦争のポーツマス講和会議で、ルーズヴェルトがその仲介の労をとってくれたことに直接感謝の礼を言うためでした。ルーズヴェルトは楫子の手を握り、国旗を贈ったそうです。

しかし、何故、楫子は直接面会したのか。日本ではこの条約に反対する日比谷焼き打ち事件が起こっています。楫子など少数の者は、日本の国情を考えた場合、小村寿太郎の功績を評価し、そのような日露間の条約に導いてくれたルーズヴェルトへ謝意を表するためであったと思われます。

三つ目はワシントンのクリテントン慈愛館の本部を訪問し、日本基督教婦人矯風会の施設建設に多大の資金支援への報告と感謝を表するためでした。それを終えた楫子と落実はオークランドに帰着、楫子はそれからオークランド、バークレイ、サンフランシスコに、日本基督教婦人矯風会の支部作りを手掛けて仕上げ、帰国しました。

落実は自分の仕事や学業を犠牲にした楫子の傍若無人で気の強いアメリカでの行動を評して「エグイ婆

さん」といっていますが、帰国した楫子から金一〇〇円の送金、半分は父・真次郎の独立教会に、残り半分を落実にとしていました。落実は自分の分を在米日本人婦人のための月刊誌『白標婦人』(四ページ、後に『在米婦人新報』)の発行に使っています。

三、久布白落実(一八八二〜一九七二)の前半生
―「日本基督教婦人矯風会の総幹事」

1、久布白直勝と落実の結婚

久布白家の出自については、戦国時代の大友宗麟の出、佐賀の龍造寺氏の出で、鍋島氏に滅ぼされた際、菊池に落ち延びて久布白と改名したとかの諸説があって定かではありませんが、熊本市の浄道寺は先祖代々の墓所で、久布白対馬守の碑や細川家の家老・沢村、久布白の銘の梵鐘があり、直勝の父・直宣は家族で墓参し、白川辺りに二〇〇〇坪の屋敷があったと言います。

久布白家は細川藩の勘定方で、数理に明るかったので、直宣は明治維新と共に士族身分を捨て商人となり、呉服屋・田辺屋の番頭、その後、第九銀行に勤め、米穀取引所にも関係、百貫港に温泉場も経営しています。また、熊本洋学校のジェーンズから諸道具を買い取り、その中の両袖付き机は落実自身が使用、ジェーンズ記念館ができたら寄贈する約束だと記していますが、その件についてはまだ確認できていません。

母・夏子は熊本藩士族・吉武家の出で、一七歳で嫁した背の高い色白の美人型の女性で、直勝・嘗次郎、

愛子・富子の二男二女の母でした。

直勝は明治一二（一八七九）年二月一一日生まれで、済々黌から第五高等学校に進学しましたが、父・直宣が陸軍より海軍を勧めたことから五高を中退。海軍兵学校の受験のために上京しましたが、受験直前の高熱や父・直宣の死去などもあって三度も失敗しています。

直勝は家督を相続したものの、移民と留学を目指して渡米、サンフランシスコ到着後、ヘート基督教青年会を訪ね、以後、キリスト教界に身をゆだねました。

落実、長男・明、夫・久布白直勝（1910年）
（『近代の山鹿を築いた人たち』）

最初、白人の家の下僕や農園労働をしましたが、やがてミッションに寄宿、学業を修め、ハイスクールを終え、彼は「米国の真生命は何であろう。軍備もたいしたこともなく歴史も若いこの国が、このように発展している真髄はキリスト教にあるのだろう。自分はここに途をとろう」と決心、ミッションの有給幹事となり、バークレイのユニテリアン神学校に入学、ウィルバー博士のもとで一心に勉学しました。

父・真次郎は、明治四二（一九〇九）年、オークランドでの独立教会に奔走する傍ら、落実の意向を聞いた上で、結婚相手と目していた久布白直勝に、教会の長老格の和佐氏を通じて申し込みました。国元の直勝の母・夏子から承諾の手紙もあり、二年余の交際の後、明治四三（一九一〇）年に直勝（三〇歳）と落実（二七歳）は結婚、シアトルに住み、同地で二人の男児（明と正）が生まれ、大正三（一九一四）年には第三子の三郎が生まれています。

このように余り年を明けずに、落実はつぎつぎに出産していますが、その理由を「結婚は相当な束縛だ。その最大なものは子供である。しかし結婚した以上、逃げることはできない。それでできるだけ早く産んで、育て上げることだ」と考えていたことを吐露しています。

そんな落実でしたが、後述するように大正五（一九一六）年に、日本基督教婦人矯風会の本部に入り、総幹事を引き受けますが、その条件として、落実は「どんなことがあっても家庭第一、勤務は午前十時から午後四時まで。子どもが十歳になるまで、夜の会合にはいっさい出席しない。会の大方針を押し立てて進むことはするが、雑務はしない」などのことを認めさせ、それを実行しています。

落実は「矢島女史と矯風会世界大会」の章で、矢嶋楫子を「エグイ婆さん」といい、また「さるもの」、即ち「抜け目のない者、したたかな者」とも評していますが、落実自身も大伯母・楫子同様に大した「エグさ」を持つ「さるもの」だったようです。しかし、現在でもこれだけはっきりと自分の労働条件を要求できる働く女性はいないのではないでしょうか。

2、帰国と廃娼運動

夫の直勝は、アメリカでキリスト教の神髄が何ものかを十分理解していましたが、明治四四（一九一一）年頃には「宗教界に立つなら、故国の宗教界、思想界に立ちたい」と考え始め、日本にそのことを通知していました。すると大正二（一九一三）年に大阪教会から正式な招聘があり、それに応じて帰国することになりました。また、大久保の両親も一時帰国をすることになり、六人揃っての帰国を徳富一家と縁戚は総出で歓待してくれました。

直勝は大阪教会の宮川経輝牧師のもと副牧師として多忙な毎日、アメリカでの過労もあって発病してしまい、翌三（一九一四）年には一時、夫・直勝の転地療養を兼ねて高松教会に移り、落実はこの地で三男の三郎を出産しています。この年、再渡米していた父・真次郎が五ヵ月の闘病生活後に死去、墓はカリフォルニア州オークランドのビートモンドの山中に建て、落実は渡米ごとに参詣しています。

直勝の病気が快復した時、一緒に住んでいた実母の夏子は熱心な法華宗の信者でした。高松の法華寺僧侶から「ヤソも仏も行くところは同じですからな」との話を聞き、直勝にそのことを話しました。直勝も「そりゃ神様も極楽も、二つも三つもあるわけじゃありませんからな」との返事を聞き、それが後に夏子の受洗の契機になったエピソードを紹介しています。

大正四（一九一五）年、次男の正が「おちる」という言葉を残して、当時流行していた疫痢で死んでいます。落実は以前から購読していた日本基督教婦人矯風会の機関誌『婦人新報』に、明治三九（一九〇六）年のサンフランシスコ大震災の避難地オークランドの「日本人醜窟」の問題を「廃娼論」として寄稿しますと、大きな反響を呼び、それを読んだ守屋東《もりやあずま》（一八八四～一九七五）が強引に矯風会に引っ張り出そうと、すぐに面会に行くと動き始めました。落実は夫の直勝に相談、「断わることはない。これはおれが祈りだしたのだ」、即ち神が与えたこの機会は自分が強い信仰で念じ出したものだとすぐに賛成しました。

この守屋との談判は半年続き、その間に夫・直勝は組合教会本部に東京での仕事を要望しましたが決まらず、ついに辞表を書き、野外伝道も覚悟しています。そして大正五（一九一六）年に久布白一家は上京、落実は日本基督教婦人矯風会の本部に入り、前述の勤務条件で、総幹事を引き受けました。報酬は五〇円で当時の矯風会では最高額、それに家賃二五円の支給もありました。

総幹事に就任した落実が、最初に取り組んだのは、廃娼運動の国民への浸透と教育、それと資金作りを一体化した「五銭袋運動」で、これは少額寄附による大衆参加を重視した大衆運動でした。祖母の徳富久子からは「落実さん、あんた、この袋と死になさい」と励まされ、この運動は約一〇年も続き、その袋数は四〇万、総額二〇万円の募金が集まりました。

もう一つは毎週一回ずつの「純潔教育」講演会の運動でした。落実の矯風会での活動は、半端なものではなく、特に遊廓廃止運動では先頭に立ち、売春斡旋業者とは正面から挑み、同時に講演会での社会への訴え、政府・国会・県議会への廃娼請願を続けました。また、売春を辞めた婦人の救済・保護活動も行ない、昭和五一（一九七六）年二月号の『婦人新報』によれば、昭和五（一九三〇）年までに婦人ホームに修養した人員は一一万一〇五人を数えています。

話を戻せば、大正四（一九一五）年には、直勝の母・夏子が「皆忙しいから、死なばゴットリ」通りの大往生、落実は父・真次郎の死後、アメリカに残っていた母・音羽の帰国を要請、帰国した音羽は、総幹事の職について多忙を極めた久布白一家の家守りとなりました。

そして大正七（一九一八）年に、夫・直勝は母・夏子の死後、熊本の家を処分し、その代金一〇〇〇円を基金にし、楫子からの夏子への香典五〇〇円、帰国した音羽は大久保家の有り金を以て、ロンドンのシティ・テンプルに倣った念願の東京市民教会を世田谷に創設、夫・直勝の独立教会のスタートには矢嶋楫子、徳富久子、それに大阪から広岡浅子（日本女子大学の設立、大同生命の創業者の一人）が参加しています。

この翌八（一九一九）年一月、徳冨蘆花・愛子夫妻は、世界一周の旅行に出立しますが、それを見送りに行った落実に、蘆花は「君はいったい何しているのだ。君は直勝君を置き去りにして、矯風会と間男しているではないか」と叱責、「家庭をたいせつにしろ、夫をたすけて教会の手伝いをせよ。矯風会に力を入れすぎるな」など忠告されています。

その後、大正九（一九二〇）年二月一五日、落実は長女を産み、大正デモクラシーにあやかって、民子と名付けました。しかし、大正一二（一九二三）年五月二九日、民子は急性肺炎で死去、あたかも大正デモクラシーの終焉を象徴したかのような生涯でした。

民子の誕生直後の六月三日に、夫・直勝は東京市民教会での礼拝堂の開催を喜びながらも、多大な負債を残し、結核で死にました。落実は夫の柩に「教会と子供と借金とは引き受けました」と誓いました。特に借金の返済は簡単ではなく大変なものでしたが、信者や知人などの助けで完済することができました。

3、大阪の飛田遊郭新設問題

大正五（一九一六）年四月、当時の大阪府知事・大久保利武は、明治四五（一九一二）年一月に難波新地の遊廓焼失に代る遊郭地として、大阪飛田に二万坪を許可しました。これに対して、廓清会と矯風会は新設反対を表明し、林歌子らとともに公娼廃止運動に専念しました。また「公娼廃止陳情書」による政府請願や直訴、廃娼団体の結成、講演会、大阪朝日新聞や大阪毎日新聞の協力、機関誌『廓清』や『婦人新報』での論陣など、あらゆる手段を使って対抗しましたが、反対運動は不成功に終わりました。

大正六（一九一七）年一二月の「三沢千代野事件」は、矯風会が転売直前の少女を助け出した事件で、矯風会は処女貞操保護の法廷闘争を展開、水戸区裁判所でも東京地方裁判所でも大審院でも「罪状軽微」を理由に却下されてしまいました。その当時、国際連盟の「婦女禁売買及び児童禁売条約」が締結されていましたので、矯風会は即刻準備して、島田三郎の援助もあり、横山勝之助代議士を通して第四五帝国議会に提出しましたが、否決されました。

このような状況の下で、大正七（一九一八）年四月二日から五日までの大阪での矯風会第二六回大会開催中の三日に「飛田遊郭失敗記念祈祷会」を開き、落実は「私共は法治国の民です。法治国にあって参政の権利をもたないのは、兵器なしでの戦争でしょう。勝利はまことに得がたいことです。今後私共も、この参政権を獲得することを、我らの目標の一つに加えましょう」と演説しています。

落実はこの飛田遊郭反対運動の敗因を考えました。それは「婦人参政権がない」という現実の問題でした。女性が廃娼問題をどんなに声高に叫んでも、日本は男社会で、女性は所詮「蚊帳の外」、この問題を政治的に解決する方法が一つも与えられていないこと、そのもどかしさが残されたままで放置されていることに気付いたのです。

落実の頭の中では、この廃娼問題と婦人参政権獲得はまったく表裏一体で、また車の両輪の問題と位置づけ、これらの解決こそがすべてだとの決意が、この飛田遊郭失敗記念祈祷会の段階でしっかりと自覚されていました。

落実の根底には、明治一九（一八八六）年の日本基督教婦人矯風会創立以来の二大請願であった「海外醜業婦取締」と「一夫一婦制確立」がありました。また、明治・大正期の女性のみに適用される「姦通罪」は、女子にのみ貞操義務を要求し、男子・夫の貞操義務の観念は薄いばかりか要求されない法の下の不平等という現実がありました。

四、久布白落実の後半生—信念の「廃娼ひとすじ」

久布白落実の後半生の廃娼運動や婦人参政権獲得運動は、これまで述べて来た落実自身のサンフランシスコ大震災の避難地オークランドでの「日本人醜窟」の見聞や日本基督教婦人矯風会の方針、総幹事としての活動経験が不動の基盤を作っています。

落実にとって廃娼運動や婦人参政権獲得運動は分離不可能な一体のものであり、落実が指導した日本基督教婦人矯風会の運動方針にも大きく影響していました。そのやり方は、大叔母・楫子と負けず劣らずの「瓜二つ」の強引さ、落実が楫子を評した言葉「エグイ」・「さるもの」は、すでに述べたようにそのまま落実にぴったり当てはまりました。

もし若干違うところを探すとすれば、落実は滞米経験があったこともあって、楫子よりも数段国際人的な感覚を身につけ、またそのように行動することをモットーにしているところでしょう。例えば国際連盟の動向に、落実なりのアンテナをしっかりと張り、それを日本での矯風会活動や廃娼運動、婦人参政権運動などの方針の重要な一部として取り入れていたことではないかと思っています。

落実が中心的かつ指導的に関わったこれらの二つの運動を切り離すことは容易ではありませんが、『久布白落実著作集』第六巻所収の高橋喜久江氏作成の「久布白落実年譜」などを参考に見て行くことにしたいと思います。

1、廃娼運動の継続

外国では日本の代名詞として「フジヤマ」と「ゲイシャガール」がありましたが、その芸者に対する外国婦人の誤解を解くことも、落実の廃娼運動の一部でした。大正九（一九二〇）年に前の駐米大使ライシャワー氏の母堂の英文『芸者とは何ぞや』での主張が、日本の芸者を「プロスティチュート」（prostitute 売春婦）と断じていたのに、落実は「芸者は堕落することもあるが、本来の目的は芸を提供するものであって肉体を売ることにあるのではない」と反論、当時矯風会の文書部長であった村岡花子（モンゴメリー作『赤毛のアン』の翻訳者）の翻訳で出版されました。

大正一一（一九二二）年三月、落実はアメリカのフィラデルフィアでの第一一回矯風会世界大会に、林歌子・伊藤きん子・相川信子と一緒に出席、ここでは日本での廃娼運動として「五銭袋運動」を紹介、さらに司会者からの持ち時間オーバーを再三注意される中で、日本での廃娼実現の決意のスピーチを終えています。

大正一二（一九二三）年九月一日午前一一時五八分、マグニチュード7・9の関東大震災が起こり、東京全土の三分の二以上が焦土と化し、前代未聞のパニック状態になりました。その中でも矯風会は身を挺した活動を続け、九月九日には東京基督教連合救護団を立ち上げて、多くの救援活動を行なっています。

特に吉原遊廓では罹災下の娼妓たちの救命を疎かにし、多くの死傷者を出しましたが、その追悼会を機に、「焼失遊廓再興不許可に関する建議案」を第四七議会に提出するなど、救済復興の騒ぎの最中、公娼廃止と婦人参政権の運動はむしろ大きく燃え上がりました。

この当時、アメリカでの日本人移民排斥運動は、ついに一九二四年にはその禁止法まで制定・実施に到る状況でした。矯風会ではこれに対して、日本国が国際連盟に対して国家として発表している人種平等の立場に添った声明書を発表しています。

矢嶋楫子は大正一四（一九二五）年六月一六日午前一時一〇分、九三歳で永眠しました。その二年前の大正一二年六月に、楫子は矯風会を財団法人にしましたが、その後の七月二四日付で、落実は「恩師愛師矢島楫子先生」を書いています。

その中で楫子の絞り出すような過去の懺悔（妻子ある書生との恋愛問題）を直接聞き、常に気丈に振る舞ってきた楫子の筆舌に尽くし難い苦しみを、自分のことのような経験をすることになります。そんな楫子であっても、落実にとっては「私の人生行路から、なんとしても引き離すことはできない」存在であり、何ものにも替えがたい唯一の誇りでした。

楫子の死後の矯風会での落実の活動の原動力は、落実自身が恩師で愛師であった楫子の懺悔と苦しみを乗り越え、さらにより強く生きる信念とより大きい信仰の力を体得したことでした。そして、本気で先頭に立って、全国五四八ヵ所の売春窟を撤廃する覚悟で廃娼運動を展開し始めることになります。

2、廃娼運動の本格化

①第一期　募金活動と啓蒙

落実は廃娼運動を二期に分けています。まず第一期は、大正一五（一九二六）年六月に、落実が発起人となり、島田三郎や安部磯雄らの廓清会と矯風会とが合同で「廃娼連盟」（廃娼同盟）を設立、中央では政府・議会への請願・抗議運動、地方では府県別に「廃娼同盟会」を設置するなど、効果的な対府県会運動を展開した時期です。

落実は廃娼連盟の財務委員長となり、直ちに「握り飯一個運動」と呼ばれる募金活動を展開、これは「五銭袋運動」と同様、少額寄附による大衆参加の募金活動の企画でした。

しかもこの運動は「一個の握り飯をこの運動に献ずるのは天下の御用だ」と、強引に相手を膝づめ談判で説得するすさまじいものでした。落実たちのこの募金活動は日本各地だけでなく、樺太や満州にも足を伸ばして続けています。落実は当時の自分を「廃娼の火の玉」と振り返っています。

この活動の様子は直接『廃娼ひとすじ』の「募金に東奔西走」を読んでください。その方法は或る意味では、今の社会的活動にも必要な活動の仕方かもしれません。落実たちの文字通りの東奔西走による募金が廃娼運動をしっかりと支えたことも事実です。

昭和三（一九二八）年二月には第二回世界宣教会議（エルサレム）に日本代表として出席した後、廃娼問題研究のために欧州諸国をまわり、ソ連を経て帰国しています。特にノルウェーの国立美術館で見た画家クリスチャン・クロッグの絵に衝撃を受けています。それは、純情な田舎娘アベルティナが都会の誘惑に陥って売春婦となり、警察官に連れられて検査場（検黴所）に入ろうとする姿を描いたものでした。

そして案内者から、この絵が一八八七年、ノルウェーの公娼制度を撤廃させたとの説明を聞き、落実は第二回世界宣教会議と欧州諸国・ソ連訪問記『女は歩く』の口絵（写真）にしています。また、ノルウェーの社会福祉の充実に目を見晴らされ、日本との雲泥の差に感心し、大いに闘志を抱いています。

②第二期　大同団結と組織拡大

第二期は廓清会と矯風会の合同による「廃娼連盟」だけではなく、他の組織との大同団結の試みでした。落実たちは和田満子の献身的な協力と活動で、臨済・黄檗二宗の八本山の説得を始め、関東・関西の仏教界の賛同まで漕ぎつけるなど、六年越しの地道な運動を続け、昭和七（一九三二）年には廃娼運動の連帯に大成功をおさめました。

昭和八（一九三三）年に官民合同の「売笑禍防止協会」の組織ができ、各界・各方面の権威者を網羅しての協議が実現しました。落実は和田満子らの協力を得ながら、新たに組織拡大を具体化するハウツーを備えたまさしく「組織作りのプロ」でした。

さらに昭和九（一九三四）年には、東北地方の凶作による婦女身売り防止の活動をする中で、朝日新聞や愛国婦人会・真宗婦人会などとも協力関係ができるなど、廃娼運動は全国的に広がり始めました。

その落実と林歌子は、提案を出し合って教化・予防・廓清・組織を骨子に「純粋日本建設運動体系」図を作成、公表しています。その中に「身売防止」の項目を設け、町村別互助共済組合の設置・官憲の協力を掲げていますが、身売り娘の根底にある貧困問題への視点は若干弱いように感じられます。

その後、落実は昭和一一（一九三六）年には青年男女の健全な交際機関「黎明会」と性教育に取り組んでいます。また、昭和一三（一九三八）年秋から翌年一月にかけて第三回世界宣教会議（インドのマドラス）に出席した際、明治以来日本は東洋諸国にいかなる貢献もしていないことを反省し、隣邦中国に廃娼運動の一環として「北京天橋愛隣館」の建設を実現しています。

アベルティナ　クリスチャン・クロッグ画
（『久布白落実著作集』）

昭和一二（一九三七）年に日中戦争、昭和一六（一九四一）年に太平洋戦争が勃発、国外では朝鮮・中国・東南アジアへの侵略拡大、国内では経済統制をはじめ言論や出版などの統制、さらに挙国一致体制の下で、全ての自由が奪われました。さらに昭和二〇（一九四五）年五月二五日の東京大空襲で矯風会や東京市民教会は焼失、「残ったのは付属幼稚園のブランコとベンチ」だけでした。そんな中で母・音羽は疎開先の熊本で死去、享年八九歳でした。

この戦争被害を目の当たりにし、どうしようもない喪失・焦燥感と怒り、これまでの矯風会の活動を、ガントレット恒子は自叙伝『七十

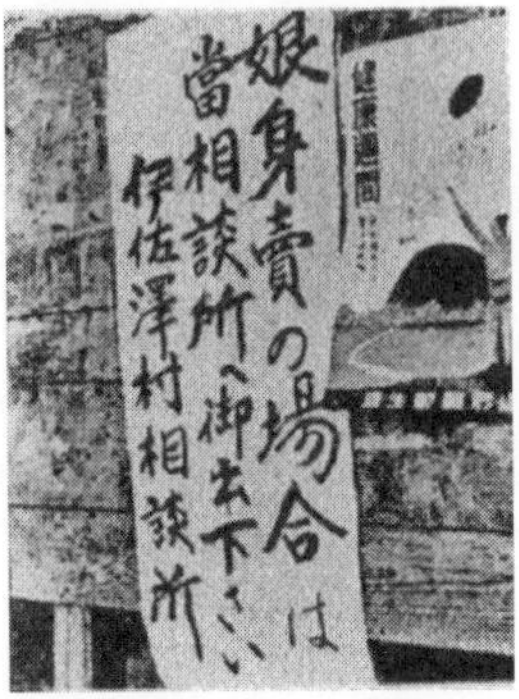

役場掲示版の貼紙
（啓隆社『図説日本史』）

山形からの身売りの少女たち
（とうほう『写真資料館』、日本史のアーカイブ）

七年の思ひ出』の中で、「戦争はこのようにして私たちに形容しがたい不快、不安、困難を余儀なくさせたが、その間、私の胸中を去来した痛恨の感情は云うまでもなく、約二十五年近く世界平和を叫んで来た自分が、ついに一言も戦争反対の声を挙げ得なかったその事である。私はただただ自分の非力を父なる神にお詫びするばかりである」と記し、落実は「同感である」と言っています。

3、「婦人参政権獲得期成同盟会」から日本国憲法の「婦人参政権」

ここで婦人参政権獲得運動についても見ておきましょう。矢嶋楫子（八七歳）は、イギリスのロンドンで開催される大正九（一九二〇）年の万国矯風会第一〇回大会に出席すると言い出し、楫子の年齢を心配して反対しましたが、楫子と渡瀬かめ子とガントレット恒子の三人で出発しました。

落実によれば、楫子がこのロンドン大会に出席する主目的は、英国の婦人参政権運動の現状視察であり、イギリスでの婦人参政権運動は五〇年間の穏健な運動であったのが、しびれを切らしたかのように急に激化していた理由を知るために、在英のガントレット恒子の縁故を頼って、はたして英国の婦人矯風会は本気なのかどうかを、自らの目で直に見てこようとの思いがあったらしいと言います。

落実も婦人参政権獲得運動にも並々ならぬ力を注ぎました。前述の大正一一（一九二二）年にアメリカのフィラデルフィアでの第一一回矯風会世界大会に出席、日本の廃娼運動を報告した後、婦人参政権問題の研究のために、アメリカ・イギリス・フランス・ドイツ・スイスなどのヨーロッパ諸国を回っています。その時、国際連盟では担当部門のクラウデー女史に会い、婦人参政権は洋の東西を問わず、全世界の問題であると握手を交わしています。そして、直ちに帰国報告会を開催しています。

また、大正一三（一九二四）年一二月一三日の「婦人参政権獲得期成同盟会」の結成には、矯風会の小崎千代会頭、大阪の林歌子、ガントレット恒子、守屋東、落実や市川房枝（一八九三～一九八一、日本の女性解放運動家、政治家、元参議院議員）らも参画、総務理事には落実が就任し、女性の公民権・選挙権を求めた「宣言書」を採択しています。楫子も「老驥櫪伏ス、志千里ニアリ」（老いた身は自由が効かず伏せているが、志は未来にあり）の言葉と共に、会費二円を出して会員になっています。

その後、矯風会と婦人参政権獲得期成同盟会の両立問題が生じ、落実は昭和五（一九三〇）年六月一〇日に、「植ゑおきし庭のあやめも姫百合ものちのあるじと共に栄えよ」の歌を付けて総務理事を辞任、一会員として在籍することにしました。その後も落実は市川房枝らとともに共同歩調を取りながら、まさに闘争を継続しました。その結果、昭和二〇年一二月一七日、婦人参政権を含む選挙法が改正されました。

婦人参政権の選挙法は、あたかもマッカーサー指令で実現したように言われていますが、当時、幣原喜重郎内閣の内務大臣・堀切善次郎は、つぎのように証言しています。

「昭和二十年十二月七日、幣原氏より招かれ内相としての構想を練る。阪千秋氏を招き、まず選挙法の改正を議し、年齢の低下（二十五歳から二十歳へ）と婦人参政権を話しあう」、「十二月十一日、首相、マッカーサーを訪問、マ元帥、五カ条の覚書を読み上げる。その第一条に婦人参政権あり、首相、この第一条はすでに閣議に於て決定すと答える」といい、さらに「婦選はマッカーサーの贈り物というのは誤りである。もちろん、国会や枢密院をとおすのに、マ司令部からの覚書が力となったことは争われない。しかし婦選がぜんぶ外部から与えられたというのは、事実ではない」と。

これが日本国憲法の第一四条「法の下の平等」、第一五条「普通選挙の保障」、第二四条「両性の平等」という条文になり、男女平等・男女同権は法制化され、落実らの困難で長い権利獲得の歴史を持つ婦人参政権は初めて改正選挙法に記載・実現されました。

その後、選挙のイロハも知らない落実は、周辺の勧めに応じて、昭和二一（一九四六）年の第一回衆議院議員選挙、翌二二（一九四七）年の参議院議員選挙、さらに昭和二五（一九五〇）年の参議院議員選挙に立候補しましたが、いずれも次点で落選しました。

4、公娼制度廃止と「売春防止法」の成立

廃娼（売春制度の廃止）は、明治一五（一八八二）年に群馬県から始まり、その後は落実たちの矯風会の活動が実を結びつつ、第二次世界大戦前までに二三県、終戦時には三五県にも達するなど、これは長い廃

娼運動の成果でした。

また、すでに見たように、矯風会は有夫の婦だけを罰し、有妻の夫には何の規定もない「姦通罪」の改正にも取り組んできました。これらの活動も、廃娼運動と同じように、戦後戦勝国アメリカの指令以前に、すでに取り組まれていて、日本の婦人参政権や婦人が人権保護に目覚めていった重要な過程でした。

ＧＨＱ（連合国軍総司令部）は、売春公認の根拠とされる「娼妓取締規制」（内務省令）を廃止します。この第一条の「十八歳未満の者は娼妓たるを得ず」は、逆に十八歳になったら娼妓（売春婦）になれるという法令でした。この第一条の削除こそが、落実が生涯を通して、その罪悪性を追求してきたもので、昭和二六（一九五一）年には「公娼制度復活反対協議会」が組織されました。

戦後のＧＨＱの占領下の日本では、新たに駐留軍のアメリカ兵などと日本女性の混血児問題が出てきました。昭和二七（一九五二）年に、落実たちは「純潔問題中央委員会」を作り、この問題の解決と対応を、政府ばかりでなく、アメリカ調査団と一緒になって取り組みました。

さらに落実は、昭和二八（一九五三）年には「売春禁止法制定促進委員会」の委員長となり、翌二九（一九五四）年には「売春問題対策協議会」の委員として活躍しますが、昭和三〇（一九五五）年には「売春等処罰法案」は否決されるなど、決してスムーズには行きませんでした。

また、国会議員の中には「売春必要悪論」などや業者の執拗な巻き返しもありましたが、落実はここが踏ん張り所と心を決め、啓蒙のため国民募金運動を開始、記録映画「売春」を作成するなどして対抗を続けました。

昭和三一（一九五六）年には「売春防止法」が国会を通過し、昭和三三（一九五八）年四月一日午前〇時に施行されました。これまでの売春斡旋業を続けてきた全国の赤線地帯（特殊飲食店街）の灯りが一斉に消えました。ついに落実たちの信念が売春制度（売春宿による売春）を廃止させました。およそ八〇年におよぶ長い道のりでした。

執筆中の落実（1959 年）
（『近代の山鹿を築いた人たち』）

しかし、落実は「売春防止法を通すまでと、その後と、どちらが苦しいか」の問いに、「後者のほうがしんどい」と漏らし、「物事は攻撃期には力が加わるが、守備期は迫力がなくなる」と言い、「永遠の不寝番」と自認し、また今こそ「根固め」の時期と宣言しています。

その後の落実は、昭和三二（一九五七）年に日本婦人代表として訪中、また戦後は平和運動にも活躍、一九六〇～一九七五年のベトナム戦争では、平塚らいてうなどが作った「ベトナム話し合いの会」に呼びかけ人として加わり、在日米兵などへ反戦カードを送る運動を進めています。

昭和三七（一九六二）年には日本基督教婦人矯風会の会頭に就任、また同年には神学校にも通い、八三歳で日本基督教団正教師試験に合格、昭和四一（一九六六）年には日本基督教団正教師として夫・直勝が創設した東京都民教会の副牧師、昭和四六（一九七一）年には矯風会名誉会頭を務めました。

そして、すべての役を辞した落実は、「人間界では停年とか退職とかで区切りをつけなければならぬが、天下・宇宙の仕事はどこに区切りがあるか、続いているではないか。天下の清掃は一日も休むことはできない。神が主宰者の「天下清掃株式会社」に働こう。この会社の清掃婦として就職し、終生働くことにしよう。月給も不要、停年もないこの会社につとめられることは、何と幸いなことか」と自問自答しています。

そんな落実でしたが、昭和四七（一九七二）年一〇月二三日、心不全のため死去、享年八九歳でした。また、歴年の功績で藍綬褒章・勲三等瑞宝章を受章、墓は東京雑司ケ谷霊園にあります。

おわりに―最期まで走り続けた廃娼ランナー

千本木道子は、昭和一〇（一九三五）年に北米・南米研究旅行に出発する落実を「久布白女史を送る」と題して、「女史は徹頭徹尾信念の人である、その信ずるところに向かうや、鬼神も避くるのがいあり、また女史は情熱の人である、その思い立たれるや、太平洋など泳いでも行かずにはおられむ人である」と評しています。

私は落実を「最期まで走り続けた廃娼ランナー」と称したいと思います。落実が様々な苦難に負けず、粘り強くポジティブに活動できた原動力は「朝の祈り」でした。毎朝聖書を二節ずつ、日本語・ギリシャ語・英語・ドイツ語・中国語の五ヵ国語で読み、ノートに書き写しながら祈りました。おそらくこの毎朝の祈りが、落実の対外的な場面でも決して臆することなく動じることなく、堂々と対外的に対応できた国際人的要素であったと思います。

講演中の落実（1971 年）
（『近代の山鹿を築いた人たち』）

また、落実のトレードマークは小柄な身体に似合わない大きなカバンでした。中には書類やそれに筆記具のペン・インク壷などいろんなものが詰め込まれていました。そして、少しの時間でも無駄にせず、汽車や汽船の中でも本を読み、原稿や手紙を書くなど有効に活用していました。

そんな勤勉な落実には数多くの著書があります。果たして何時、何処でこれらの執筆の時間を生み出したのでしょうか。しかもその内容は非常に正確でかつ詳細であり、挿入資料もかなり含まれているなど、女性史研究者にとっては貴重なものばかりです。

落実の代表作として、『父』（大正九年）、『女は歩く』（昭和三年）、『貴女は誰』（林歌子伝、昭和八年）、『矢嶋楫子伝』（昭和一〇年）、『父と良人』（昭和一一年）、『湯浅初子』（昭和一二年）、『日々の食物』（昭和四六年）、自伝『廃娼ひとすじ』（昭和四八年）などがあり、またカール・G・ハートマン著『人間誕生の基礎知識―受胎安全期とはなにか』（昭和四五年）などの翻訳もあります。

なお、自伝『廃娼ひとすじ』は、落実没後の昭和四八年の出版ですが、高橋喜久江氏は同書の「あとがきにかえて」で、「すでに落実は矯風会機関誌『婦人新報』に「自伝」を三〇回にわたって掲載、また「売春防止法が出来るまで」もあり、その他の材料もあることから、ご高齢（当時八十八歳）の久布白先生をお助けしてまとめるお手伝いを私がすることになりました」と説明しています。その出版までの経緯を踏まえ、落実の著作に入れておきました。

嘉《か》悦《えつ》孝《たか》子《こ》

嘉悦学院創始者

嘉悦孝子（『嘉悦孝子伝』）

はじめに

明治二三（一八九〇）年四月には矢嶋楫子の「女子学院」、明治三四（一九〇一）年四月には横井玉子の「私立女子美術学校」が開校、そして明治三六（一九〇三）年一〇月には嘉悦孝子が「私立女子商業学校」（「嘉悦学園」の前身）を設立するなど、同時代の東京での「熊本のハンサム・ウーマン」の多さと活躍ぶりは、十分特記に値すると思われます。

嘉悦孝子を書く上で、嘉悦康人著『嘉悦孝子伝―明治・大正・昭和三代を生きた女流教育家』（嘉悦学園　一九九五年）を参考にさせてもらいました。

また、掲載写真はいずれも同書のグラビア写真であることを断っておきます。

一、嘉悦家の出自

嘉悦家は、惣庄屋・矢嶋家と違い、『肥後先哲偉蹟』（後編）の「嘉悦氏房」によれば、その先祖は嘉悦平馬といい、加藤清正に知行一五〇〇石で仕官、細川忠利の入国に際し、そのまま一五〇〇石で召し抱えられています。その嘉悦平馬は中風となりましたが、そのまま養生を申し付けられ、三〇〇石の知行を拝領し、その後の嘉悦家は八代目の嘉悦氏房まで世禄三〇〇石の家柄でした。

1、嘉悦市之丞（兼久）

嘉悦氏房の父・七代目市之丞（兼久）は養子でしたが、御使番・御鉄炮頭、京都御留守居を勤め、文久二（一八六二）年に病気で隠居しています。市之丞（兼久）の妻・勢代子は、細川藩主の御殿医・松岡寿庵の長女でした。松岡家は藩中屈指の名家であるばかりでなく、非常に富裕な家柄でありました。

2、嘉悦勢代子（嘉悦氏房の母、孝子の祖母）

前出の嘉悦康人著『嘉悦孝子伝―明治・大正・昭和三代を生きた女流教育

嘉悦家譜

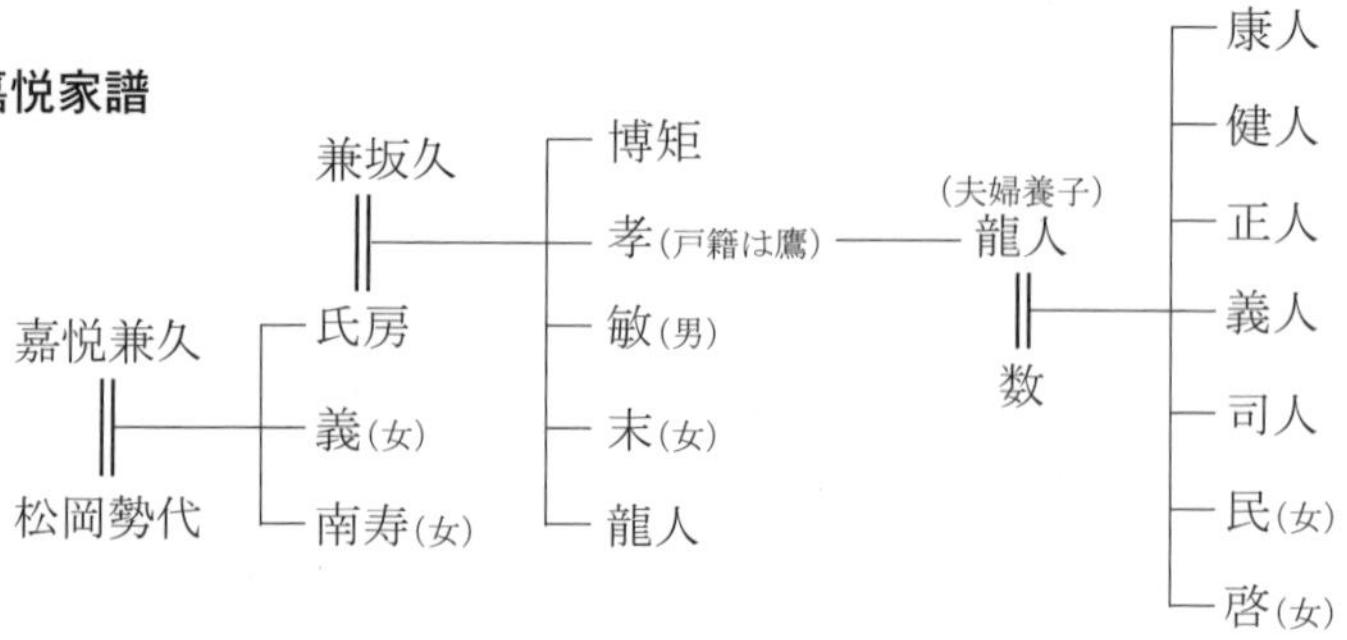

家』（以下『嘉悦孝子伝』とす）により、嘉悦勢代子の人となりを紹介しておきます。

勢代子は、「夫に仕えては貞、子を養っては賢、一家の窮乏が迫り、惨苦に逢っても、すこしも意に介せず、志操（守り通す志）ますます堅かった」そうで、特に長男・氏房を可愛がっていました。

氏房は「夙に横井小楠を景慕したりしも、当時小楠は藩中に於て異端視せられ、子弟の其門に近づくを快しとせず、先生一日窃に之を其母に訴ふ、母喜んで之を許し、父に秘して夜間小楠の門に出入せしむ」（『肥後先哲偉蹟』後編）といいます。

このように、母・勢代子は氏房の横井小楠塾入門を後押しし、「ああたの先生は、小楠先生しかなかと思うとった。よう決心しなはった。父上のことはどぎゃんでんするけん、心配せんちゃよか」と、しっかり勧めています。

また母・勢代子は、氏房の小楠塾からの深夜の帰宅を、夜なべ仕事をしながら待ち、小楠の説話を聞き、「母と子はともに小楠翁の学識・達見・抱負・経綸をわが血・わが肉とする努力を日夜重ねた」といいます。

嘉悦孝子の祖母・勢代子

嘉悦氏房は「小楠門下四天王の一人」（氏房の識見、安場保和の智、山田武甫の徳、宮川房之の勇）に挙げられ、やがて熊本実学派の重鎮となりますが、その背景には母・勢代子のこうした先見性があったとも言えます。

その母・勢代子は片脚が不自由でした。山田五次郎（武甫）の母・由以子、安場一平（保和）の母・久子と共に「熊本実学党の三婆さん」に数え挙げられています。明治九（一八七六）年一二月二七日に死去。

二、嘉悦氏房（一八三三・一・～一九〇八・一〇・三〇、政治家、享年七六歳）

ついで孝子の父・嘉悦氏房について見ておきたいと思います。氏房は幼名・市太郎、名は氏房、通称・市之進、後に先祖・嘉悦平馬の名を襲い、「平馬」と改めました。氏房は天保四（一八三三）年正月に上益城郡山出村（現・山都町）に生まれました。

1、人となり

『嘉悦孝子伝』によれば、「先生（氏房）の生涯が光輝ある生彩に満ちたものであったのは、先生の資質・自然の感化とともに、その半ば以上はこの慈母（勢代子）の賜物であろう」と記しています。

氏房は、時習館に幼年にして入学、幼年学徒の模範生でした。弘化三（一八四六）年九月、一四歳の時に藩主・細川斉護に「御目見」、嘉永四（一八五一）年の一八歳の時に居寮生となっています。

少年時代から学問に優れ、家老の応試では『孟子』を講じるほどでしたし、また世界の形勢を論じ、さらに肥後藩の弊政を忌憚なく批判しました。その論旨は痛快でしたが、そのためか少年・氏房は藩老に不遜の咎めを受けたこともありました（『肥後先哲偉蹟』後編）。

向学心旺盛な氏房は、肥後勤王党の宮部鼎蔵に入門し、軍学を学び、文弱遊逸に流れることを嫌い、また「子桜隊」を組織するなどしています。その一方で、氏房は直接沼山津に横井小楠を訪ね、「聞きしに優る小楠翁の碩学、気宇壮大なる立論、世界の大勢をみる明察に驚き、入門の決意」（『嘉悦孝子伝』）をしています。

前述したように、この氏房の決意を後押ししたのが母・勢代子でした。氏房の小楠塾入門は極秘であり、父にも秘密にされていました。その理由は、藩主や家老や重役に知られたら、父の厳重処分の可能性があったからでした。そこで氏房は昼間に時習館から帰り、父の就寝後、密かに小楠塾へ通っていました（『嘉悦孝子伝』）。

その後の嘉悦氏房は、文久元（一八六一）年一二月、二八歳にて家督を相続、父の禄三〇〇石を承け嗣いで御番方となりました。同二（一八六二）年五月には「市之進」と改名、同年閏八月、池邊次郎助跡の御番方組脇、一二月には御使番となっています。

2、幕末期の事歴

父・嘉悦氏房

文久三（一八六三）年七月、長谷川仁右衛門が薩摩藩に使者として派遣された時、その副使として随行しました。その時、氏房は長谷川に進言して「薩侯（島津斉彬、安政五（一八五八）年死去）を唁《とむ》（弔）らひ、国情（薩摩藩情勢）を察するの外、彼藩擅（ほしいまま）に外国と兵を構ふるの不法（薩英戦争）を責め、且つ藩公（島津久光）自ら国是一定の斡旋（国論統一の世話役）に当るべき理由」を説かせ、薩摩藩はこれを聞き恐れたといいます（『肥後先哲偉蹟』後編）。

その後、元治元（一八六四）年三月に出京、四月には良之助（細川護美、一八四二〜一九〇六）の供で帰藩、七月には御番方組脇になりました。この月に長州藩兵が上洛し、薩摩・会津藩に阻まれて敗走する「禁門の変」が起こりました。

九月、氏房は長谷川仁右衛門に随行して「早打ち」（早馬で急を知らせる使者）にて出京、一〇月には「詰込」（京都詰）を命ぜられました。即ち「此時、先生（氏房）は長谷川仁右衛門と共に上京の命を受け、西郷南洲に面して議論二昼夜に及び、遂に尾張大納言慶勝を惣督として長州征伐軍（第一次長州征伐）を起すに至りしは、実に此謀議に因由したる」（『肥後先哲偉蹟』後編）といいます。即ち氏房は「第一次長州征伐」の仕掛け人でした。

その氏房は慶応二（一八六六）年六月には小倉出張を命じられ、この小倉戦争（第二次長州征伐）では、相組の片手を引き廻し、下鳥越口より馬寄新町辺まで「押し詰め」（追撃の意か）などにより、明治二年一〇月には御褒詞（お褒めの言葉）をもらっています。

その後、氏房は明治元（一八六八）年五月、座席御鉄炮五十挺頭同列、長崎御留守居に任じられ、足高二〇〇石となり、都合五〇〇石取になっています。その時期に、つぎのような薩摩藩主の「肥後征討」の議が起こり、その中止の要請にも深く関わっていました。

即ち「明治元（一八六八）年、熊本藩が王政復古の業に尽す所多からず、且佐幕の藩論漸く熾《さかん》ならんとするを以て、薩藩主（島津忠義〔一八四〇～九七〕を指すが、実父・久光の提案と思われる）として、肥後征討の議を為すに至れり。此時藩（肥後藩）、先生に命じて、長崎留守居役として長崎に急行せしめ、以て善後策を講ぜしむ。仍て内は執政（家老）米田監物（是豪《これしげ》）、太田黒惟信（小楠門弟、細川護久実学党政権の権大参事）等と謀り、外は長崎在勤の澤公（七卿落ちの公卿・澤宣嘉、参与、長崎府知事、一八三三～七三）並びに野村素助（長崎県知事・野村盛秀）等に陳弁し、肥後征討の廟議、遂に止むことを得たり」（『肥後先哲偉蹟』後編）といいます。

また、同二（一八六九）年八月には、長崎留守居役の中止により解任、その間の功績に関して白銀五枚を下賜され、さらに一二月には番士三番隊に召し加えられています。

3、明治期の事歴

①明治政府の官吏

明治政府になってからの氏房の経歴は、明治三（一八七〇）年四月に朝廷の召命（民部省御用達）により早々上京、五月に民部省監督大佑に任じられ、七月には大蔵庶務大佑に転じ、「市之進」を嘉悦家初代の「平馬」に改名しています。

同年九月、胆沢《いざわ》県（現・岩手県）大参事、翌四（一八七一）年九月、同縣廃止により熊本縣少参事に転任、さらに大参事心得に進み、五（一八七二）年四月には八代縣権参事、さらに六（一八七三）年一月には白川縣権参事となっています。しかし、安岡良亮が実学党県政への執拗な破壊主義を執ったのを「民情の如何を顧みず」と批判し、終に意見が対立して下野することになりました。

②緑川製糸場社長

その氏房は、明治八（一八七五、七年説あり）年六月に緑川製糸場を設立し、社長となりました。その開業の経緯について、『熊本県大百科事典』にはおおよそつぎのように記されています。

緑川製糸場は、小楠の門弟・長野濬平（一八二三～九七）が明治初期「養蚕富国論」を提唱し、かつ実践者であった。その濬平が元縣参事の嘉悦氏房を説き、明治八年六月、氏房を社長に、長野親蔵《ちかぞう》（濬平の養子）を支配人として、上益城郡甲佐郷豊内村（現・甲佐町豊内）に設立した。

緑川製糸場は熊本県最初の士族授産事業で、西日本における最初の工場制機械製糸工場であった。設備は製糸機械三四座、動力は最初水車だったが、三年後には蒸気機関を併用した。男女工八〇人、参加士族一二〇人、女工には嘉悦孝子・徳富音羽がいた。明治一五（一八八二）年の松方デフレやその他の原因で閉鎖を余儀なくされた。跡地に記念碑が建立されている。

③広取黌開塾

明治一〇（一八七七）年一〇月、熊本の託麻郡本山村（現・熊本市）の自邸に広取黌《こうしゅこう》を開塾し、実学派子弟の教育に努力しています。広取黌の教育方針は、洋学の普及を計ることでしたが、その一方で熊本洋学校の教育方針には批判的でした。

その理由は「世界を知るために洋学は必要」ではあるが、しかし「あまりにもキリスト教的洋学は害あって益なし」というものでした。

即ち氏房は、広取黌での教育は、小楠の教えのように、「東洋精神文化の上に積む洋学、精神文化の上に立って西洋事情を理解できる青年の育成」であったのでした。当時の門下生には内田康哉・林田亀太郎・亀井英三郎らがいます。

④政治家・実業家
氏房は、明治一二（一八七九）年四月、不知火紅茶会社を創立して社長となり、同一二月には商法物産会議所創設の発起人となりました。

また、明治一二年の「府県会規則」の公布と共に県会議員に選ばれ、翌一三（一八八〇）年三月以降県会議長を歴任、その上各種の委員・議員となり貢献しています。同一五（一八八二）年三月、熊本に九州改進党を結成し、山田武甫と共に牛耳を執っています。

明治一九（一八八六）年の九州鉄道会社設立に際し、創立委員に推挙され、同 一六（一八九三）年三月には衆議院議員に当選しました。その後、自由党が憲政党と改称し、東北支部が仙台に設置されると、その部長となり、明治三三（一九〇〇）年まで同地で活躍しました。

そして、同年九月に上京、千駄ヶ谷の自邸にて悠悠自適の生活をしながら、同四一（一九〇八）年一〇月三〇日に死去、享年七六歳でした。東京青山斎場で葬儀後、熊本流長院に葬られています（『熊本県大百科事典』・『肥後先哲偉蹟』後編）。

三、嘉悦孝子（一八六七・一・二六～一九四九・二・五、享年八二歳、女子教育者）

つい父・嘉悦氏房の事歴の説明が長くなってしまいましたが、娘の嘉悦孝子を理解する上で必要と思ったからです。さて、嘉悦孝子は、嘉悦氏房と兼坂久子（兼坂止水の姉妹か）の長女として、本山村に生まれ

子供でした。

ました。本名は鷹（後に孝と改名）でしたが、「生後十日、まだ目も開かず、ひきつけてばかり」していた

1、人となり

その弱い体質の鷹（孝子）の養育は、祖母・勢代子が一手に引き受けていました。すでに見たように、祖母・勢代子は女丈夫でした。その祖母に育てられたことが、「鷹の持って生まれた素質をさらに大きく飛躍増大させた大きな原因」になったと言われます。さらに、横井小楠先生の実学思想の影響が、やがて父・氏房を通して孝子に伝わることになり、これらの家庭環境の中で、孝子の気丈な性格は形作られて行くことになりました。

2、少女時代

①日新堂幼稚舎時代

明治七（一八七四）年、鷹八歳の時、竹崎茶堂（一八一二〜七七）の日新堂（後の本山小学校）の幼稚舎（小学部、八年制）に入学し、同一〇（一八七七）年まで通学し（一一歳）、小学全科未終了（下等七級修了のみ）で退学しました。その当時、同じく日新堂に通学していた徳富健次郎（蘆花）が悪童にいじめられていたのを、中に割って入り止めたという話もあります。

また、明治八（一八七五）年、鷹九歳の時、父・氏房に「この孝行の孝という字は、たか、と読む」と習い、

「孝は百行の基（あらゆる行ないの基）というですけん、私が正しか人間になるごつ、私の名前の鷹ば、孝という字に変えて貰いたかつです。変えてくだはりまっせ」と頼み、それ以来「孝子」と名乗ったと言います。

②広取黌時代

孝子は非常な負けず嫌いで努力家であり、その上算数が得意でした。「大試験」（師範学校の競技会）では一等賞を獲得し、賞品に半紙一〇張をもらっています。その後、父・氏房が明治一〇（一八七七）年一〇月に開いた広取黌に学びました。

③緑川製糸場の女工時代

明治七（一八七四、八年説あり）年六月に、氏房は緑川製糸場を設立しますが、孝子は明治一一（一八七八）年（一二歳）から明治一五（一八八二）年（一六歳）まで女工として働きます。父・氏房の広取黌の収入を補助するための開業とも言われますが、孝子には官営富岡製糸場で技術を修得し、製糸作業の監督であった徳富音羽（一敬の娘、蘇峰・蘆花の姉、久布白落実の母）の姿に憧れたこともその理由であったといいます。一等女工になった孝子の教師志望の念はこの頃から高まったとされています。

④女流民権家との出会い

明治一五（一八八二）年一〇月二六日、大阪の立憲自由党（総裁・中島信行）の客員として、その妻・中島湘煙（岸田俊子、中島信行と結婚、中島俊子の号）が来熊しました。中島俊子は、熊本区・八代町・鏡町・人吉町・宇土町などで演説会を開催し、その後再び熊本で演説した時、「男女同権」を説きました。孝子がどこで聴いたのか不詳ですが、中島俊子の演説に大いに刺激されています。

そして「男ん人たちの大ぜい聞いとらす前で、ぜんぜんものおじもせんで、堂々と自分の意見ば言いなはったたい、ほんなこつたまがった、こぎゃん立派な女子もおらすもん、うんと勉強して、あぎゃん先生のようにならにゃならんたいと思うたたい」といっていました。

⑤嘉悦家の家計やりくり

父・氏房は熊本での自由民権運動に早くから参加し、前述したように、明治一五（一八八二）年三月には、山田武甫らと九州改進党を立ち上げ、その主導的な活動に邁進し、ほとんど家のことは省みることもありませんでした。

明治一六（一八八三）年から一九（一八八六）年頃の嘉悦家は、当時一七歳から二〇歳の孝子の双肩にかかり、やっと生活が維持されている状態でした。孝子は味噌・醤油の手作り、鶏卵・野菜売り、屑繭の着物、足袋・下着類の裁縫、薬草販売、その他掃除・洗濯・料理の一切を行なっていました。

そのような生活の中で、孝子には「どんな家庭にあっても、一家の主婦は家計のきりもり、消費経済の上手な婦人であることが大切である。それには女子に経済の知識を教える学校が必要である」との自覚が芽生えたと言います。

3、青壮年時代

①東京「成立学舎」女子部時代

嘉悦孝子（二一歳）は、明治二〇（一八八七）年に東京「成立学舎」女子部本科の二年に編入したものの、小学全科が未終了（下等七級修了のみ）の孝子はついていけませんでした。そこで孝子は他人の三倍・五倍の猛勉強を行ない、終にトップになりました。最高成績を取った田舎者の孝子には、羨望と軽蔑の混じった目が注がれました。

しかし、孝子は教師陣たちの高い評価と期待を得ることができ、同二二（一八八九）年には本科を卒業、式では生徒総代として答辞を読みました。孝子（二三歳）はそのまま高等科に入学し、同時に本科の助教に委嘱されました。

②簿記との出会い

孝子の能力を早くから認めていた経済学者・土子金四郎《つちこきんしろう》（一八六四〜一九一七、米国留学、ニューヨーク外国銀行で銀行実務を研究、帰国後の日本銀行・横浜正金銀行に関与・重役）は、渡英土産として、孝子に「簿記帳」と「簿記棒」（帳簿に線を引くのに用いる鉛の芯を入れた円い棒）、それに黒・赤インキの一式を贈りました。

土子金四郎は、「嘉悦さん、いまわたしがなぜそんなものを土産としてあげたか貴女にわかりますか。実はロンドンでは女が社会に出て大勢働いている。会社や銀行などの帳簿をつける人の中にも女がいる。日本も今にきっとそんな時代がくる。勉強しておきなさい。それには、まずこの道具で、簿記というものを習わなければならん。また、そうでなくとも、女にも会計のことは必要だからね」（『嘉悦孝子伝』）といっていました。

ところが父・氏房からの送金が滞り、学業の継続はおろか、中止の危機に陥ってしまいました。孝子の信念は、「自力本願型で、自分の努力を信じ、終始人事を尽くして天命を待つという生き方」でしたが、それだけではこの現実を脱することは不可能と考え、遂にこれまでの信念を捨てて、父・氏房の知友であった太田黒惟信の援助を受ける決心をしました。孝子は後にこのことを「知己の恩」と言っています。

明治二四（一八九一）年の春、孝子は無事に高等部を卒業し、本科の正教員となりました。この本科の助教・正教員時代の教育は、「教室における教師として授業方法や内容の技術的鍛錬を主とする期間」であったと回顧しています。

4、宇土「鶴城学館」時代（明治二九年一二月までの四年間）

熊本県の宇土「鶴城学館」は、上羽勝衛（一八四二〜一九一六）が明治二五（一八九二）年一一月、宇土支藩最後の藩主・細川行真の勧めで創設した学校であり、教育方針は「実業主義」でした。四月に上羽勝衛は上京、孝子に直談判し、その女子部の主任教諭を要請しました。

嘉悦孝子は、成立学舎と鶴城学館の板ばさみで悩んだ末、後者を選択することを決意しました。孝子の教え方は「百科事典学者」（全分野の知識を有する学者先生）の異名をとったばかりでなく、その感化は非常に大きかったと言われます。

特に孝子の「たんに教室における女子の教育にとどまらずに、老若男女を問わず、町の全住民の教養向上にも寄与する」やり方は、「教師であると同時に、学校経営者となり、社会奉仕のできる人間になろう」という願望と決意そのものでした。実際孝子のこのような校外教育の積極的な実践は、次第に地域に溶け込み、多種多様な交流を生む結果となりました（『嘉悦孝子伝』）。

明治二九（一八九六）年一二月、父・氏房は衆議院議員に当選して上京、孝子も地元の引き留めの動きに涙を呑んで上京しました。その時点で、孝子は二〇〇〇円の貯金をしていて、自らの学校設立の準備金に充てることになります。

5、再上京

①女紅学校時代

再び上京した孝子は、明治三〇（一八九七）年に女紅学校に就職しました。この女学校は、大日本婦人教育会の経営で、「女紅」（女子の仕事の意）、即ち「学資の出せない家庭の子女を集めた勤労教育学校」でした。しかし、同三三（一九〇〇）年一月、経営不振で閉校しました。

②成女学校時代（明治三三〔一九〇〇〕年～三六〔一九〇三〕年）

その後、孝子は吉村寅太郎が設立した成女学校の幹事兼舎監となります。そして、女紅学校の生徒も受け入れました。この女学校での孝子の教育者的特質をあげれば、生徒と寝食を共にすることによって、孝子自身がもつ全人格的なものを、生徒たちに直接ぶつけたことでした。この孝子の生徒指導は「自己陶冶」

（人間各自が持って生まれた性質を円満完全に発達させる人材の薫陶・養成）の実践であり、非常な教育的効果を上げることとなりました（『嘉悦孝子伝』）。

さらに孝子は「経済教育」を重視しました。それは「心身ともに健全な生活」と「無駄なく堅実な経済生活」という教育方針でした。またその根底には「経済を重んじるのは欲ばることではない、天地自然の恵みとして物を大切にすること」であるとの信念があり、すでに確固たるものとして定着していました。

この孝子の「経済教育」重視には、父・氏房を通した横井小楠の影響もあったようです。父・氏房は孝子に「横井小楠先生の実学とは、自らが身をもって範を示すことによってのみ、正しくそして真実を教えられるもの」だと教えていました（『嘉悦孝子伝』）。

四、私立女子商業学校設立

明治三六（一九〇三）年一〇月、嘉悦孝子は私立女子商業学校を設立・開校しました。その思想的背景には孝子自身の生活体験がありました。以下、その背景を見ていくことにします。

1、嘉悦家貧困の理由

孝子は明治初期の嘉悦家の貧困理由を、祖母と母を例にとって、つぎのように話しています。祖母・勢代子は武士の娘から武士の妻になった女性でした。確かに女丈夫らしい生活力はありましたが、残念なことに生活の知恵が不十分でした。

例えば、生活が窮迫すると、直に持ち物を売り払って、日々の糧を得ることしか思いつかない消極的な女性でした。確かに母・久子は良妻賢母でしたが、家計の逼迫への対応策を全く持ち合わせていなかった女性でした。これは明治初期の武士の妻たちに共通するものでした。

2、孝子の経済教育への執念

孝子は自らの貧困生活の体験を通して、生活苦の原因は当時の武士たちの消極的生活、即ち「売り喰い」を続けたことにあると考えました。毎日の生活は、精神的な生活力では克服できないこと、物理的な生活力、即ち生活費をどうして捻出するかを考える必要があるとしました。また、女性たちの弱点は「自分が生活能力を身につけることを怠って、それを男性に委せきっていた」ことだと自覚していました。

3、私立女子商業学校の建学と目的

私立女子商業学校は、神田の東京商業学校（夜学）の仮校舎を、昼間使用する方法で開校することにしました。これまで勤務の経験のある成女学校とははっきり違っていました。

孝子は、成女学校に通学する女学生たちは、良妻賢母、教養を身につけ、地位や名誉ある男性と結婚するための志向が強く、そこには「社会人として生活能力をもった女性の育成」という視点と目的が完全に欠如していたと見ていました。

孝子が女子の商業教育を目指した女子商業学校の建学の目的は奈辺にあったのでしょうか。それは「生活能力・実務能力を身につけ、どんな人とでも結婚でき、またその男性と協力して行ける女性の育成」でした。また、「女子の事務員を養成するというよりも、ただ盲目的に金銭を消費するという、不生産（ママ）的な家庭夫人ではない、消費経済の切り盛りの上手な妻となれる女性の育成」にありました。その具体的な方法が「家計簿」の発行とその普及でした。

さらに「賢母良妻たるの基本教育に加ふるに、実際社会に有用なる実業教育を加味し、婦女子を育成」するという目的に、当時英語を教えていた津田俊太郎（中華人民共和国海関税務司）は、「実に時代の卓見」とその見識の高さを絶賛しています。

4、私立日本女子商業学校

孝子は、明治四〇（一九〇七）年五月、麹町に新校舎移転、校名を私立日本女子商業学校と変更しました。新校舎表玄関の欄干には、校訓「怒るな働け」が掲げられました。

この短い言葉は「一瞬一瞬を健全に、朗らかに、迷わず、他人に嫌悪感をあたえることなく、努力を生かして有効に使い、自ら開拓しよう」とする心の凝縮表現であり、孝子がいつも口にした「まず経済、生きるために働き、そして働きの内に天命を知り、大きな安心を得て、安らけく、怒りを忘れられる境地に入ろう」という呼びかけに通じるものでした。

『嘉悦孝子伝』の著者・嘉悦康人氏は、「怒るな働け」の「〝怒るな〟は平和を意味し、〝働け〟はもちろん生産財・消費財などいろいろの財の生産を意味する」と説明しています。

五、「嘉悦孝先生教壇生活五十年記念祝賀会」

写真は「嘉悦孝先生教壇生活五十年記念祝賀会」の会場入り口の模様です。この記念事業後援会委員長であった徳富蘇峰の「趣意書」を、『嘉悦孝子伝』より引用・掲載しておきます。

「趣意書」

○嘉悦孝先生教壇生活五十年記念　祝賀会趣旨

嘉悦孝女史は熊本の人、横井小楠の高弟嘉悦氏房翁の長女なり。幼少にして已に厳父の薫化を受け、頗る産業と政治とに関心を有《も》ち、自ら進んで製紙（ママ、製糸）工場の女工たりし事あり。

明治二十年上京、成立学舎に学び、同二十二年業卒《お》ふるや、請はれて母校の教壇に立つ。爾来、今日に至るまで満五十年、鶴城学館、成女学校を初め、専ら民間に在って、女子教育の為に、その一生を捧ぐ。特に本邦女子商業教育創始の殊勲者たり。

その間また「花の日会」を初め、婦人社会奉仕運動の為に、献身努力せられし事、幾何なるかを知らず、現に日本女子高等商業学校及び日本女子商業学校の校長たる傍、愛国婦人会、女子校長会、婦人税制研究会、警察官家庭後援婦人会、少年保護婦人協会、婦人衛生会、救治会等、幾多婦人団体の

祝賀会の会場入口光景

幹部として、公共の為に奉仕これ日も足らざるなり。

思ふに、一婦人の身を以て、よく時運を察し、世に先んじて国家最要の施設に当り、赤手《せきしゅ》（素手）万難を克服し、以て一生を公のために傾倒するもの、古来その儔《ちゅう》（輩）頗る稀なり。然り、女史五十年の業績は、実に教育界・婦人会の等しく敬仰《けいぎょう》（敬い尊ぶ）措《お》かざるところなり。

即ち吾等ここに嘉悦孝先生教壇生活五十年記念祝賀会を催し、以て女史永年の御功労を記念し、感謝の熱意を捧げんとするもの、又以て女子教育振興の一助たるを信ずればなり。敢て大方の賛同を希ふ所以なり。

昭和十四（一九三九）年十二月

嘉悦孝子女史教壇生活五十年記念事業後援会委員長　徳富蘇峰

六、「嘉悦学園」年表

ここに「嘉悦学園」年表を掲げておきました。しかし紙面の都合上、明治三六（一九〇三）年の私立女子商業学校の創立から昭和二四（一九四九）年の孝子の死去までとしました。

年代	西暦	重要事項	年齢
明治三六	一九〇三	嘉悦孝「私立女子商業学校」創立。校長・和田垣謙三、舎監・嘉悦孝。本科・専攻科・特別科の三科を置く	満三六歳
三八	一九〇五	高等科と裁縫普通科を置く	三八歳
三九	一九〇六	速成科を置く	三九歳
四〇	一九〇七	新校舎（市ヶ谷校舎）竣工、校名「私立日本女子商業学校」	四〇歳
四一	一九〇八	裁縫高等科を置く	四一歳
四四	一九一一	裁縫科を置く	四四歳
大正元	一九一二	商事専修科を置く	四五歳
二	一九一三	創立一〇周年記念、校歌制定	四六歳
四	一九一五	国民新聞社主催「家庭博覧会」に参考品多数出展	四八歳
七	一九一八	実務科を置く	五一歳
八	一九一九	七月一八日、和田垣校長死去。八月、嘉悦孝校長就任。校名「日本女子商業学校」に変更	五二歳
一一	一九二二	隣接地に校舎増築・落成	五五歳
昭和四	一九二九	財団法人「〔高商〕日本女子高等商業学校」創立（校長・嘉悦孝）	六二歳
七	一九三二	（現在地）麹町に移転。財団法人「嘉悦学園」に変更	六五歳
八	一九三三	〔高商〕本科卒業生に実業教員無試験検定（商事事項・簿記）認可	六六歳

一一	一九三六	木造校舎増築着手	六九歳
一三	一九三八	〔女商〕実業学校令で学校に、実務科修業年限三年となる	七一歳
一五	一九四〇	一月、嘉悦孝、教壇生活五〇年記念祝賀会。六月、木造八教室竣工	七三歳
一六	一九四一	〔女商〕四年生、赤羽の造兵廠に動員	七四歳
一八	一九四三	〔女商〕第二本科を置く	七六歳
一九	一九四四	「日本女子高等商業学校」を変更し「日本女子経済専門学校」〔経専〕となる	七七歳
二〇	一九四五	東京大空襲、職員・生徒の決死の消火活動で無事。昭和二三年一月まで三輪田高等女学校（罹災）に八教室を貸与	七八歳
二一	一九四六	法政大学高等師範部（罹災）に夜間教室の一部を貸与。	七九歳
二二	一九四七	〔女商〕昭和二一年度より本科修業年限五ヵ年となる。四月、学制改革で「日本女子商業学校」一・二・三年が「嘉悦学園中学校」一・二・三年移行。中学校の校章（帆形紋の一部採用）	八〇歳
二三	一九四八	新制高等学校制度で、「日本女子商業学校」四・五年が「嘉悦学園高等学校」一・二年移行。普通科・家庭科・商業科を置く	八一歳
二四	一九四九	二月五日、嘉悦孝死去（満八二歳で、数えの八三歳か）。一〇日、学園葬。平岡市三理事長、校長に就任	八二歳
二五	一九五〇	〔短大〕「日本女子経済短期大学」設置許可（学長・平岡市三）	

前《まえ》田《だ》卓《ツナ》・槌《ツチ》

前田案山子の娘たち

はじめに

今年は明治七（一八七四）年の「民撰議院（国会）設立の建白書」の提出に始まった自由民権運動から一三五年になります。熊本の自由民権運動は、これまで先学諸氏の研究によって、多くの事実が明らかにされてきました。その結果、熊本県下の水俣・八代・人吉・阿蘇・天草・熊本・山鹿・菊池・玉名・荒尾など、それぞれの地域での自由民権運動には、その地域の動向と特色があることがわかってきました。しかし、まだまだ押しなべて「熊本の自由民権」とする傾向が見られ、その地域の自由民権運動が明らかにされるまでに至っているとは言えません。

さて、熊本県内の自由民権運動について語る時、避けて通れないのが熊本県北の玉名・小天と荒尾地方の自由民権運動です。この地域の研究は、中川齋著『小天郷土史』（小天村公民館　一九五三年）を最初として、近年では上村希美雄氏の大著『宮崎兄弟伝』や中村青史氏の夏目漱石著『草枕』側からの研究があり、最近では拙論「前田案山子私論」（『近代熊本』三五号所収　熊本近代史研究会　二〇一一年）などがあります。

荒尾（現・熊本県荒尾市）には植木学校創設、西南戦争では西郷軍に参戦した熊本協同隊の宮崎八郎（戦死）の実家があり、長兄・八郎の弟たちには民蔵・弥蔵・寅蔵がいました。特に後で取り上げる寅蔵（滔天、以下滔天とす）は、孫文の辛亥革命に関して主体的支援を行ない、孫文をして「革命をおこたらざるは宮崎兄弟なり」と言わしめたほどの人物です。

一方、小天（現・熊本県玉名市天水町）で展開された自由民権運動では、前田案山子や前田金儀などが深く関わり、牽引・指導の立場にあるなど、熊本県内でも有数な自由民権運動のメッカであり、宮崎滔天の辛亥革命への架け橋となった地域でした。

このように、熊本の自由民権運動を語る時、その筆頭に名が出てくるのが前田案山子でした。これから見ていく姉の前田卓《ツナ》と妹の前田槌《ツチ》は案山子の娘たちでした。この二人は、そんな自由民権運動の中心的かつ主導的な存在だった父・案山子の背中をみて育ち、熊本県内の他のどの女性たちよりもその影響を強く受けていました。

一、前田案山子（覚之助、一八二八〜一九〇四）の事歴

1、前田案山子

前田案山子（覚之助、以下案山子とす）の先祖は山城国宇治の浪人で、父・金吾は金納郷士で、兄・三郎

右衛門の養子となった実弟・案山子自身も「独礼」・「一領一疋」・「組付中小姓」・「留守居番方席」の金納郷士でした。

前田案山子は、西南戦争直前の明治九（一八七六）年の戸長征伐一揆や明治一〇（一八七七）年の西南戦争の時には、西郷軍からの郷備金（備荒貯金）の拠出要請に身体を張って拒否したほどの武人的性格の強い人物でした。

熊本の自由民権期である明治一一（一八七八）年一月には植木枝盛が来熊し、同一五（一八八二）年の一〇月には岸田俊子、一二月には中江兆民が小天の前田案山子別邸を訪ねています。

その前田案山子は後掲の有明海・海辺新地免租運動を含めて、この熊本での自由民権運動でも義侠心の旺盛な首領的指導者でした。明治一四年の政変前後から国会開設までの案山子の動向については、『前田金儀日記』全六巻（玉名市天水町教育委員会原本所蔵　明治五・一三・一四・一五・二九・三〇年）や熊本新聞（明治二〇・二一年）・紫溟新報（明治二〇年）により幾分明らかにできます。

前田案山子

特に『前田金儀日記』には、立憲改進党・九州改進党時代の案山子の行動や前田金儀（案山子の甥）・前田下学（案山子の長男）を中心とする玉名地方での山約水盟会の結成とその周辺事情、さらに多くの関係人物の名前が散見、また前田案山子の九州改進党への入党・決別、大同倶楽部への接近・入党の過程を知ることができます。

前田家系図

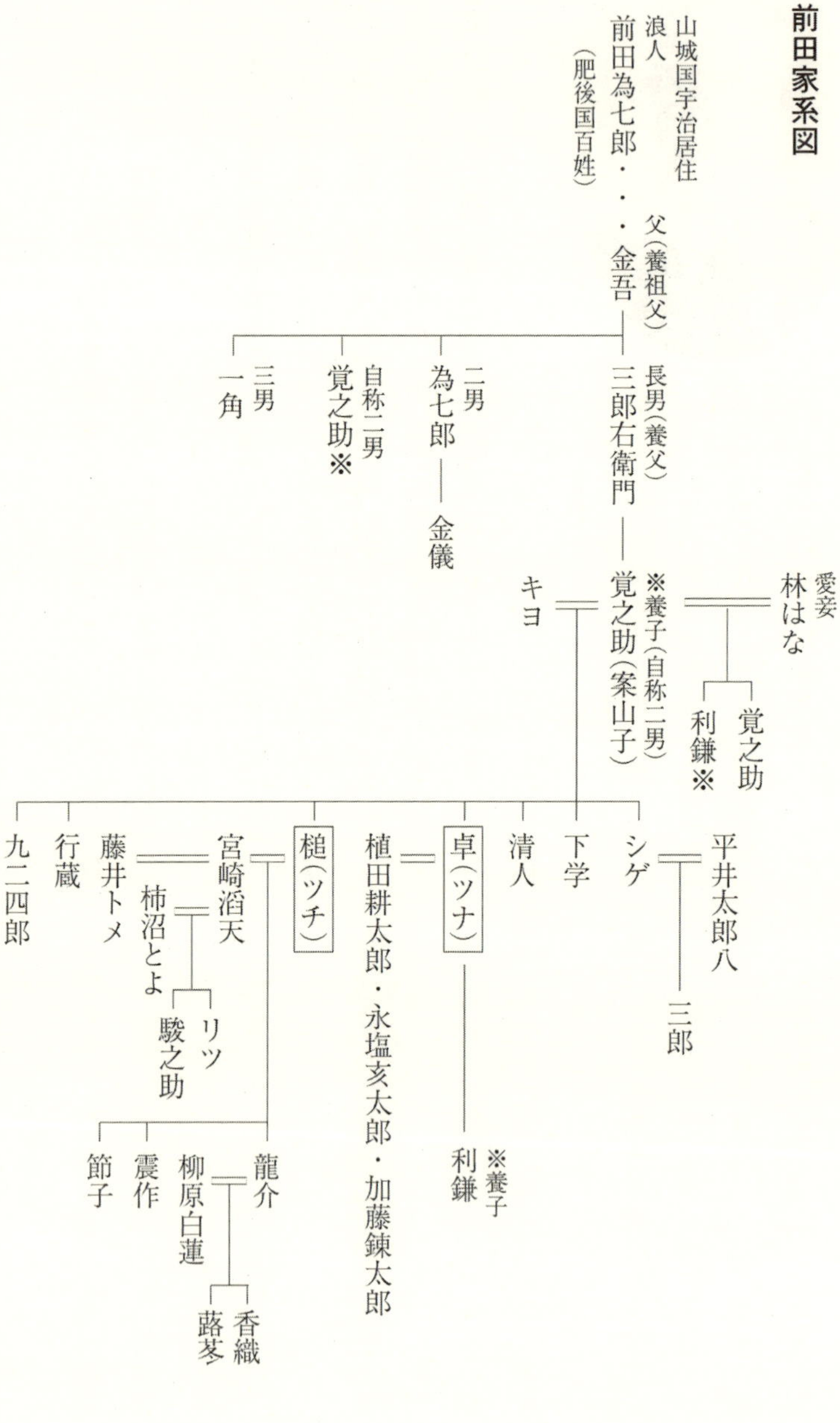
山城国宇治居住
浪人
前田為七郎・・・金吾
（肥後国百姓）
父（養祖父）
長男（養父）
三郎右衛門
二男
為七郎
金儀
自称二男
覚之助※
三男
一角
愛妾
林はな
※養子（自称二男）
覚之助（案山子）
キヨ
覚之助
利鎌※
平井太郎八
三郎
シゲ
下学
清人
卓（ツナ）
※養子
利鎌
植田耕太郎・永塩亥太郎・加藤錬太郎
槌（ツチ）
宮崎滔天
藤井トメ
柿沼とよ
リツ
駿之助
行蔵
九二四郎
龍介
柳原白蓮
香織
蕗苳
震作
節子

その前田案山子は九州改進党時代に、安場保和福岡県令による九州鉄道敷設に反対しますが、九州鉄道会社が創立されると株主として関与していきます。明治二三（一八九〇）年七月の第一回衆議院議員総選挙では大同倶楽部で当選、一一月には選挙時に連合運動をした国権党の佐々友房らと共に国民自由党を結成しています。

前田案山子は大同倶楽部や国民自由党の大御所的な存在でしたが、国会議員を一期で辞めてしまいました。その理由は奈辺にあったのか定かではありませんが、おそらく「海辺新地免租」の期限延長運動を牽引するためであったと推定されます。

拙論「前田案山子没後の『海辺新地免租』問題と運動の変容」（『近代熊本』第三一号所収　熊本近代史研究会　二〇〇七年）は、特に前田案山子の牽引・指導した有明海の海辺新地免租運動が、案山子没後、本来の小作人の鍬先権（干拓地の優先的永耕作権）獲得から、大地主・細川家（有明海干拓実施者）への「恩徳」と大きく変容する過程での地元民の姿を、天水町内に散在する複数の恩徳碑の銘文や大正期の九州日日新聞などの関係記事を通しての解明を試みています。

二、岸田俊子の来熊と熊本の女性たち

岸田俊子は、明治一五（一八八二）年一〇月二六日、大阪の立憲政党（総裁・中島信行）の客員として来熊しています。一一月二八日、俊子は前田案山子別邸で懇親会（五〇〇余人参加）を行ない、翌二九日の学

術演説会では、俊子・前田金儀・平井貞太郎らが立ち、三〇日の親睦会では、当時一二歳の前田ツチ（後に宮崎滔天の妻）が演説しています。

また、中江兆民ら五人が、一〇日ほど後の一二月一一日に来熊し、同月二八日から三〇日まで、前田別邸に滞在、兆民は「民約論」を講じています。

1、岸田（中島）俊子の来熊

岸田俊子（一八六三～一九〇一）は、京都の呉服商に生まれ、一七歳の時に文事御用掛として、宮中に仕えた聡明で利発な少女でした。一九歳で退いた後、立志社に出入りし、自由民権の思想を持つようになりました。

そして、明治一五（一八八二）年には、大阪や岡山で、民権論とともに「男女同権」を説いて回っています。その岸田俊子が来熊し、岸田は、熊本区・八代町・鏡町・人吉町・宇土町など県南で演説会を行なった後、再び熊本にもどっています。

この明治一五年は、前田案山子らが、二月九日に公議政党を結成し、さらに三月に公議政党を中心として九州改進党を結成した年です。その後、実学派による肥後改進党の結成などの分裂はありましたが、熊本県で最も自由民権運動が高揚していた時期に、岸田俊子・中江兆民が来熊しているのです。

岸田俊子の熊本遊説は、以上のような県の状況下にあって、さらに郡部の組織化を進めていた時期と合致しています。一一月二六日に託麻郡本山村興福寺で、岸田俊子送別親睦会が行なわれました。

そこに参加した者は、一一月二八日付の熊本新聞（第一四〇八号）には、「（岸田とし）女史母子および宮川（房之）・岩男（俊貞）・前田（案山子）諸氏を初め二六人にて、（中略）酒間主客交々、席上演説などありて、最も盛なりし。同会には古荘幹実氏の老母及ひ宮川房之・行徳文卿両氏の令嬢方にも参会されたりしか。琴（ママ、殊）に感賞すべきは、宮川佐恵子（当年一五歳、宮川房之の娘か）が（岸田とし）女史の曽て福富座にて演説されしを聞き、感ずる所ありて、之に謝するの意想を表せる文章を朗読せられし一事にて、是も社会の開明《よのなかのひらくる》に随ひ、旧来の風習を蝉脱し、活眼《まなこ》を開かれたるものか、幼年《としわか》の女子にして、この意想あるは、実に感賞すべきこと、云ふべし」と記し、つぎのような宮川佐恵子の文章の草稿を掲載しています。

我邦女子ノ作業タル古来ヨリノ習慣トシテ、徒ニ卑屈ニ沈溺シ、日ニ只炊・掃・針・線（炊事・掃除・針仕事・三味線）ノ間ニ従事シテ、一モ有為ノ気象アルヲ見ス。彼欧米各国ノ如キハ、英雄・豪傑独リ男子ノミニアラスシテ、間々女大夫ノ輩出スル、之ヲ泰西史上ニ照シテ、歴々見ル所ナリ。是レ何ヲ以テ然ルカ。他ナシ。教育ノ方、大ニ我邦ト異ナルアルヲ以テノミ。此故ニ幼童ヲシテ感発・興起セシムル女子ノ先覚者アッテ、之カ首唱者タル者アラスンハ、其教育ノ方、何ヲ以テ、大ニ進歩ノ功ヲ奏セシムルヲ得ンヤ。欧米ノ教育ヲ忽ニセサルハ、是ヲ以テノ故也。

抑モ幼ニシテ教ナク、長シテ学ニ就ク能ハス。又タ事情ヲ了スルニ暗ク、書アリト雖モ、読ムヲ得ス。旧来ノ習慣ヲ墨守スル者ヲシテ、之ヲ善ニ導キ、之ヲ道ニ由ラシメント欲スルハ、教育家ノ最モ難ンスル所トス。之レ蓋シ教育演説ノ由テ起ル所ニシテ、先導者ノ注意スル所以也。

而シテ岸田氏、今専ハラ精神ヲ教育上ニ注キ、道途難険ヲ厭ハス、遠ク数百里外ニ遊歴ス。到処三尺ノ童子ト雖モ、皆其芳名ヲ聞知セサル者ナシ。今我県下各地ニ赴キ、僻遠・蒙昧ノ田舎ト雖モ、遺ス所ナク、学術演説ヲ聞キ、一ニ教育ヲ説キ（以下略）。

反対派の機関紙・紫溟新報は、この間の様子を、明治一五年一二月三日付で、つぎのように記しています。

探訪者か墻の茨を踏み破りて、探偵したる話は、前頃より當地に来りし女流の演説者岸田とし女は、一昨日小天村に至られたるに、其前二夜は古荘幹実氏の宅に宿泊され、余程痴密イヤ緻密なる政論等もありたる由して、見れは今後とも熊本に来る改進主義の者は必ず古荘氏か自宅に招待して、其議論を聞かるゝならんか。呵々

2、岸田俊子の小天遊説と案山子の娘たち

おそらく前田案山子は、前記の宮川佐恵子の朗読にも大いに刺激されて、幼童にこれほど感化を与えた岸田俊子の小天遊説を依頼したのではないかと推測できます。

前述したように、岸田俊子は一一月二八日には小天の前田案山子の別邸に招かれ、同夜の懇親会には五〇〇余人が参加、また翌二九日の夜には学術演説会が行なわれました。

明治一五（一八八二）年一二月五日付の熊本新聞によれば、岸田俊子は「富貴ハ断テ不知浮雲也。唯古ヲ墨守ス可カラス」、さらに前田金儀は「智識進歩セサル源因ヲ説ク」、東猪一は「意ノ如クナラサルコト

ナシト雖ドモ亦タ難シ」、平井貞太郎は「可戒怠惰」など数題の演説がなされました。

さらに翌三一日には、午後より小天の人々との懇親会が催され、岸田としも留別の演説、会員諸子も交々立って演説しました。その中で、前田案山子の娘・槌《ツチ》（当時一二歳）が「学問ヲ勧ム」と題した演説、また田尻乙久馬は「安楽ハ労苦ノ花」などの演説を行なっています。

記者は、前田槌《ツチ》の演説に対して「妙齢にして論に富まれたるは家庭教育の致す所ろか、感賞すべきことにてありたりき」と言っています。美鬚の前田案山子の満面たる顔を容易に彷彿とさせます。

三、『草枕』のモデル那美・前田卓《ツナ》（一八六八〜一九三八）

前記の新聞記事には妹の前田槌《ツチ》（以後、ツチとす）の名は出てきますが、姉の前田卓《ツナ》（以後、ツナとす）の名は出ていません。

前田卓

姉のツナは明治元（一八六八）年六月一七日生まれで、妹・ツチは四歳違いの明治四（一八七一）年一二月一九日生まれでした。姉のツナについては、安住恭子著『「草枕」の那美と辛亥革命』（白水社、二〇一二年）では全面に取り上げています。また、榎本泰子著『宮崎滔天―万国共和の極楽をこの世に―』（ミネルヴァ書房　二〇一三年）などを参考に見ていくことにします。

1、ツナのひととなり

安住氏はその著の冒頭で、岸田俊子の「生意気論」を引きながら、前田ツナを「生意気な女」とした上で、「少女のころから武術をたしなみ、花のように美しかった。誰に対しても同じように接し、誰にでもはっきり物を言い、誰とでも親しんだ。自由と平等を夢見たが、声高に叫んだり主張したりするのではなく、私は私であると胸を張っていた。闊達すぎる言動で、「新しい女」とされた。三度結婚したが、いずれも長続きしなかった。大人になっても柿の木に登った。資産家のお嬢さんに生まれ育ったが、財産を無くしても平気だった。孤児院でも働いた。ぐちはこぼさなかった。老いてなおパッと人目につく華やかさがあった。そして生気と意気にあふれた生涯は、決して幸福ではなかった」と、前田ツナの人となりを非常に簡潔にまとめています。

2、ツナの三度の結婚

前田ツナの最初の結婚は、明治二〇（一八八七）年三月、一九歳の時でした。相手は玉名郡高道村の豪農の長男・植田耕太郎で、父・案山子や兄・下学らと一緒に活動していた民権家でした。しかし、翌二一年一一月に離婚しています。その理由は定かでありませんが、植田が民権運動から離れていったことに失望したのか、あるいはツナが理想とした男女同権的な結婚生活に反して、植田の守旧的な女性蔑視があったのではないかと考えられます。

二度目の結婚は明治二二（一八八九）年で、しかも正式な結婚なしでの同棲でした。相手は永塩（長塩）

亥太郎で、植田よりも肝の据わった民権家でした。明治一七（一八八四）年の加波山事件では関係者一六人中七人が死刑、その他は終身刑という厳罰罪でしたが、その「加波山事件刑死一周忌」には星亨と共に名を連ねたほどの人物でした。

安住氏はツナが同棲という「非常識」をあえて貫いた理由を、「初婚時の苦い体験から、親の嘆きや怒り、世間のそしりを受けてもなお、家と家との結婚はすまいと卓は思ったのだ。はっきりと、自覚的に、二人のつながりだけを求めたのだと思う。女の従属を強いる結婚などするものか。結婚は平等な男女の対等な結びつきであるはずだ。自由民権運動に情熱を傾ける男と、それを熱烈に支持する女の、個人と個人の結びつきだけでいい。薄氷を踏むような不安があったとしても、岸田俊子が「同朋姉妹に告ぐ」で唱えた「男女の間は愛憐の二字をもって貴しとなす」という言葉を、文字通り徹底的に実践しようとしたのだろう。永塩もまた、それに同意する心意気があった」と推測しています。

しかし、明治二六（一八九三）年七月頃、永塩とツナは東京で暮らしていますが、長兄・下学とツナ夫婦の間にもめ事が生じました。その第一の原因は前田家の財産分与の問題でした。ツナは長兄・下学だけが前田家の全財産を受け継ぐのではなく、他の妹弟にも分与せよと主張していました。

その頃までは長塩とツナは仲が良かったのですが、明治二八（一八九五）年になると二人の仲は険悪になっていました。それは永塩にお議という愛人ができたことでした。しかも愛人は気性の激しい女であり、ツナが正式な結婚をしていないことを理由に同居を迫ったのでした。永塩はその愛人を家に引き入れようとしました。所謂「妻妾同居」でした。ツナは激しく反発し、気性の激しい誇り高き妻として、別れると言い出しました。

ツナの三度目の結婚は明治三七（一九〇四）年で四月四日、今度は民権家ではなく、加藤錬太郎という熊本第六師団の少佐でした。安住氏はツナ生来の武人的な血の流れを信じようとしたのか、同年七月に亡くなる老父・案山子を安心させようとしたのか、いずれにしろ当時の女としてまだ一人で生きていくことを決めかねていたからだとしています。

その加藤とも一年後には離婚。上村希美雄氏は「『草枕』の歴史的背景」の中で、晩年一緒に暮らした弟・九二四郎《くにしろう》の息子の妻・花枝は、「三度目の夫も酔って芸者を家に連れて来たり、腕力を振るいたがる男だった」と語ったと記しています。

前田ツナは三度の結婚に失敗しましたが、ツナが求めた相手は男尊女卑的な男社会の最中にあっても、自由民権的な「男女同権」の考えに心底から賛同し、結婚という男女の結びつきを成就する男性でした。結果的には何度も裏切られながらも、女性として自らの持つ「男女同権」という理想を実現しようとした明治期の女性の真摯な生き方でした。

3、夏目漱石と前田ツナ

明治三〇（一八九七）年当時、前田案山子はすでに古稀を迎え、あらゆる政治活動から身を引いていたばかりか、東京から林はなという愛妾を連れて帰り、小天の実家ではツナの実母・キヨと林はなの「妻妾同居」という状況でした。

夏目漱石が前田案山子の別邸を最初に訪れたのは、その年の一二月から翌年一月初め頃で、再訪は翌年八・九月でした。漱石の『草枕』の「志保田隠居」のモデルはこの時期の案山子で、ツナは永塩亥太郎の「妻妾同居」に反対し、二度目の離婚後に、この小天の実家に出戻りしていた時でした。

漱石の弟子の寺田寅彦は、後に出戻りしたツナの写真を見て、「あれはインテレクチャルな好い顔で、これなら先生も気に入ったろう。（中略）先生が滅多に口を効かれなかった（中略）色気があるので口が利けなかったんだね」と言っています。

『草枕』の画工が独身なのか家族持ちか、年齢は何歳なのかは具体的ではありませんが、その画工が漱石自身または分身の設定であれば、画工は当時漱石と同じ三〇歳で妻帯者と考えてよいでしょう。その画工（漱石）が一つ下の二九歳の那美（ツナ）と出会い、その出会いが醸し出す心情的人間模様をメインテーマとした文学作品が『草枕』ということになります。

漱石はその中で「美は現象世界に実在している。それを見出すのが芸術家だ」と言っていますが、そこには生身の画工（漱石）の生身の那美（ツナ）への恋慕の情をどのように非人情的に表現するか、『草枕』の各所にその苦悩と葛藤が滲み出ています。

すでに既婚者の漱石が、妻の鏡子以外に特別の恋慕の情を感じた女性が、離婚して小天の実家に帰っていた前田ツナでした。漱石はそのツナ（那美）と二ヵ月間もの間、同じ居住空間にいたために、「振り袖姿の那美」「湯屋での裸体の那美」「鏡が池での那美」などをはじめ、これ以外にもツナ（那美）と日常的に接する機会が数多くありました。

夏目漱石

そのツナは二九歳という女盛り、即ち女としての容貌の最も美しい、肉体的・精神的に最も充実している知的な年ごろの美人でした。二度の離婚の経験者、しかも「男女同権」を理想とし、結婚または同棲という形で、個人と個人を重視した男女の結びつきを実現することの夢を追い求めながら、夢破れて実家に戻って来た新しい姿・形の女性でした。

また、すでに「ツナのひととなり」で紹介したような生来の強さと明るさに加え、苦境にあっても一向に気にせず動じない生活力がありました、二度の離婚を経験したツナは、男の心が読める豊かな情感を持ち合わせていました。そのチグハグさは尋常ではなく、さすがの漱石もその対応に翻弄されながらも、さりとて無視できるようなものではありませんでした。

『草枕』の中での三〇歳の画工（漱石）は、文章通り英文学に通じ、漢文・漢詩に堪能で、加えて俳句までもできる高い教養の知識人で文化人であり、ある面ではプライド高い男性であったが故に、この那美（ツナ）にどう接したらよいかと苦慮したのだろうと思います。

また、すでに家族も持ち、年齢的にも分別ある三〇歳の画工に扮した漱石は、青春期の若者のようには恋慕の情、そのままの行動も取れず、その上抑制という理性に阻まれ、そのもどかしさを非人情というスタンスで吐露しようと試みたのが、『草枕』のモチーフではなかったかと思っています。

『草枕』は、女盛りの美人ツナの格段のオーラを身体全体から毒矢の如く発しながらの得も言われぬ魅力に、漱石が理性ある男として対応し、あるいは抗しきれずに、その間隙に生じる悶々とした葛藤を、漱石一流の文学的表現である「俳句的小説」という形式で、読者に伝えようとした一種の明治風エロチシズムと表現するのは行き過ぎでしょうか。

4、前田家騒動

藤田美実著「文学と革命と恋愛と哲学と――一冊の本の源流を尋ねて」（『立正大学文学部論叢』八〇号　一九八四年九月）の中で、その後の前田家について記していますが、いくらかの訂正を加えながら紹介しておきたいと思います。

案山子の長男・下学は、父・案山子の政界引退後も政治家として活躍、自宅には常に政客が絶えなかったので、多くの金が入用でした。そこで下学は前田家の長男として早く財産相続をしたかったのですが、案山子は長男・下学の浪費癖やいろいろな事業にすぐに手を出すところなどを心配、またツナも同様に恐れていました。

長男の下学と仲のよかった二男・清人が明治三三（一九〇〇）年三月一八日に病死しますと、これを機に前田家の財産分与の問題が起りました。

明治三四（一九〇一）年、前田案山子が七四歳の時、財産配分の争いに発展する所謂「前田家騒動」が起り、明治三五年には裁判沙汰となり、知事が仲裁に入るほどの大騒動になりました。

仲裁の結果、前田家の財産は下学が六分、隠居の案山子が四分の配分に決定しましたが、本家には長男・

下学が入り、父・案山子は別邸に移り、他は分家することになりました。この骨肉の争いが前田家一家の離散の始まりでした。しかも、この前田家騒動の最中、本家から出火、案山子が収集していた書画骨董のほとんどが焼失してしまい、その損失は莫大なものであったといいます。

明治三七（一九〇四）年七月二〇日、案山子は辞世の歌「父母のかたみの此の身、清らかにみがきおさめて帰るふるさと」を残して死去しました。その墓には「日潮士」（日潮の干満を眺めて暮らしてきた武人の意か）と刻まれています。案山子の死は前田家の大黒柱を失ったことになり、完全に一家は離散してしまいました。

明治三八（一九〇五）年にツナが父・案山子の遺産として僅かな書画骨董を持って上京しました。さらに明治四〇（一九〇七）年には、五男の覚之助と末子の利鎌《とがま》も上京し、案山子の妻・キヨは翌四一（一九〇八）年一二月一一日に死去しました。これが小天村前田家の末路でした。

四、宮崎兄弟

1、宮崎家の家庭環境

父・政賢の口癖は「豪傑になれ、大将になれ」「生涯、官の飯を食うな」でした。家業に一生懸命ではなかったのですが、「貧民を憐み、遠人を遇すること」を非常に喜んでいました。母・サキは、「金銭に手を触るるな」とか「畳の上に死するは男子何よりの恥辱なり」といっていました。また、故老からは「兄様

（八郎、自由民権論者、西南戦争で戦死）のようになりなさい」と言われていたと言います。

2、宮崎兄弟の対外思想と理解の基準

以上のような家庭環境で生育した宮崎兄弟たちは、どのような生き方をしたのでしょうか。それぞれの略歴と思想を簡単にまとめてみました。

①宮崎八郎（長兄）：嘉永四年〜明治一〇年（一八五一〜一八七七）、享年二七歳
【経歴】月田蒙斎塾入門、楠本硯水に学ぶ。時習館入学、居寮生、東京遊学（英学）。「肥後の維新」で帰藩。政治活動、池松豊記と『征韓之議』を左院に建言。自由民権運動のリーダー、愛国社結成大会に参加。植木学校（政治学校）設立。西南戦争で熊本協同隊を組織、八代・萩原堤で戦死。

【思想】中江兆民と親交、ルソーの『民約論』に傾倒。東京で言論活動。戸長公選運動を指導。民蔵・弥蔵・寅蔵の精神的原点。

②民蔵（二兄）：慶応元年〜昭和三年（一八六五〜一九二八）、享年六四歳（八郎と一五歳違い）
【経歴】荒尾学校入学。家督相続。相愛社に参加。中江兆民の仏学塾入門。土地問題に没頭、兄弟三人に家産分配。欧米視察旅行、孫文の名を知る。荒尾村村長（三ヵ月）。明治三五（一九〇二）年、土地復権同志会を組織、土地復権運動を展開。「熊本評論」創刊に参加。大逆事件で家宅捜査（渡韓中で難を逃る、土

地復権運動解散)。辛亥革命援助のため上海渡航、孫文支援と親交。孫文死後、蒋介石の中国革命に間接的援助。

【思想】貧農救済の立場から土地均分を主張、明治三八(一九〇五)年、『土地均享・人類の大権』を著述。孫文の「三民主義」(民族・民権・民生)の「民生主義」に「平均地権」の同じ思想、民蔵の「土地均分」の影響。辛亥革命を援助。寅蔵(滔天)の良き理解者・援助者。

③弥蔵(二兄):慶応三年~明治二九年(一八六七~一八九六)、享年三〇歳(民蔵と三歳、八郎と一七歳違い)

【経歴】島津家に養子。大阪遊学。受洗と脱会。思想・社会問題研究の「藪の内組」結成。中国革命・アジア問題の研究に没頭。胃病療養。横浜・中国商会入居、明治二八(一八九五)年、孫文と出会う。

【思想】明治二〇(一八八七)年に中国への志を寅蔵(滔天)に吐露。明治二四(一八九一)年、滔天の目を中国問題に向けさせ、中国に民権革命を起こし、全アジアに拡大の意図を持ち、弁髪で活躍中に腸結核で病死。辞世の歌「大丈夫ノ真心コメシ梓弓、放タデ死スルコトノクヤシキ」

④寅蔵(虎蔵、白浪庵滔天):明治三年一二月三日~大正一一年一二月六日(一八七〇~一九二二)、享年五三歳(八郎と二〇歳、民蔵と六歳、弥蔵と四歳違い)

【経歴】伊倉小学校卒業、県立熊本中学校入学、大江義塾に転学、東京専門学校(英語)入学。受洗、熊

本英語学校（英学校）入学。アナキズム（無政府主義）に傾倒。中国革命を決意、上海渡海、金玉均に中国革命の資金援助を取付ける。シャム（タイ国）行、帰国後、木翁（犬養毅）を訪問。明治三〇（一八九七）年、孫文と初会見。孫文、荒尾に滞在（二週間）。浪曲師「桃中軒牛右衛門」。中国革命同盟会の創設に参画。『民報』・『革命評論』の創刊に関与。孫文より同盟会在日全権に委任、「滔天会」主催（全国巡業）。孫文・黄興の辛亥革命を直接援助。

【思想】二兄・弥蔵の影響を受け、中国革命支援に献身的に活動。孫文の日本滞在を可能にし、革命派のリーダー黄興・宋教仁らと孫文の画期的な同盟に尽力。明治三五（一九〇二）年に『三十三年の夢』を出版。漢訳し中国の知識人・学生に孫文の存在を知らせる。辛亥革命を積極的に援助。

恵州蜂起前の滔天
（1900 年 5 月）

五、宮崎滔天と孫文

1、前田ツチとの結婚

宮崎寅蔵（滔天、以下滔天とす）は、明治二二（一八八九）年四月に小天村の前田案山子宅で、スウェーデン人アブラハムの村塾開設に同行したその時、ツチの虜になってしまいました。ツチはツナ同様に武芸の嗜みがあり、毎朝晩海岸を乗馬で走る美貌の娘で、そのツチも滔天の情熱と「世のため人のため」の思いから「世界の窮民を救う」という明確かつ具体的な目標に同意・同感し、二人は相思相愛の仲になりましたが、父の案山子は強く反対していました。

滔天は明治二四（一八九一）年の夏に、兄・弥蔵の諌止でアメリカ留学を諦め、中国革命への道を決意し、翌二五（一八九二）年五月に最初の中国行きを実現、上海で二ヵ月間過ごしました。そして帰国後、前田ツチと夏に結婚、一一月には長男・龍介が誕生しました。この龍介は、後に社会主義運動の中心的な人物の一人となり、また有名な「柳原白蓮事件」の渦中の人物です。

次男の民蔵は、滔天とツチの結婚を機に、宮崎家の財産（小作米三〇〇俵、山林五〇町歩）を三分割し、三男の弥蔵と四男の滔天に分与しました。滔天は小作米五〇俵の田畑を質地に置き、酒で飲み乾してしまっています。

2、ツチと家族の貧困

滔天は「余は遂に世界革命を以て自ら任ずるに至れり」と、中国革命を目指して東奔西走していました。ツチは滔天に三児（龍介・震作・節子）を抱えた貧困な生活の窮状を訴えましたが、滔天は「革命のための金はできるが、妻子を養う金はできない。お前はお前でどうにかしておけ」と言い放ち、一切家族のことには目を向けませんでした。

ツチは幼い三児を抱え、生活の糧を得るために下宿屋、石炭販売業や貝殻の白灰作り、あるいは前田家からの財産分与金七〇〇円で乳牛を買って牛乳屋も開業するなどしましたがすべて失敗、その貧窮な状態は「全く血の涙を流しながら火の車に乗っているような有様」でした。その生活苦は上京後、滔天と同居しても変わりませんでした。

滔天の兄・弥蔵が、明治二八（一八九五）年一〇月に、ツチ宛に書翰で支那革命にかける自分と滔天の心底を吐露し、革命家の妻としての覚悟や家族の窮乏生活に理解と同情を示しています。同じ頃、滔天もツチの生活苦の訴えに、「妻子を養う金はできない」と言いながらも、「実際貧苦に身を没し居るものゝ苦しみは云ふまでもなき処に候へども、最愛の妻子をこの貧困の中にゆだねて出て行く夫の心も又大分苦しきものにて候」と書き送っています。

また、同月発信の別の書翰では、「津知（ツチ）殿にも嘸々心細く御暮しと存じ候。色々苦労については、吾身にうらみも有るべしと存じ候得共、何も世の中と諦め、夫を恨みず、唯我現今の位地を守って誤らざる様、正実に御励み下されたく候」と認めています。

前田槌（ツチ）

引き続き、子供の教育に関しては、「年少の時に餘りきめ付けて教育するは宜しからず、成るべく淡泊に寛大に天真を失はぬ様、御注意願い奉り候」とか「思ふに小供にも小供と思はず、聖人君子に対するの道を以て対したらんには、自然気高く品善き心を持つに至るべく候」と書いています。

即ち、滔天は妻のツチに、夫を恨むことなく、家庭を守ってほしいこと、また子供たちには「決めつけ教育」をせず、「淡泊に寛大に天真を失はぬ」ように注意し、あたかも「聖人君子に対するの道」で接し、「気高く品善き心を持つ」教育をせよと、父親としての要望と注文をしています。

また、明治三四（一九〇一）年の年末に、ツチは脚気の滔天を東京に見舞いに行った時、孫文は自分の家族らの痛々しい写真を見せながら、「自分の家族も今ハワイで貧苦と戦って泣いてをります。家族の者が涙に打勝ってくれることは、それはやがて革命の成功を意味するのです。革命運動に従ふものは誰でも涙に勝たなければなりません」と、目に涙を光らせながら革命のリーダーの率直な心情を吐露しています。

3、孫文（逸仙、一八六六・一一・一二〜一九二五・三・一二、享年六〇歳）

滔天の五歳上の孫文は「辛亥革命三尊」の一人、広東省香山の農家に生まれ、ハワイ出稼ぎで成功した兄の援助で、西洋式教育を受け、医者となりました。

その孫文は、日清戦争中の明治二七（一八九四）年一一月二四日、ハワイ・ホノルルで清朝打倒の革命団体「興中会」を組織、翌二八年二月二一日には、香港に興中会本部を設置しました。三月には広州起義を計画・実行しましたが、一〇月には失敗。その後、日本に亡命してきました。

その翌二九（一八九六）年、孫文はハワイからイギリスへ行き、一〇月にはロンドンの清国公使館で拘束され、旧師カントリーらの尽力で救出されました。明治三〇（一八九七）年三月に、孫文は大英博物館で南方熊楠と会っています。このロンドン亡命中（一八九六−九七）、孫文は独自の革命理論として、民族・民権・民政の「三民主義」を構築。八月にはカナダ経由で、横浜に到着しました。

「三民主義」（民族・民権・民生）は、一九〇五年の中国革命同盟会結成後、その指導理論に採用され、一九一一年の辛亥革命後、その内容には変化・発展が見られ、一九二四年の第一次国共合作後は、「民族主義」（反帝主義）・「民権主義」（基本的人権擁護と人民民主独裁）・「民生主義」（「土地を耕作者へ」）の内容となり、毛沢東の新民主主義の基本理念にもなりました。この「民生主義」（「土地を耕作者へ」）には、前述した民蔵の「土地均分」（「平均地権」）の影響があったとされています。

4、孫文と滔天の交流

一方滔天は、孫文亡命中の明治二九（一八九六）年三月、シャム（タイ国）で農業に従事。中国人の窮乏を目の当たりにし、六月に中国革命の必要性を痛感して帰国しました。滔天は、七月四日に最愛の兄・弥蔵を亡くし、弥蔵の果たせなかった中国革命の夢を自分のものにすることを決意しました。そして一〇月五日には、可児長一の紹介で犬養毅を訪問しています。

孫文

その滔天は、明治三〇（一八九七）年五月頃から九月まで中国に渡航。日本亡命中の孫文は、帰国直後の滔天や平山周らと最初の会見をし、この時から孫文と滔天の交流は続くことになりました。また、孫文は滔天の紹介で、犬養毅・大隈重信・頭山満らと面識を持つことになりました。

一一月に、孫文は荒尾の滔天の実家（現・宮崎兄弟生家の施設、荒尾市宮崎兄弟資料館）に一〇日余（約二週間）の滞在。その間の孫文の世話は滔天の妻・ツチがしています。この頃、滔天は「白浪庵滔天」と号しました。

明治三一（一八九八）年五月、滔天は九州日報の記者となり、「幽囚録」ではじめて孫文を紹介しています。八月には平山周と中国に渡り、一〇月には戊戌政変で亡命中の康有為を伴って帰国。また、翌三二年一〇月上旬には、孫文の意を受けて、香港で興漢会を結成しました。

孫文は義和団の乱に乗じて、恵州蜂起を計画、明治三三（一九〇〇）年六月九日、滔天は清藤幸七郎らと共に香港に急行。しかし孫文は、この恵州事件での自立軍の起義に失敗。七月には日本にもどり、八月には南方六省の独立をはかり、上海に潜入。九月には日本へ舞い戻りました。

一方滔天は、七月中旬にシンガポールの英政庁に捕らえられて投獄、五年間の追放命令を受けました。その滔天は、一〇月六日の恵州蜂起に、日本からの武器輸出に失敗。この背景には孫文から渡された五万円の武器調達資金の件で、調達を任された中村弥六の着服が原因でした。その後、孫文は九月末には台湾に向かい、一一月には横浜に到着しています。

この恵州事件の失敗を機に、明治三四（一九〇一）年秋、滔天は浪曲師になろうと決意し、翌三五年四月三日には桃中軒雲右衛門に入門・寄寓しました。七月二五日に浪花節営業鑑札が交付され、芸名を「桃中軒牛右衛門」としました。

また、滔天は八月二〇日には『三十三年之夢』（義侠的正義論による中国理解と中国人主体の革命支援の詳細な経緯）、九月二五日には『狂人譚』を出版。その翌三六（一九〇三）年六月には雲右衛門一座と九州巡業に出かけ、途中で袂別。この年には早々と『三十三年之夢』の漢訳本が出版され、中国の知識人・学生に孫文の存在を知らせる契機となっています。

一方孫文は、明治三五（一九〇二）年一二月にベトナムに赴き、そこで興中会分会を立ち上げ、さらに翌年八月には、東京青山の練兵場付近に軍事学校を設立するなど、孫文の中国革命への行動は非常に活発化かつ具体化しました。このような背景のもと、孫文らの中国革命の運動は次第に中国でも浸透、一九〇〇年以降、清朝への反対勢力も次第に増大していきました。

明治三八（一九〇五）年七月に、滔天は孫文を黄興・張継に紹介、また宋教仁・陳天華にも初対面させるなど、滔天は孫文の中国革命の同志の組織化に重要な役割を果たしました。滔天は八月一三日の孫文歓迎会で末永節とともに来賓挨拶をし、同月二〇日には孫文の興中会、黄興・宋教仁らの黄興会、章炳麟・蔡元培らの光復会が大同団結した中国同盟会（中国革命同盟会）の創立大会が開催され、孫文は総理に就任、滔天は彼の「三民主義」が中国革命の指導理論としての採択にも立ち会いました。

5、ツナの上京、「民報のおばさん」

ツナは同年六月に三番目の夫・加藤錬太郎と離婚した後、「養老院にでも入って、手（ママ、身）頼りのないお年寄りの世話でもしようか」と思って、滔天・ツチ夫妻を頼って上京しました。創立したばかりの中国同盟会（中国革命同盟会）は、一一月二六日に機関誌『民報』を創刊、ツナがこの民報社に住み込み、編集室で黄興書の「平等居」の額を見ています。

安住恭子氏は、結婚に男女同権を夢見て敗れ、家産の平等分与を主張し、「前田家騒動」まで起こしたツ

「民友社の家族」と題された記念写真
左から張継、何天烱、卓、福田ナイ、宋教仁。
（『「草枕」の那美と辛亥革命』）

ナが、久しぶりに「平等」という言葉に接し、おそらくこの瞬間から革命家たちを世話する「民報のおばさん」となったとしています。

しかも宋教仁の日記には、黄興や滔天らの会議に同席したり、『民報』の認可証の手続きを取りに行ったり、民報社の同人や訪問者らの集合写真に一緒に写っています。

また、『民報』を廃刊・停止に追い込んだ経緯がわかる外務省外交資料「民報関係雑纂」には、スパイの「清国人の談話」として「民報社ノ首謀者ハ日本人側ハ宮崎寅雄、前田卓子（女子）、清国側ハ黄興、宋教仁、呉崑、呂復、鄧誠意等ニシテ…」と書かれ、前田ツナが「民報社ノ首謀者」とまで記載されています。

さらに面白いのは支那革命の最初の旗を決める時のエピソードです。孫文は「青天白日旗」、黄興は「井字旗」を主張して対立し、また議論百出でなかなか決まらなかった時、ツナが仕舞いに「それじゃわたしの腰巻がまだ一度締めたばかりだから、これでも使っては何うだ?」と出してやったことがあったそうで、「つまり支那の国旗の最初の旗はわたしの腰巻から出来たというような、滑稽なこともございます」と言っています。

明治三九（一九〇六）年九月五日、滔天は萱野長知らと『革命評論』を創刊。一二月二日には『民報』発刊一周年記念大会で、孫文は「三民主義と中国民族の前途」と題して講演。この記念大会では滔天・萱野長知・北一輝らが祝賀の挨拶をしています。

明治四一（一九〇八）年になると、清国政府は孫文にかけた懸賞金を二〇万金に増額するなど、中国同盟会（中国革命同盟会）への弾圧を強めます。それに呼応するように日本政府は、一〇月一九日に「新聞紙条例第三十三号違反」として、同会の機関誌『民報』（第二七号）の発行停止の処分をしています。

一方、そんな中でも孫文はシンガポールを拠点に、軍事費調達を続けました。翌四二（一九〇九）年には、シンガポールからヨーロッパへ潜入。一九一〇年にはアメリカからハワイ経由で、六月一〇日に横浜に到着。直ちに東京・小石川の滔天宅に身を寄せています。しかし清国の圧力で、同二五日には離日、再びヨーロッパへ亡命しました。そして明治四四（一九一一）年一〇月、辛亥革命が成功、清朝は崩壊しました。

6、辛亥革命後のツナ

以下は安住恭子著『「草枕」の那美と辛亥革命』を参考にまとめてみました。

①東京市養育院

ツナは民報社が解散に追い込まれた後、明治四四（一九一一）年一〇月の辛亥革命成功の三ヵ月前の七月には、実業家・渋沢栄一が生涯を注いだ福祉施設「東京市養育院」で働き、約八年間、五〇歳頃まで勤めます。父・案山子の愛人・林はなの子供の覚之助と利鎌、弟の九二四郎一家を養うためでした。

②黄興の一周忌

黄興はツナや滔天・ツチ一家とは家族ぐるみの付き合いをしていました。大正五（一九一六）年に黄興は死去、ツナは国葬に招待されましたが、「一家貧窮」の生活で参加できませんでした。そのツナが一度だけ、大正六（一九一七）年秋に渡中、上海で前年死去した黄興の一周忌に出席しています。

後のインタビューに答えて、ツナは「黄興は如何にも日本人らしいタイプの人で、立派な紳士であったそうな」と言い、また「あたしの身体は日本より支那の方が適して居る」、「機会があれば何度でも出かけたかもしれぬ」と言っています。

③漱石との再会

ツナが養子にしたのは父・案山子の愛妾の子・利鎌《とがま》でした。そのきっかけは大正四（一九一五）年頃、黄興がお気に入りの利鎌を、ツナの養子に勧めたことでした。ツナは明治三二（一八九九）年頃、生後間もない利鎌を抱いて、漱石を訪ねたことがありました。

その利鎌が成長し、第一高等学校に入学、それを機に漱石に会うことを決意、またその門人になりました。それから利鎌の仲介で、ツナは漱石の住む早稲田南町の家を二・三度訪問する機会がありました。

その時、ツナは最晩年の漱石（大正五（一九一六）年一二月九日死去）に、小天時代以後の上京後の生活について詳しく話したと言います。それを聞いた漱石は「そういう方であったのか、それでは一つ『草枕』も書き直さなければならぬかな」といったと言います。

漱石が描いた『草枕』の那美（ツナ）は、すでに見たように「非人情」を描くための美しい新しい女性のモデルでしたが、生身のツナはただそれだけではなく、どんな障害にも恐れず、しかも自然体で飛び込んでしまう、まっすぐ自立して生きることを選んだ女性でした。

7、「革命をおこたらざるは宮崎兄弟なり」

大正九（一九二〇）年一〇月五日、孫文は滔天に書翰を送り、「対華二十一か条の要求」に代表される日本の中国侵略政策を非難すると共に、一九二四年の神戸での「大アジア主義」の講演では、「あなた方日本人は、西方覇道の手先となるか、東方王道の守り手となるか」の選択を迫り、日本の民間同志に期待を寄せました。

その同志・滔天は大正一一（一九二二）年一二月六日に病没しました。宮崎滔天は孫文の辛亥革命を支え、中華民国の誕生にかかわった日本でも数少ない人物の一人でした。そのことは、滔天死去の翌大正一二（一九二三）年一月には、孫文主催で滔天追悼会が開かれ、また孫文の滔天に対する信頼と親愛は、孫文が滔天を「日本の大革命家」、中国革命に絶大なる功績があった人物と評したことから十分うかがえます。

孫文にとっては、まさに「革命をおこたらざるは宮崎兄弟なり」でした。宮崎兄弟の共通点は、善意的・信念的行動派で、義侠的・正義的な活動家、それに加えて、稀に見る国際的「信義」論者でした。

おわりに

滔天の妻・ツチについて、もっと多くの紙面を割きたいと思いながらも、紙面の都合もあって、ほとんど取り上げることができませんでしたので、ここで「ツチの人となり」を兼ねて紹介したいと思います。

1、ツチの「支那革命の思出」

ツチの長男・宮崎龍介が、第三版の『三十三年の夢』（文芸春秋社　一九四三年）に寄せた「父滔天のことども」の中に、東京毎夕新聞連載のツチの口述筆記「支那革命の思出」が収録されています。この「支那革命の思出」は宮崎龍介・小野川秀美編『宮崎滔天全集』全五巻の五巻に「亡夫滔天回顧録」の題名で収録されています。

その内容は「ツチの人となり」そのものであり、まさに支那革命を主になって支えた革命家・滔天の妻としての実相が明らかになります。ツチの極貧の生活の中で三人の子供たちをほとんど一人で育てながら、辛亥革命の成功まで関わり続けた様子が時系列的にヴィヴィッドに語られています。

龍介はこれを「母の物語はこれで終ってゐる。この物語で明治四十四年秋に起った辛亥革命（第一革命）までの支那革命裏面史の概略を窺へると思ふ」と締め括っていますが、まさに夫・滔天の『三十三年之夢』を十分補完するに足る内容です。

革命家の妻として、極貧の生活を厭わず、夫・滔天が孫文の支那革命に少しも自らを惜しまず、犠牲という気持ちが微塵もない動向に、全身全霊で裏方として協力を惜しまなかったツチの生き方を活き活きと見て取れる好資料です。但し、これまで見てきた姉・ツナの民報社や中国革命同盟会との深い関わりについては出てきませんが、是非ご一読ください。

2、ツナ・ツチや女性たちの「妻」としての処遇

最後に、当時の女性たちの置かれた立場について、革命家の妻・ツチ、その姉・ツナの真意を考えてみたいと思います。孫文や滔天は、革命家の妻に徹したツチや「民報社のおばさん」になったツナの覚悟や言語に絶する家族の貧困生活に十分理解と同情を示していました。

「槌子夫人歌稿」（抄）の解題で、宮崎龍介の直談として、辛亥革命当時、滔天留守宅を訪れたことのある後の田中義一内閣の外務政務次官となった森恪《かく》は、「滔天もエライが奥さんのほうがもっとエライ」と言ったエピソードが紹介されています。

そのツチが昭和一〇年一二月から翌一一年一月に作った革命家の家族や妻女に関する歌の幾つかを紹介しておきます。

・孫文氏の家族―住みがたくのがれいでけむ古里も遠く流れてはわい島にぞ
・孫文氏の妻君を思ふ―来む世までちぎる二人の夢さめて今日のうきみも将た夢ならめやは
・あきらめ―降らばふれ吹かばふきなむあめ嵐ぬるゝはこの身の泪なるらむ
・革命成功ニテりえんとなる妻女を思ふ―功なりて来るへき人はのらまじを思わぬ人ぞのる玉の輿

・革命後遂に孫文氏に女あり、一夫一婦の女の望を入りこんとなる妻女—世も人もくつかえりてぞ浮びめる吾れのみかなしなを沈身かな

・孫文・黄興氏等革命の志士の多く第二夫人有り、第一夫人方の心を思ふ—うち開く都は今ぞさかりなれ我よりさきに咲く花有りて

この歌の背景には、孫文や黄興らに正妻以外に第二夫人や複数の愛人がいて、子供まで儲けていた現実がありました。しかし、彼らにとってそれはまったく別次元のこととしていたようです。その点、ツナとツチの父・案山子も、またツチの夫・滔天も同様で、愛妾との間に子供を儲けていました（前田家系図参照）。彼らのいずれにも共通する妻への見方は、滔天が『三十三年の夢』で記した「恋の結論は性慾なり。余がその結論に達したるは、すなわち反撥覚醒の一機なりき。余はシマッタと思えり」云々は、いみじくも当時の妻の立場を言い得ていると思います。即ち、恋と結婚を「性慾」としていたのです。

しかし、滔天は「恋の結論」、即ち、結婚について「大罪悪を犯したるがごとき感をなせり」と妻に謝りながら、その一方で、滔天自身は「千尋の谷に墜落せるがごとき思いをなせり。天の高きより陰府（よみ）の底に蹴落とされたるがごとき心地せり」と言い切っています。

結婚や妻の存在が、革命家や男たちの所謂「大義」成就の手枷・足枷といわんばかりです。このまったく「男善がり」の妻観は、ツナとツチに代表される当時の女性たちを心底苦しめたことが、前のツチの歌で解ります。また、妻の座を好悪にかかわらず、宿命的な立場として甘んじていたのも事実です。

ついでながら、この「恋の結論は性慾なり」（五二頁）は、『宮崎滔天全集』第一巻（平凡社）所収の『三

十三年之夢』の原文ですが、昭和一八（一九四三）年刊行の『三十三年の夢』（文芸春秋社）では、その部分が「恋の結論は感情の昂憤と冷却なり」（五六頁）と変えられ、また人間の記録62『宮崎滔天』—「三十三年の夢」（日本図書センター　一九九八年）はわかりやすく意訳したものですが、そこでは「恋はまさに到るべきところに到らざれば止まざりき」（五八頁）となっています。

昭和一八年刊行のものは、戦時下という世情であったことに由来するのかもしれませんが、このように数種類の文言に変わって表現されていることに気づきました。しかし、やはり原文の「恋の結論は性慾なり」が一番ストレートで、滔天の「男善がり」の妻観と同時に、それは革命家云々ではなく、当時の夫たちに共通した妻観でした。

3、ツナとツチの一言

スイス生まれの日系混血児・坂井八三郎（チャールス・S・バピア）が「滔天宮崎寅蔵と私」という回想記（『祖国』昭和二九年五月一日号）で、「明治四十二年六月十七日、母の三回忌を済ませた自分は、其年の十月スイスへ帰る事になり、黄興・宋教仁両氏に暇乞をし、（略）いよいよ離日と滔天夫人（ツチ）に決別するや、同夫人それから姉上（ツナ）は口を揃え、西洋婦人の地位人生の羨ましく、日支婦人の地位人生の味気無きものを訴えられた」（前掲『宮崎滔天全集』第五巻「解題」）と書いています。

安住恭子氏はこの二姉妹の嘆きの理由を、「彼女たちの中には男女同権意識が深く根を下ろしていたことの証しでもある。当時の女性としては珍しいほど強い同権意識があったからこそ、現実との摩擦を敏感に感じることになったのだ。そしてそれは、父親をはじめとする男性民権家によって養われた自由と平等の権利意識だけでなく、女性民権家たちが唱えた男女同権論の影響だったにちがいない」と評していますが、まったくその通りだと思います。

ツナとツチの女性として、また妻としての思いが如何ばかりであったかは十分想像できます。また、そんな状況に甘んじざるを得なかった妻としての立場と母としての子供への強い母性愛の板挟みの苦悩も考え合わせなければならないのかもしれません。

なお掲載した写真は、参考にした複数の関係書籍に同じ写真が数多くありましたが、その中から良好な写真を選ばせてもらいました。

エピローグ ―ハンサム・ウーマンの「明治維新」

はじめに

「プロローグ」で紹介した大宅壮一の「熊本の猛婦」という言葉が果して正しく熊本の女性たちを言い表しているかどうか、むしろ個人的には違和感がありました。幕末から明治維新を経て、近代となった明治・大正期に活躍した女性たちをより正確に表現するのには、「熊本の猛婦」よりも「熊本のハンサム・ウーマン」の方がベターではないかと思っています。

ハンサム・ウーマンとは「行動力」・「勇ましさ」・「凛々しさ」・「決断力」・「すがすがしさ」・「英知」・「気品」などを身に付けた女性という「ものすごい褒め言葉」であり、幕末から明治になったばかりの近代化の中で、これから活躍しようとしている女性の誇らしさを表現するのに、最も相応しい響きがあるのではないか、大宅壮一に断ることなく、現在は「熊本の猛婦」を「熊本のハンサム・ウーマン」にかえてしまいました。

一、男の「明治維新」と女の「明治維新」

ここで明治維新前後に生きた「熊本のハンサム・ウーマン」の研究を基盤に、「ハンサム・ウーマンにとって『明治維新』とは何であったか」に焦点を当てて考えてみたいと思います。

結論から言えば、昨年の明治維新一五〇年は、謂わば「男たちの『明治維新』」であったといってよいと考えています。

男たちによって実行されたことが、江戸時代の基盤であった男社会（男性優先・優位社会）をそのまま明治期に移行することになり、最初から明治維新は新たな姿を装っただけの男社会の再編成・再構築であったと思っています。

矢嶋四賢婦人を始めとする「熊本のハンサム・ウーマン」の後半生の生き方は、その男社会の明治維新への女性（セックス）的開眼のもとで生じ始め、静かでゆっくりと進行した確実な批判的な行動であったととらえています。

女性たちはこれまでの江戸的生活をそのまま継続しているうちに、何の心の準備もないまま、突如、男社会の明治維新という前代未聞の時代的区切りを体験させられました。

それは多くの庶民同様、主体的な係わりがないまま、降って湧いたような御一新・「公方様から天子様へ」、さらに衣食住の文明開化・太陽暦の採用など、身辺の変わりようをただ受動的に体験しただけで、彼女たちは明治維新が何ものか、まったく知る由もなかったというのが正直な時代感覚であったと思われます。

男たちの明治維新は実に華々しく、終始男性指導による男社会を最大限温存した政治的・制度的な方向に楫を取り続け、明確な男社会の保存と共に確実な実行と保障がなされました。

明治四（一八七一）年、津田梅子は政府が派遣した最初の渡米留学生となっていますが、所詮、男社会の付け足しでしかありませんでした。確かにその後、明治三三（一九〇〇）年に女子英語塾（津田塾）を開設し、女子教育に大きな一石を投じましたが、全体的に見れば、女性による活動と影響は微々たるものに過ぎませんでした。

また、明治一〇年代（一八七七～一八八七）の自由民権運動では、男性弁士に混じり、岸田俊子（中島俊子）らが男女同権・女権の拡大を声高に主張してみせました。それなりに当時の女性たちに影響をあたえましたが、紅一点の綾でしかありませんでした。このような反政府運動でも男性中心であり、先進的・革新的であるはずの彼らの間では、やはり男社会の優先を当然視していたのも事実でした。

本格的な動きは、女性たちが自らの身辺での日常的な男社会を自覚し、疑問を持つことから始まったと言えましょう。即ち、女性（セックス）故にこうむる不利や理不尽という性差別を自らが直接感じ、それに甘んじることなくどう解決・解消していくのか、その方法を真剣に考えかつ行動に移した時、女性の社会的自立の模索が、初めていろんなバリエーションを奏でながら本物になって行くことになります。

徳富久子は、明治一九（一八八六）年に熊本での「女学校設立趣意書」を起草したまま上京、その後を姉の竹崎順子が引き継ぎ、明治二三（一八九〇）年一月に熊本女学校を開校しました。

校母の竹崎順子は、その思いを短歌で「見るたびに　たのしきものは　ますら男の　まなびのまどのともし火のかげ」と詠じ、「男校（熊本英学校）の燈火諸処にもるれども、女学の光明いまだ輝かず」と、男子教育に対する女子教育の遅れを、身をもって感じ取り、教育の必要性を自覚したのが熊本女学校開校の契機でした。

また、同二三（一八九〇）年四月には、妹の矢嶋楫子が東京に開校されたミッション・スクール系の女子学院の初代院長（校長）となり、横井玉子は女性の社会的進出と社会的自立の手段として、美術・縫製などを身につける必要性に気づき、明治三三（一九〇〇）年に私立女子美術学校（現・女子美術大学の前身）を設立しました。

さらに、嘉悦孝子は、自分の祖母・母の消極的な「売り喰い」生活（タケノコ生活）を身近に見てきた体験から、「女性こそ経済学が必要」との思いに至り、明治三六（一九〇三）年に、実業教育による「社会人として生活能力をもった女性の育成」を目指した私立女子商業学校を設立しました。

以上のように、「熊本のハンサム・ウーマン」の中には、女子教育の目的として、従来の守旧的な単なる良妻賢母ではなく、はっきりと女性（セックス）を自覚しての社会進出と社会的自立を実現する教育にあったことは注目されてよいと思います。

また、明治一九（一八八六）年一二月、矢嶋楫子らは東京基督教婦人矯風会を設立、明治二六（一八九三）年四月には日本基督教婦人矯風会に発展、その初代会頭・矢嶋楫子のもと、女性の社会的地位向上の運動は始動しています。

明治二三（一八九〇）年一一月に帝国議会が開設されましたが、その「衆議院規則第一六五条」には「婦人は傍聴を許さず」とあるのを、開設直前の一〇月に知り、その理不尽さの撤廃請願を行ないましたが、これがその後の婦人参政権獲得運動の端緒となっています。

当時、東京基督教婦人矯風会副会頭の横井玉子は、三三八人を代表して、明治二五（一八九二）年一二月、衆議院に「刑法及民法改正ノ請願」（第六九八号）を行ない、一夫一婦制が人倫そのものであり、「姦通罪」を両性の配偶者に拡大適用する請願をしています。

明治政府は、明治四三（一九一〇）年五月の大逆事件を摘発・検挙、翌四四年一月、幸徳秋水ら一二名の死刑を執行しました。徳富蘆花の妻・愛子は、この事件前後の蘆花の煩悶し苦しむ姿を、また第一高等学校での「謀叛論」の講演に至る経緯を日記に書き残し、その後の蘆花を親身になって支えました。

また、久布白落実らは日本基督教婦人矯風会の運動を受け継ぎ発展させ、特に久布白が一生戦い続けた廃娼運動から「売春禁止法」成立までの運動と男女平等、婦人参政権を認めた普通選挙の実現などの運動は特記しても余りあるものでした。

また、宮崎滔天は、翌四四（一九一一）年に成功した孫文による辛亥革命の黒子的存在であり、孫文はそんな滔天を「日本の大革命家」、中国革命に絶大なる功績のあった人物と評し、また「革命をおこたらざるは宮崎兄弟なり」とまで称賛しました。

その宮崎滔天の妻・槌（ツチ）は、姉・前田卓（ツナ）同様、父・前田案山子が尽力した熊本での自由民権運動の中で、女性民権家の演説に啓発された男女平等論を生涯堅持し続けました。

特にツチは男たちの革命活動に全身全霊で協力しながらも、滔天や孫文・黄興らに第二夫人や複数の愛人がいること、さらに子供まで儲けていた現実を直視し、妻妾問題には鋭い批判の眼を向け続けています。これら女性たちの迫真の行動こそが、遅ればせながらの女たち、即ちハンサム・ウーマンの明治維新の実相であったと思います。

二、ハンサム・ウーマンの明治維新、その遅れた原因

男の明治維新を〝一挙に一八〇度の転回〟と見るならば、ハンサム・ウーマンの明治維新は日常生活の中で、徐々にその角度を拡げていき、〝やがて一八〇度に近づいて行こうとした〟と表現できないでしょうか。先に一八〇度に達していた男の明治維新での演技はスピード感があり、思ったより容易に実現しました。その理由はすでに見たように、江戸時代の男社会という大道具・小道具を余すところなく活用したからでした。

その中には守旧的な「男尊女卑」・「三従の教え」・「女の腹は借り腹」という性差別を容認するような固定観念や差別意識が色濃くありました。その上に、男たちの明治政府が成立したために、「姦通罪」や婦人参政権の否認などはまったく頭の中には存在せず、当たり前のこととして、何の疑問も罪悪感も持ち合わせていませんでした。

それに対して、女性たちの明治維新は、それら男社会の残滓を一つ一つ確認しながら、その是非を問い正し、それを取り除くことから始まり、物わかりの悪い男たちに縷々説得し賛同を得るまでの労力は並大

抵のものではありませんでした。

蘆花は『竹崎順子』で「肥後の維新は明治三年に来ました」と記していましたが、ハンサム・ウーマンの明治維新はそれどころではなく、そのスタートそのものが優に二〇年以上は遅れたのではないかと考えています。

前述したように津田梅子による日本人の自発的な女子教育がありましたが、やはりこの遅れを取り戻すための加速装置は、キリスト教解禁と同時に始まった外国人宣教師の布教活動でした。特に女性宣教師によるミッション・スクールの設置と日本人女性による女子教育の発想は画期的であり、日本に本格的な女子教育の黎明をもたらすことになりました。

さらに万国婦人禁酒会遊説委員レビット夫人の「禁酒運動」は、矢嶋楫子を会頭とする東京基督教婦人矯風会創設の直接の契機となりましたし、ハンサム・ウーマンの明治維新は、これらの国際的関係の下での刺激によって始まったと見ることもできます。あるいはそれが日本での近代女性史の特異性なのかもしれません。

おわりに

ハンサム・ウーマンの明治維新が約二〇年も遅れた原因について見てきましたが、その後れを取り戻すべく、彼女たちの地道で忍耐強い活動の継続がありました。

さて、目を現代に移してみましょう。昭和二二（一九四七）年五月の「日本国憲法」の施行以来、すでに七二年の歳月が流れています。しかし、憲法に明記された「両性の平等」・「男女同権」という基本的人権が完全に実施されているという実感はまったく湧いてこないのが実情です。

その後、昭和六〇（一九八五）年には「男女雇用機会均等法」が成立、平成一一（一九九九）年には「男女共同参画社会基本法」が施行されましたが、均等法から三四年、基本法から二〇年後の現在、やっと本当の意味での男女間の社会的同権意識が向上し、定着の兆しが現われてきたと思われました。

ところが依然国内外で、パワハラ問題とセットでセクハラ問題が頻発していました。日本でもこれまで沈黙していた被害女性たちが声をあげ始め、多くの女性たちが立ち上がるようになりました。そしていまや世界的な #Me Too に合流・連帯した運動に発展して行きつつあります。現在はこれまで見てきたハンサム・ウーマンの再到来の時期ではないかと思い歓迎しています。

昨年、東京医科大学の入試選考での女性を不合格にする性差別問題が発覚し、文科省が複数の大学に調査・申告させた結果、何と東京医科大学だけの問題ではなく、まったく一般化し慣例化していた事実が明らかになりました。この背景にはいまだにセックス論・ジェンダー論が公正さを欠いたまま、そのターゲットを女性のみに適用していることの証拠です。

今後の女性史研究では、このセクハラ問題も、早急に克服されねばならない人権侵害として、新たな今日的女性史研究の重要なテーマであることは間違いないと思います。

あとがき

女性史では、明治以降の近代化の最中にあっても、江戸時代の「男尊女卑」・「三従の教え」・「良妻賢母」の社会通念はそう簡単に払拭されなかった事実を明らかにしています。

現在でもそれらが完全に払拭し切れたとは言えず、男性優位の社会的志向と慣習の残滓があることは否定できません。確かに以前より「男尊女卑」・「三従の教え」は希薄になってきましたが、とりわけ「良妻賢母」の志向だけは根強いものを感じます。

特に明治期に生きた女性たちにとって、この「男尊女卑」・「三従の教え」・「良妻賢母」の社会通念は、家父長的な家制度の存続と温存の下で容認されていたので、その重圧は想像に絶する手枷・足枷でした。

当時の女性たちにとって、その封建道徳の重圧を「試練」と取るか、「宿命」とするかの違いはあっても、それからの脱出・脱却の試みは、男性には想像し難いほどのまさしく至難の業であっても継続されてきました。

私の女性史研究の主目的は、このような中で、女性たちが日常的な苦悩と煩悶を繰り返しながら、一人ひとりが如何に女性（セックス）としての社会的進出の方法を見出そうと、必死の努力を試みながら、どのような手段で社会的自立を確保・確実にしていったのか、その足取り（歴史）を明らかにすることにあります。

熊本の一一人ものハンサム・ウーマン（handsome woman）を取り上げたのなら、複数形のハンサム・ウィーメン（handsome women）にした方が正しいのではないかとの指摘を受けそうですが、敢えて単数形のハンサム・ウーマンにしました。

それは押しなべて女性一般として取り扱うのではなく、本論を読んでいただければわかりますように、一人ひとりの女性があまりにも個性的で魅力的であり、またその生き方そのものにも様々な個性が見られ、それに焦点を当て大事にしたいと思ったからです。是非ご理解ください。

なお、本書には多くの写真を掲載しましたが、できるだけ写真の所蔵者・機関などを調べ、わかったものにはその旨を明記しました。また、参考書籍に掲載された写真についてはその書籍名を記しています。ただ参考にした複数の書籍には同じ写真が掲載されていて、そのもとになる所蔵者・機関が詳らかでないものも数多くありました。また、インターネットからも数点の写真を借用・掲載させていただいたことを断っておきます。

本書に掲載させていただいた写真の所有者・機関および利用させていただいた書籍の著者および出版社の方々には心よりお礼を申し上げます。

最後に本書の刊行にあたり、いろいろご尽力いただいた熊本出版文化会館の廣島正氏および中村茉奈美氏に心より感謝申し上げます。

堤　克彦（つつみ　かつひこ）
文学博士、熊本郷土史譚研究所・熊本横井小楠研究所所長
【住所】〒861 - 1323　熊本県菊池市西寺 1700 - 7
電話・FAX　0968 - 25 - 3120

【履歴】1944 年、福岡県八女市生まれ。1967 年、同志社大学文学部文化学科卒（日本文化史・日本民俗学専攻）。元熊本県立高等学校社会科教諭（38 年間）。2006 年、熊本大学大学院社会文化科学研究科・博士課程修了（文学博士号取得）。元菊池市教育委員会社会教育指導員・歴史教育専門委員（6 年間）。元熊本大学非常勤講師（５年間）。2018 年、第 41 回「信友社賞」受賞。

【現在】熊本郷土史譚研究所・熊本横井小楠研究所主宰、菊池女子高校非常勤講師、熊日プラザ講座「新横井小楠学」講師および講演活動。

【著書】『横井小楠』（西日本人物誌⑪）、『横井小楠・勝海舟・坂本龍馬』（横井小楠生誕 195 年記念事業資料集）、共著『横井小楠のすべて』（新人物往来社）、『共同研究　坂本龍馬』（同）、『「公」の思想家・横井小楠』（熊本出版文化会館）、『横井小楠の実学思想―基盤・形成・転回の軌跡』（ぺりかん社）、『西郷隆盛論―その知られざる人物像』（熊本出版文化会館）など

【その他】益城町『まんが　四賢婦人物語』（2018 年）時代考証など

熊本のハンサム・ウーマン

2019 年 9 月 28 日　初版

著者　堤　克彦
発行　熊本出版文化会館
熊本市西区二本木 3 丁目 1-28
☎ 096（354）8201（代）
発売　創流出版株式会社
【販売委託】武久出版株式会社
東京都新宿区高田馬場 3-13-1
☎ 03（5937）1843　http://www.bukyu.net

印刷・製本／モリモト印刷株式会社

※落丁・乱丁はお取り換え致します。

ISBN978-4-906897-56-8　C0021

定価はカバーに表示してあります